HAMBRE DE AMOR

Dr. Frank Minirth, Dr. Paul Meier,
Dr. Robert Hemfelt y
Dr. Sharon Sneed

GRUPO NELSON
Una división de Thomas Nelson Publishers
Desde 1798

NASHVILLE   DALLAS   MÉXICO DF.   RÍO DE JANEIRO   BEIJING

© 1995 EDITORIAL CARIBE
P.O. Box 141000
Nashville, TN 37214-1000

Título en inglés: *Love Hunger*
©1990 por *Dr. Frank Minirth,*
Dr. Paul Meier, Dr. Robert Hemfelt,
Dr. Sharon Sneed, Don Hawkins
Publicado por *Thomas Nelson Publishers, Inc.*

Traductora: *Virginia P. de Lobo*

ISBN: 0-88113-187-3

ISBN: 978-0-88113-187-1

Impreso en EE.UU.
Printed in the U.S.A.

E-mail: caribe@editorialcaribe.com

4ª Impresión, 7/2008

Reconocimientos

Los autores están agradecidos a los amigos, miembros de la familia y compañeros de trabajo cuyas contribuciones y ayuda han hecho posible la publicación de *Hambre de amor*. Estamos especialmente agradecidos a Susan Hemfelt, Mary Alice Minirth, Jan Meier y David Sneed. Muchas gracias también a Donna Fletcher Crow, cuyo arte para escribir transformó los borradores y las copias de los autores en el manuscrito; a Janet Thoma, por su estímulo, apoyo y experiencia editorial; a Glenna Sterling Weatherly, por su amistad y las horas que invirtió mecanografiando; a Vicky Warren y Kathy Short por su asistencia en todas las etapas del trabajo. Y finalmente, a aquellos que participaron en la preparación y prueba de las recetas: Ernestine Meadows, Shelley McAfee, Maxine McAfee, Pat Cavalier, Debra Evans (Directora de *Lake Austin Resort*), y Georgia Butler (proveedora, Austin, Texas); y Shannon, Lauren y Jonathan Sneed, quienes probaron muchas de las recetas en la cena, incluso aquellas que no eran del todo «tentadoras», y nunca dejaron de mostrarse amables y animadores.

Contenido

Cuarta parte: Apéndices

Primera parte

Cómo entender el problema

CAPÍTULO
1

¿Cuándo un atracón de comida es tal?

Cualquiera que observara a Ralph Yoland prepararse para ir al trabajo esa mañana, hubiera visto un hombre delgado y atractivo de 35 años, y lo habría juzgado una figura de éxito; pero en su interior, Ralph no sentía nada parecido a eso, mientras luchaba con los monstruos, desde hacía ya diecisiete años.

¿Sería este el día en que no cumpliría con su plan de mantenimiento y volvería a los cien kilos, sólo para tener que volver a perderlos? Se había mantenido en su peso ideal durante dos semanas, pero, ¿comenzaría de nuevo la loca montaña rusa en la que había estado la mayor parte de su vida adulta? Terminó de peinar su rubia cabellera y dio un toque final a su corbata. Cuando se volvió al espejo la imagen le gritó: «¿Y si este es el día, el día en que descubren quién eres *realmente*? Los has tenido engañados durante cuatro ascensos en ocho años, pero cuando sepan quién eres, te despedirán».

Repitió con determinación los pasos de su programa de Obesos Anónimos: «Admití mi impotencia ante mi compulsión a comer, mi vida se había vuelto incontrolable. Llegué a aceptar que un poder superior a mí mismo podría devolverme la salud. Tomé una decisión...»

Ralph completó los doce pasos antes de servirse la taza de café negro e ir al refrigerador en busca de la leche descremada para echarla sobre su preparado de salvado y pasas. Sonrió ante la nota puesta en la puerta del refrigerador. Grandes letras en rojo le preguntaban: «¿QUÉ TE ESTÁS COMIENDO?»

Los monstruos que lo habían estado comiendo durante tanto tiempo estaban tranquilos, pero no se habían retirado. Día por día, si no a cada hora, el programa de mantenimiento los tenía bajo control. ¿Sería alguna vez realmente libre?

¿Lo sería alguna vez Bárbara Jamison?

Ralph y Bárbara, una mujer corpulenta de 80 kilos de peso, parecerían dos personas muy diferentes. Con seguridad nadie que observara a Bárbara más tarde, hubiera pensado en ella como una persona confiable y de éxito. Se había asegurado de que nadie pudiera verla esa tarde. Por cierto que, aun sola en su departamento, cerró con llave la puerta de su dormitorio. Se lanzó al centro de su cama, comenzó a abrir las bolsas y a saborear lo que contenían: cremas de chocolate, pollo frito crocante, ensalada de cangrejo a la crema, una caja de buñuelos sin abrir y papas fritas a la francesa.

Estas últimas las necesitaba siempre que se daba un atracón. Había sido su primera experiencia cuando tenía once años y se escapó de su habitación por la ventana luego de que su padre ebrio la encerrara. Además, la primera verdadera comida después de cada una de sus numerosas dietas para adelgazar que hizo en la secundaria. Papas fritas a la francesa del autoservicio Kampus Korner en la universidad, que engullía antes de volver corriendo al dormitorio para meter la cabeza en el lavamanos y vomitarlo todo, en un ciclo de atracones y purgas, en sus años de estudiante.

Luego vino Tom y su problemático matrimonio... Bueno, al menos desde que se había ido era más fácil esconder sus golosinas, a pesar de que su insaciable monstruo exigía más cuando estaba a solas.

Al fin parecía estar quieto y con la caja todavía medio llena, Bárbara pudo dejar a un lado los cubiertos. Se sentía demasiado miserable para hacer cualquier movimiento. Con su brazo empujó las sobras de la cama y se recostó. Su última oración, antes de hundirse en el olvido, fue: «Querido Dios, ¿dónde terminará todo esto?»

Bárbara y Ralph comen en exceso, en forma compulsiva. Su adicción a la comida se hizo tan intensa que debieron acudir al centro de tratamientos para pacientes internos del hospital de clínicas Minirth-Meier, en Dallas, Texas.

¿Qué es comer compulsivamente?

«¿Acaso no todos comemos en exceso alguna vez?», se preguntará usted. «Siempre como de más en las Navidades». «Me hartaba en la universidad... antes de los exámenes, o cuando terminé con mi novio, o cuando mi compañera de cuarto recibió un paquete de beneficencia». «Más de una vez me he puesto a dieta y luego he vuelto a mi peso y un poco más». «¿Significa eso que necesito consultar al médico?»

Una de las dificultades de trabajar en asuntos de comidas es que hay aspectos no muy claros. Es mucho más fácil tratar con adictos al alcohol o a las drogas —se bebe o no se bebe, se es o no se es drogadicto—, pero todo el mundo tiene que comer algo, y el límite de lo que es excesivo es muy particular.

Nuestra definición de una persona que come en exceso y compulsivamente no se basa en algún límite o porcentaje de peso fijo, como decir que alguien tiene 13 kilos más de lo normal. En lugar de eso, nos concentramos en las causas subconscientes de esta conducta obsesiva.

Definimos a las personas que comen en exceso compulsivamente como aquellas que lo hacen para satisfacer su ansia emocional, de la que pueden o no estar conscientes. El que come mucho con ansiedad puede tener desde unos pocos kilos a cincuenta o más de sobrepeso. El asunto no es cuánto pesa, sino más bien sus motivaciones para comer.

Puede ser adicto a la comida tanto como el alcohólico al alcohol, o el que trabaja en demasía lo es al trabajo. Esta fuerte dependencia de algo externo, que lo hace a uno sentirse bien interiormente, se llama «codependencia». A menos que sean identificadas las causas de estas conductas, la persona nunca se librará de una relación codependiente con la comida.

Tres desórdenes alimenticios

El comer en exceso compulsivamente, como lo hacen Bárbara y Ralph, es sólo un tipo de desorden en la alimentación. Otros dos son la anorexia y la bulimia.

La *anorexia* es una autoprivación crónica de comida, al punto de llegar a tener más de un veinte por ciento por debajo del peso ideal para el cuerpo. Es el intento de la persona de controlar algo de su entorno —por ejemplo un padre rígido y autoritario—, por medio del límite de la comida. Con frecuencia los anoréxicos tienen tanta ansia de amor, que dejan de satisfacer su hambre física. Su ayuno anestesia el dolor provocado por la falta de amor. La *bulimia* es comer en exceso con ansiedad para satisfacer el hambre de afecto. Luego se liberan de lo ingerido en un intento por aliviar esa pena. Esta purga se lleva a cabo mediante vómitos autoinducidos, laxantes o píldoras dietéticas. Entonces los bulímicos se sienten vacíos y vuelven a atracarse de comida; luego se sienten culpables y se purgan de nuevo.

Aunque la dinámica emocional de estos tres desórdenes alimenticios y los principios de recuperación son similares, este libro se centra en los que comen en exceso de manera compulsiva; y en favor de la simplicidad, la mayoría de nuestras referencias estarán dirigidas a este desorden. Sin embargo, los anoréxicos y los bulímicos tienen mucho en común de la dinámica emocional con los que comen en demasía con ansiedad. Es por eso que invitamos a cualquiera que sufra algún descontrol en la comida, a seguir nuestro camino hacia la recuperación. Es importante recalcar que la anorexia y la bulimia son problemas graves, que amenazan la vida, y si usted se identifica con alguna de estas categorías, debe buscar ayuda médica.

Breve cuestionario

Si trata de decidir si es o no una persona que come compulsivamente, hágase las siguientes preguntas:

¿Come cuando está enojado?

¿Come para calmarse en momentos de crisis y tensión?

¿Come para ahuyentar el aburrimiento?

¿Se miente a sí mismo y a otros acerca de cuánto ha comido y cuándo lo ha hecho?

¿Esconde comida para sí mismo?

¿Se siente incómodo con su figura?

¿Está pesando un veinte por ciento o más por encima de lo recomendado por el médico para usted?

¿Alguna persona significativa en su vida ha expresado preocupación por su modo de comer?

¿Ha fluctuado su peso en más de cinco kilos durante los últimos seis meses?

¿Teme que sus normas alimenticias estén fuera de control?

Si contesta afirmativamente a varias de estas preguntas, y se identifica en alguna medida con Bárbara y Ralph, usted come de forma compulsiva. La Clínica Minirth-Meier trata a muchos que comen en exceso, y este libro está escrito por cuatro médicos asociados a ella, los doctores Frank Minirth y Paul Meier, fundadores de la misma (una de las más grandes clínicas de consulta en los Estados Unidos, con oficinas regionales en Texas, California, Washinton D.C. e Illinois); ambos son siquiatras que también tienen títulos en teología. Tratan a los pacientes desde una perspectiva sicológica, médica y espiritual. El doctor Robert Hemfelt es un sicólogo especializado en conductas obsesivo-compulsivas, y dirige un programa de terapia grupal en la Clínica Dallas. La doctora Sharon Sneed es consejera nutricionista de la Clínica Minirth-Meier, ha ayudado a cientos de pacientes con diversos problemas de salud asociados a una dieta inadecuada. Don Hawkins ha colaborado con su experiencia de más de veinte años de consejería pastoral. El programa de la Clínica para esos pacientes incluye elementos médicos, sicológicos, espirituales y dietéticos.

Ya sea usted una persona que, como Bárbara, intenta por primera vez recuperarse, o alguien que, como Ralph, tiene éxito en su propósito de bajar de peso mediante una dieta, lo invitamos a seguir las jornadas con los doctores en la Clínica Minirth-Meier, y nuestros métodos exclusivos para encarar los desórdenes de la nutrición.

No ofrecemos respuestas fáciles, pues el problema es demasiado complejo para eso. Pero hay solución. Y es un consuelo comprender la complejidad del mismo. Si usted, como la mayoría de la gente, ha iniciado repetidas veces una dieta y ha fallado, el entender que esta no es una tarea sencilla que sólo requiere «un poco más de voluntad», es la clave para comprender por qué tantos intentos anteriores fracasaron y por qué el enfoque multifacético de la Minirth-Meier puede tener éxito.

Hace dos años, cuando Ralph llegó por primera vez a nuestra Clínica pesaba 105 kilos; lo ayudamos a entender los factores que contribuían a que comiera en exceso, y la fuerza automotivada del ciclo de adicción, factores que veremos luego en la primera sección de este libro. Luego continuó con las diez sendas entrecruzadas hacia la recuperación, que encontraremos en la segunda sección. Simultáneamente trabajó con la doctora Sharon Sneed, para conocer las complicaciones médicas relacionadas con la obesidad y la dieta. Ella lo sometió a un programa de alimentación «fácil de cumplir», para que pudiera perder los kilos a medida que seguía las sendas hacia su curación emocional y espiritual. Él reestructuró sus comidas para incluir algunas de las ciento cuarenta recetas saludables y fáciles de preparar, que aparecen en la tercera sección.

Cuando vimos que Ralph comenzaba a recuperarse de las causas emocionales del hábito de comer en exceso, le pedimos que dijera algo de sus diecisiete años de luchas con la comida, a los demás miembros del grupo de terapia. Se mostró dudoso, como muchos pacientes. Aunque había dicho palabras de estímulo a otros en el grupo durante los últimos meses, nunca les había relatado la larga historia de su adicción. Sabíamos la película que pasaba por su mente. Los viejos «demonios» se reían: «¡Ja, ja! Espera a que se enteren de *eso*». «No querrán que sigas en el grupo cuando lo sepan». «Hasta ahora los has engañado, pero en adelante... ya verás».

Promesa de Ralph al grupo... Y a usted

Esa noche Ralph respiró hondo, se acomodó los puños de su camisa francesa para asegurarse que ambos sobresalían media pulgada bajo las mangas del saco y entró a la Clínica. El corazón le dio un vuelco cuando vio que los diecisiete miembros del grupo de terapia estaban allí, sentados en hileras rectas de sillas plegadizas de color beige. Ralph trató de consolarse con el hecho de que la mitad del grupo ya había contado sus historias, pero sus «demonios» lo aguijoneaban con pensamientos como: «Sí, pero hasta ahora ninguno ha oído nada como lo tuyo».

Sólo balbuceó unas palabras a modo de introducción, y de repente se encontró parado frente al grupo diciendo: «Mi padre era alcohólico. Mi madre estaba tan deprimida que iba una y otra vez a los hospitales siquiátricos, hasta que al final quedó internada en uno. Papá me dejó con mi abuela en Nuevo México...»

Ahora Ralph hablaba con más fluidez, a medida que veía frente a sí, no al grupo de terapia, sino a la casucha de su abuela donde en aquellos tiempos esperaba la llegada de los bonos del gobierno. «Abuela nunca salía de la casa; yo le hacía todos los mandados. Jamás tenía nada para darme, pero siempre cocinaba para mí. Si estaba afuera hasta las tres de la mañana, cuando volvía, se levantaba y me cocinaba frijoles y huevos». Podía verla con su cabello despeinado que caía sobre su desteñido vestido del que las flores rosadas habían desaparecido ya hacía tiempo.

Pero el único consuelo que la abuela podía darle, le trajo sus propios problemas. Ya era bastante que se burlaran en la escuela porque tenía un solo par de pantalones, que usaba hasta que literalmente se deshacía, pero las mofas aumentaron cuando su vientre gordinflón forzaba los botones de su camisa y se le veía la piel donde la ropa no cerraba.

«A los dieciséis años mentí acerca de mi edad y me escapé para enrolarme en el ejército. Sólo que en lugar de enviarme a entrenamiento me mandaron a adelgazar y dedicaron seis semanas a quitarme el exceso de peso: me hacían correr kilómetros, trabajar largas horas y comer poco. Perdí peso. Luego, al campo de entrenamiento, ahí no se engorda. Los miembros del grupo que habían estado en el servicio militar se rieron al identificarse con aquello.

»Luego fui a ultramar. En Nam me inicié en la droga. Cuando terminó la guerra regresé a los Estados Unidos; me sentía más solo que nunca, comía más que antes y era adicto a las drogas. Por fin encontré consuelo para mi aislamiento. Me uní a una pandilla de motociclistas». Se escuchó un murmullo en la sala. No era posible que este hombre de pie frente a ellos, elegante, culto, exitoso, hubiera sido un miembro de semejante banda.

Ralph sonrió ante esa reacción. Disfrutó el momento. Buscó en su bolsillo y extrajo una foto suya en que aparecía con ciento treinta y seis kilos, sus grasientos cabellos rubios caían sobre los hombros, vistiendo chaqueta y botas de cuero remachado con metal, sentado a horcajadas en su Harley Davidson negra. Hizo circular la foto por el grupo.

«Pero eso en realidad no me ayudó. De modo que me casé con Tina. Su padre la golpeaba mucho, así que supongo que le parecía muy normal que llegara a casa drogado o borracho. Pero el matrimonio no duró mucho, y decidí que si quería hacer algo con mi vida antes de amanecer muerto en una zanja, más me valdría encontrar un trabajo decente. Me corté el cabello, hice dieta hasta bajar a mi peso ideal —no me llevó mucho tiempo porque en el ejército había aprendido lo que puede lograr una carrera de quince kilómetros con un estómago vacío— y me compré un traje barato, pero presentable. Conseguí un trabajo donde debía hacer tarjetas perforadas para una compañía de computación. No tenía mucha educación formal, pero me incliné al campo de la electrónica y avancé bastante rápido en el negocio: de mecánico pasé a supervisor y luego a gerente. Todavía seguía con las drogas los fines de semana y por las noches; sólo trataba de tener la cabeza despejada por la mañana para poder presentarme al trabajo.

»Y seguía metiéndome en problemas con mujeres, dos o tres al mismo tiempo. Era como mi necesidad de comer en exceso, nunca parecía estar satisfecho. Hace poco, el doctor Meier me ayudó a ver que yo quería dos o tres mujeres para no tener que comprometerme emocionalmente en forma íntima con ninguna».

Dos cabezas de la última hilera asintieron. Ralph se relajó un poco, alguien lo comprendía. No todo el mundo pensaba que era un loco, aun cuando su historia aparentara eso.

«Comprendí que comía para llenar un vacío que los médicos llaman hambre de amor, creado por mi infancia trastornada. Aprendí cómo el dolor causado por esa carencia de amor provocaba una baja autoestima que me impulsaba al ciclo de adicción. Y entendí los caminos que debía seguir para llegar a la recuperación total que me había propuesto».

Ralph echó una mirada al reloj de la pared. ¿De veras había hablado todo ese tiempo? Con seguridad ya debía sentarse. Pero el grupo no parecía incómodo. Algunos incluso se inclinaban hacia adelante, como si estuvieran ansiosos de escuchar más. De todas maneras, era mejor finalizar. Se secó la frente.

«Bueno, esta es la historia de un yo-yo humano. Probablemente he subido y bajado de peso diez o veinte veces, una o dos ocasiones por año desde los diecisiete. Pero ahora será diferente, porque no sólo lucho con la comida, ni con el síntoma. Esta vez lo hago también con los sentimientos provocados por mi infancia, por las drogas y el alcohol; estoy controlando los puntos básicos. Intento aprender cómo lograr la estabilidad

—una victoria de por vida—, pero estoy aquí para decirles que ésta es la parte dura.

»Bajar de peso no fue tan difícil por la ayuda de la doctora Sneed; y como hago todo en forma obsesiva, bajé de peso en las primeras cuatro semanas». Todos en la sala lanzaron una exclamación. Ralph sonrió. «Sí, lo sé. Todos en el programa me odian. Pero aun así tengo que seguir asistiendo a las reuniones, y eso me resulta difícil. No quiero ir, pero si no lo hago, no tengo ninguna garantía de salir adelante. Debo escuchar a otros, para que me digan lo que piensan, porque mi cabeza me dice continuamente: "Ralph, no importa; todo está bien". Pero no es así.

»Y, en cuanto a ustedes, sé que he hablado demasiado tiempo, han sido una audiencia formidable, pero sólo quiero decirles que vale la pena. Poner su vida en orden, alcanzar la recuperación... es duro, pero vale la pena. Y se lo merecen. Merecen gustar de sí mismos. Merecen estar contentos.

»Tener exceso de peso es abusar de mí mismo. No tengo las respuestas para mí, pero hay otros que sí las tienen. A veces necesitamos de los demás para ayudarnos a recuperarnos de las drogas, del alcohol y de familias abusadoras. Recibir ayuda de otras personas causa temor, pero también es estimulante y tiene su recompensa. Recuerden, sigan diciéndose a sí mismos que vale la pena. Cada día, si realmente creen que merecen estar sanos y contentos, lo lograrán: día a día».

Para sorpresa de Ralph, todos se le acercaron para abrazarlo y estrecharle las manos. Habían escuchado su realidad y por eso lo apreciaban.

CAPÍTULO
2

Sé que me atiborro de comida... Pero quiero saber por qué

El consultorio del doctor, con su alfombra gris, muebles de roble y el macetón con la palmera en la esquina, tenía la evidente intención de brindar un ambiente relajado. Pero Bárbara no podía estar tranquila. No había forma de poderle hablar a los médicos de la Clínica Minirth-Meier, sobre el atracón de la noche pasada. Bastaba con que ella lo supiera. De cierta manera decirlo en voz alta lo haría todo más real, como algo que efectivamente había ocurrido, no sólo una pesadilla, como deseaba que hubiese sido. En su interior tenía un solo pensamiento: *Si no hablo mucho, saldré de aquí rápido y luego podré COMER.*

Durante un rato la conversación fluyó en forma fácil y agradable, simplemente familiarizándose con comentarios como los que uno diría en una fiesta un tanto almidonada y aburrida. Pronto admitió lo de su depresión desde que Tom se fuera, dos meses atrás, después de cuatro años de matrimonio, y habló mucho del aburrimiento de su labor de control en la tienda de descuentos. «He querido ser artista desde que tengo memoria. Me licencié en arte en la universidad, y conseguí un trabajo que me gustaba, como decoradora de vidrieras para una cadena de tiendas, pero sólo por un tiempo. Lo que en realidad quería ser era decoradora de interiores... Y eso nunca funcionó...» Su voz se desvaneció.

Entonces, en medio de la tranquilidad del lugar, el doctor Hemfelt dejó caer la bomba con voz suave y amable. «Comprendo que esté deprimida, y que hay muchas cosas que no salen en la forma deseada. ¿Le parece que su peso ha tenido que ver en todo esto?»

Bárbara se encogió de hombros, y trató de evitar el tono agresivo de su voz. «Bueno, es obvio que necesito perder unos pocos kilos. Por supuesto, soy de contextura grande. Pero si tuviera un matrimonio feliz y un trabajo interesante, seguro bajaría de peso de inmediato».

El doctor Hemfelt se recostó en su silla y juntó las puntas de los dedos. «Por injusto que sea, hay muchos mitos y prejuicios acerca de las personas excedidas de peso. Seguro que los ha escuchado». Los fue enumerando con los dedos: «Las personas excedidas de peso son perezosas; las personas excedidas de peso son asexuales; las personas excedidas de peso son divertidas; las personas excedidas de peso no son inteligentes ni eficientes; las personas excedidas de peso carecen de voluntad. Y las personas excedidas de peso se atan ellas mismas a otros mitos: ser superesbelto es necesario y hermoso. En mi familia son todos excedidos de peso, de modo que con seguridad yo también lo soy. Una dieta debe ser exótica y penosa para ser efectiva. Nunca voy a poder quitarme el exceso de peso, siempre voy a ser obeso u obesa».

Bárbara hizo una mueca. ¿Había escuchado alguno? Los había vivido todos, incluso creía la mayoría de ellos.

Tal vez usted también. Quizás no necesitó estudiar el cuestionario del capítulo 1 para aceptar que se atiborra de comida. O, después de haberlo leído, se dio cuenta que lo hace, pero no sabe por qué. ¿Qué es ese monstruo sin nombre, que lo impulsa a comer todo un paquete de bizcochos acabado de comprar antes de haber llegado a la casa?

Las personas de este tipo necesitan entender la dinámica que los empuja a comer compulsivamente, antes de poder comenzar a cambiar esta adicción. Veamos doce motivos comunes, para que pueda identificar los factores específicos que influyen en usted.

1. Las personas que comen en exceso puede que respondan compulsivamente a presiones culturales

Algunas personas que comen en exceso se sienten presionadas porque están constantemente bombardeadas por la presión cultural a «comer, comer y comer», o bien, «adelgazar, adelgazar, ¡adelgazar!» Nunca antes en la historia se ha dedicado tanto tiempo, dinero y energía a instar a las personas a comer y, a la vez, exigir que sean delgadas. Los siquiatras llaman a estos mensajes de tira y afloja, mensajes de doble vínculo, mensajes paradójicos o, el mejor de todos, «mensajes enloquecedores». Éstos nos han llevado a ser la sociedad más obsesionada con la comida y con más obesos en el mundo. A pesar del hecho de que Twiggy era inglesa, la obsesión por la delgadez y, el otro lado de la moneda, la obsesión por la comida, son enfermedades particularmente de esta sociedad. Para resistir estas mentiras necesitamos entender la naturaleza multifacética de estas presiones, y por eso las discutimos con nuestros pacientes en alguna de las visitas iniciales, como lo hicimos con Bárbara.

Una adicción cultural

Un viajero después de pasar un mes en Gran Bretaña nos dijo: «No vi ninguna persona gorda. Bueno, muchas necesitarían perder unos kilos, pero si realmente hay obesas allá, estarán en su casa comiendo; no he visto ninguna en la calle. Las únicas personas verdaderamente gordas que se pueden ver en la calle, son turistas norteamericanos».

Y una paciente que ha comprendido el papel que las presiones culturales han jugado en su obsesión por la comida, contó: «He visto muchos programas ingleses por televisión. ¿Saben? Sus actrices parecen más reales. Algunas pueden ser un poco más altas que lo normal. Otras no tienen una figura perfecta. Incluso he visto una con uñas cortas, en un programa por la noche».

La próxima vez que vea televisión, observe con qué es bombardeado. Tenga a mano un cuaderno de notas, y apunte las imágenes que aparecen: hamburguesas del tamaño de toda la pantalla, seguidas de papas fritas a la francesa flotando en el aire, personas muy delgadas ingeriendo bebidas dietéticas, diez actrices superesbeltas contra una regordeta, que por supuesto perdió al galán.

Por más cómodo que resulte criticar a la televisión y a los medios de comunicación, sin embargo también hay otros culpables culturales.

La doctora Sneed dice: «Hemos convertido el cuerno de la abundancia en un barril de excesos». Es muy, muy difícil, vivir en la cultura norteamericana, donde hay un local de venta de «comida rápida» en cada esquina, y resistir la tentación de comer en demasía. Podemos entrar y comprar doscientas calorías por dos dólares, y con buen sabor. Tratar de controlar el peso en estas circunstancias implica rechazar conscientemente muchos de los valores que nos rodean, tal vez la mayoría de ellos. Y eso no es fácil. Es difícil decir: «Soy diferente. No valoro lo que todo el mundo valora». Y es duro mantener la decisión cuando se está continuamente bombardeado por valores generalizados.

El sistema de alimentación en los Estados Unidos ha cambiado tan drásticamente en los últimos cincuenta años, que es difícil lograr un equilibrio. La doctora Sneed señala estudios que indican cuántas comidas se consumen fuera de la casa. Durante los últimos cincuenta años, este valor ha subido de una vez al mes, o menos, hasta quizás una por día, por familia. Si desea hacer dinero, invierta en acciones en una cadena de restaurantes. Esto, es indudable, ha convertido a muchas personas que no comían con ansiedad en obsesivas, porque los alimentos son muy accesibles. Este fenómeno cultural también ha producido una cantidad de personas que comen a escondidas, en especial en sus vehículos.

Cuando uno piensa en ello, es un milagro que aún haya algunos que no coman compulsivamente. La lista de cosas que no funcionan parece interminable: las dietas de moda no funcionan; morir de hambre no es práctico; las píldoras dietéticas no sirven; el uso de prendas especiales que eliminan las grasas, menos aún; los aparatos reductores, no funcionan; los laxantes, son molestos... Las personas ponen muchas «expectativas mágicas» en los programas dietéticos. «Si tan solo encontrara la dieta adecuada, la fórmula mágica, se esfumaría mi peso».

Sí, Bárbara había pasado por todo eso. Y después de toda una vida de vivir con este lastre, cualquier cosa podía despertar su deseo de comer. Y con el fracaso experimentado, cualquier cosa podía desanimarla. Sonrió y se relajó un poco, cuando el doctor Hemfelt mencionó la segunda razón.

2. Las personas que comen en exceso pueden desear, en forma subconsciente, pesar unos kilos más para protegerse contra el amor y las relaciones íntimas

En nuestra clínica vemos personas que buscan en forma subconsciente protegerse mediante un almohadón de gordura. Este impulso con frecuencia ocurre después de un hecho traumático como, por ejemplo, la rotura de un compromiso o después que el cónyuge se ha ido con otro y la persona no quiere tener que encarar su sexualidad personal. También los temores infantiles acerca de las relaciones íntimas, y la ambivalencia adulta en cuanto a la intimidad sexual pueden desatar la necesidad del aislamiento.

Muchas personas que comen compulsivamente hacen un esfuerzo por negar, reprimir u obnubilar su sexualidad. Cuanto más comen en exceso, menos conspicuas son las partes sexuales del cuerpo. Y si se es muy pesado, ya sea por el aspecto estético o por simple razones prácticas, la actividad sexual se vuelve desagradable y hasta imposible. Como veremos más adelante, esto era uno de los motivos de la compulsión de Bárbara.

Utilizar la comida para negar la sexualidad es usarla también para evitar la intimidad. Esto opera en dos sentidos. En primer lugar, si nuestra obsesión por la comida exige energía emocional (ya sea por comer en exceso o por tratar de luchar contra una compulsión a comer), la cantidad de energía disponible para poner en una relación es limitada. Un ejemplo crítico de esto era Mary, una bulímica que tratábamos en el hospital. Mary había estado casada apenas dos años, y amaba a su esposo a pesar de los problemas en el matrimonio. Pero, para la época en que se atiborraba de comida y luego inmediatamente se purgaba siete u ocho veces por día, no le quedaba energía, física ni emocional, para dedicar a su matrimonio. En segundo lugar, el que come en exceso puede llegar a ser tan gordo que pierde interés en el sexo, y los demás no se sienten motivados a establecer una relación sexual con él.

Las personas que comen al estilo montaña rusa, que permanen-
temente bajan y suben de diez a quince kilos, se preocupan
antes de cada comida, ¿Qué debo ingerir? ¿Qué no debo? Si son
cuidadosos, pueden quedar con hambre después y sentirse
obsesionados con eso. Si lo hacen en exceso, pueden sentirse
obsesionados por la culpa. Esta interminable obsesión por la
comida comienza a volcarse en otros aspectos de la vida,
incluidas otras personas, que pueden ser en realidad la meta
subconsciente del que come en demasía.

3. Las personas que comen en exceso pueden usar la comida para satisfacer su necesidad de gratificación inmediata

Todos nacemos egocéntricos. Nos parece que somos el centro del mundo hasta alrededor de los dieciocho meses, cuando
comprendemos que somos independientes de nuestra madre.
Al crecer, salimos de nuestro egocentrismo gracias a padres
amorosos que nos disciplinan y proveen un modelo. Pero si los
niños no reciben disciplina, ni buenos ejemplos, continuarán
deseando obtener gratificación inmediata. De manera que cada
vez que quieren comer, comen. No se niegan nada y se vuelven
gordos.

El egoísmo con frecuencia conduce a un exagerado sentido
de competencia. Incluso niños, que en otros aspectos son
buenos con sus hermanos, llegan a luchar por la comida. Gritan,
«¡Eh, esa galleta es mía!», aún cuando hay otras en la bandeja.
El instinto de comer es algo tan básico, que la gente compite
subconscientemente por los alimentos tomando porciones más
grandes de las en realidad deseadas. Esto podría ser en especial
cierto para quienes crecieron en una familia pobre, como Ralph,
donde la provisión de alimento era escasa; pero no se limita a
ellos.

Las personas criadas en familias proveedoras de buena alimentación y buenos modelos, también desarrollan este egoísmo
natural. Pero el crecer en una familia disfuncional, con carencia
de adecuada gratificación en la niñez, dejará al individuo
insatisfecho en la madurez. Estos procuran autogratificarse, y
se vuelcan a la comida porque esta provee gratificación inmediata. Cualquiera que haya crecido en una familia disfuncional

sufrirá una doble dificultad en relación a esto, porque tendrá gran hambre emocional y también carecerá de verdadera habilidad para autogratificarse. Quien no sabe cómo proveerse de autogratificación mediante la construcción de relaciones o el desarrollo de actividades creativas, repetidamente se volverá a la bandeja de galletas para consolarse.

Hemos descubierto que este tipo de exceso de comida es en particular difícil de detectar, porque las personas con frecuencia encubren el egoísmo con un disfraz de generosidad. Muchas conocidas como benefactoras, que trabajan todo el día ayudando en los hospitales, en las escuelas o en el hogar, luego se dan atracones en privado para autosatisfacerse.

4. Las personas que comen en exceso pueden utilizar la comida como un tranquilizante

Muchos utilizan la comida como si fuera un tranquilizante. Cuando tienen ansiedad, comen; el nivel de azúcar en la sangre sube y se sienten relajadas. La glándula pituitaria se llama a veces glándula maestra, porque controla todos los órganos del cuerpo. Sin embargo hay otra glándula llamada hipotálamo, que controla a la pituitaria. Justo en el punto central del hipotálamo (en el medio mismo del cerebro) está el centro de la saciedad, a través de la cual la sangre fluye, y capta su nivel de azúcar, y nos dice si estamos satisfechos y cómodos o si tenemos hambre.

Para la mayoría, esto funciona bien. Pero también hay millones de nervios que vienen de otras partes del cerebro hacia y desde el hipotálamo, y cuando alguien se pone nervioso, su centro de saciedad dice: «Tienes hambre». En realidad es probable que no la tenga, pero si comen y se eleva el nivel de azúcar en su sangre, se relajan. Por supuesto, se sienten culpables por comer en exceso, y entonces todo el ciclo comienza otra vez.

Una segunda forma en la cual el alimento actúa como tranquilizante, es que cuando se come, el cerebro estimula algunas sustancias neuroquímicas, las endorfinas, que son naturalmente calmantes, relajantes y estimuladoras del placer. Las endorfinas funcionan de manera similar a las drogas narcóticas para producir estos resultados. La diferencia es que son naturales, dadas por Dios, de nuestro organismo y que son estimuladas por ciertas actividades; como la risa, la excitación sexual, la comida y los ejercicios aeróbicos. De modo que, después de comer, se siente un verdadero estado de anestesia.

Esta tranquilidad es normal y saludable. Pero el que come en exceso compulsivamente puede haberse vuelto dependiente de sus endorfinas, y del estado de placer inducido por la comida. Es por eso que un verdadero adicto a la comida puede ingerir alimentos de seis a ocho veces por día, como un drogadicto, y todavía siente necesidad de salir a buscar más.

5. Las personas que comen en exceso pueden concentrarse en su deseo para evitar enfrentar problemas

Muchos de nuestros pacientes sufren de ansiedad. No estamos hablando aquí de un temor específico, digamos, la preocupación por un examen final la próxima semana, la motivada por pedido de aumento de sueldo que enfrentaremos mañana sin saber el resultado. Hablamos de una ansiedad persistente y vaga: el temor a lo desconocido. La ansiedad es el temor a descubrir la verdad acerca de los sentimientos, pensamientos y motivaciones ocultos. Por ejemplo, quienes comen en exceso pueden tener odio hacia algún padre, pero se niegan a reconocerlo porque eso significaría admitir que ese padre no es perfecto. Si la persona ha basado su autoestima en la aceptación por parte de sus padres (lo cual no debiera hacer, pero lo hace la mayoría), la ira contra él implicaría disminuir su amor a sí mismo.

Joe es un ejemplo de uno que comía para evitar ser consciente de eso. Su padre era un egoísta, dueño de un negocio. Usaba a Joe como «esclavo» desde su temprana infancia, al obligarlo a trabajar desde la salida de la escuela hasta las diez de la noche. Joe quería tener una gran estima por su padre, y creer que él lo amaba, para a su vez poder autoestimarse. De manera que Joe meditó en el asunto, diciéndose a sí mismo que su padre era muy bueno, y que lo trataba así porque lo quería y deseaba tenerlo cerca. En realidad su padre era patológicamente egoísta, y abusaba de Joe.

Cuando Joe veía un programa de televisión donde aparecía un padre egoísta, o presenciaba un incidente con un padre egoísta, se sentía abrumado por el deseo de comer. Pero nunca llegó a atar los cabos. Comía para sofocar su propia rabia y para evitar tener que enfrentar la verdad.

6. Las personas que comen en exceso pueden hacerlo para castigarse a sí mismas o a otros

Las personas también comen compulsivamente para castigarse a sí mismas o a otros. Muchos de nuestros pacientes están en realidad disgustados consigo mismos por algo que han hecho, por fraude en un examen, excederse sexualmente, entonces andan por la vida cargando culpas falsas y castigándose al comer en exceso y ser obesas. Al tener sobrepeso, pueden odiarse por eso, lo cual puede ser menos doloroso que enfrentarse con su ira por los errores cometidos.

Engordan no sólo para castigarse a sí mismos, sino también para usar su peso como víctima expiatoria. Es otra forma de evitar el tener conciencia de la realidad.

«No merezco ser bonita. Mientras tenga este peso, puedo castigarme a mí misma», le dijo Sherry al doctor Hemfelt, ya que en su adolescencia fue muy linda. Tenía más de una adicción: era alcohólica, adicta al sexo, dominada por sus arranques de furia, gastaba y comía compulsivamente. Se recuperaba en alguna medida de todos sus vicios, salvo el de la gordura. Se mantenía sobria; controlaba sus gastos; era fiel en su matrimonio; y dominaba su temperamento. Pero lo que más le costaba era dominar su compulsión a comer. Había subido treinta y ocho kilos durante su embarazo, de los cuales había bajado sólo la mitad a los seis meses del nacimiento del bebé.

«Sé que me castigo por los malos sentimientos que tenía de niña», nos dijo, al recordar su infancia con un padre alcohólico. «Y probablemente también por todos los años en que me dejé llevar por las otras adicciones. Es una manera de pagar el precio por la culpa que llevo. Me miro en el espejo y digo: «No mereces ser bonita. Debes ser castigada. Necesitas ser denigrada».

Comparamos esta actitud con el pago a plazos de una cuenta que no disminuye nunca. El que sufre la culpa se dice: «Si me mantengo obeso e infeliz durante los próximos diez años, entonces habré pagado la deuda de la culpa. Habré pagado mi cuenta pendiente».

Otros quieren castigar a su pareja. La mayoría de nosotros, cuando salimos con alguien, pensamos: Caramba, qué suerte tengo. Pensamos que hemos conquistado a alguien mejor que nosotros. Cuando nos casamos y compartimos los mismos pequeños espacios y discutimos sobre qué canal de televisión mirar o a cuál restaurante ir, cambiamos nuestra opinión y pensamos: *Podría haber conseguido algo mejor. Me equivoqué.* Tendemos a negar nuestros propios defectos y ver los de los demás. Una persona madura analiza esta inclinación natural y se dice: *Tengo defectos; mi pareja tiene defectos. Nos merecemos uno al otro.*

La gente que no llegan a esta conclusión puede pensar: *Tuve mala suerte; no es tan bueno como pensaba.* Estas personas pueden decidir ponerse al nivel de su pareja aumentando de peso.

7. Las personas que comen en exceso pueden hacerlo para aliviar la depresión o el estrés

Comer para aliviar la depresión

Comer para aliviar la depresión también puede causar obesidad. En la historia de la clínica, hemos tratado miles de personas por depresión, pacientes tanto internos como externos. La mayoría sufre de ira reprimida y del deseo inconsciente de vengarse, con frecuencia de ellas mismas. Muchas son perfeccionistas, interiormente se autorechazan por no ser mejores. Tener rencor contra uno mismo es un pecado. De modo que es un problema emocional, espiritual y también físico. Cuando tenemos resentimiento contra Dios, otras personas o nosotros mismos, la serotonina y la norepinefrina disminuyen en nuestras células cerebrales. Estas son sustancias químicas que se mueven por medio de la sinapsis de una célula a otra; son las sustancias químicas por las que pensamos y nos movemos. Cuando disminuyen en su concentración, las personas pierden energía y motivación.

Esta reducción de las sustancias químicas del cerebro puede provocar aumentos de peso, si uno se vuelve inactivo mientras se come al ritmo de siempre. Algunos de los que desarrollan una disminución de la serotonina o la norepinefrina, podrán perder el apetito y hasta llegar a desarrollar anorexia. Pero en el resto, este cambio bioquímico producirá lo opuesto: un aumento del apetito y el comer en exceso.

En el caso de la ira reprimida, hay tanto una base química como emocional para comer en demasía. Muchas personas literalmente asfixian su ira, la mantienen a raya, amontonando comida sobre ella. El proceso es similar a cuando se está cargando un cañón y los resultados pueden ser igualmente explosivos.

Comer para aliviar el estrés

Otros tienen sobrepeso porque han reprimido la hostilidad que arrastrada desde su infancia o del estrés actual. Mastican siempre para sublimar su agresividad reprimida subconscientemente. Con frecuencia desarrollan el síndrome de articulación temporomandibular, una enfermedad de la articulación de la mandíbula. (También es posible heredar ese síndrome.) Estas son personas agradables, superconscientes, que hacen la mayor parte del trabajo en la escuela, en el club de voluntarios o en la iglesia. Reprimen la ira, porque no es una emoción aceptable para gente agradable. De manera que rechinan los dientes mientras duermen y pasan sus horas despiertas masticando: papas fritas, cubos de hielo, lápices, bistecs. Buscan una sublimación oral para su hostilidad. Luego se sienten culpables y airados consigo mismos por comer de más, y el ciclo vuelve a comenzar.

8. Las personas que comen en exceso pueden hacerlo para rebelarse contra sí mismos o contra otros

La gente puede llegar a sentirse tan cansada y frustrada de tratar de alcanzar un cuerpo perfecto o de seguir ciertas reglas o de hacer una dieta, que pueden utilizar el comer de más como un enfrentamiento radical contra esa presión. Por ejemplo, Mitzy era un ama de casa perfeccionista, cuyo hogar estaba siempre muy bien arreglado, con todo en su lugar exacto. Sus hijos eran educados y aseados. Las comidas se servían preparadas con exquisitez y a tiempo. Pero su propia manera de comer

12 razones para comer compulsivamente

1. Las personas que comen en exceso puede que respondan a presiones culturales.

2. Las personas que comen en exceso pueden desear en forma subconsciente aumentar de peso para protegerse contra el amor y la intimidad.

3. Las personas que comen en exceso pueden usar la comida para satisfacer su necesidad de gratificación inmediata.

4. Las personas que comen en exceso pueden utilizar la comida como tranquilizante.

5. Las personas que comen en exceso pueden concentrarse en su deseo para evitar enfrentar sus problemas.

6. Las personas que comen en exceso pueden hacerlo para castigarse a sí mismas o a otros.

7. Las personas que comen en exceso pueden hacerlo para aliviar la depresión o el estrés.

8. Las personas que comen en exceso pueden estar rebelándose contra sí mismas o contra otros.

9. Las personas que comen en exceso pueden hacerlo para expresar su necesidad de controlar sus circunstancias.

10. Las personas que comen en exceso pueden tener una percepción errónea de su cuerpo.

11. Las personas que comen en exceso pueden tener emociones relacionadas con la comida, desarrolladas en la mesa de su hogar de origen.

12. Las personas que comen en exceso usan la comida como un nutriente para satisfacer su hambre de amor.

compulsivamente era la forma de escapar a toda esa reglamen-tación.

Tanya, por el contrario, se rebelaba contra la perfección impuesta desde afuera. Su esposo era rígido y legalista, y ella cumplía con sus pautas en todas los demás aspectos. Ambos tenían éxito en la vida: él, abogado; ella, contadora pública. Tenían una casa lujosa, conducían los mejores modelos de automóviles y contaban con amigos exitosos. Eran la pareja yuppie [jóvenes profesionales] perfecta.

Después de varios fracasados intentos de hacer dieta, el esposo de Tanya la envió a consultarnos. Descubrimos que tenía una ira reprimida a causa de su infancia dominada por un padre autoritario y perfeccionista, y también contra su esposo, que repetía el mismo modelo. Dos veces chocó el Volvo negro y dorado de éste en nuestro estacionamiento al venir a las consultas. Sin embargo, negaba su ira, negaba su rebelión y negaba que reaccionaba contra el perfeccionismo. Dejaba esca-par su ira dañando el automóvil de su esposo en lugar de expresarla diciéndole: «No quiero ir a las consultas».

Hay quienes comen de más para vengarse de sus progenito-res. Muchos padres suelen decir: «Tienes que comer». «Deja tu plato bien limpio». «Termina tu jugo de naranja». O, por el contrario: «Tienes que mantenerte en línea». «No hagas de ti un cerdito». «Deja de comer dulces». En especial los adolescentes tienden a rebelarse y utilizan la comida como medio para enfrentar las exigencias paternas. Tanto la anorexia como el comer de más compulsivamente son formas evidentes de decir «¡No!», cuando no se sienten capaces de manifestarlo de manera adecuada.

9. Las personas que comen en exceso pueden hacerlo para expresar la necesidad de controlar sus circunstancias

El control es un asunto importante, en especial para el perfeccionista. La mayoría de ellos son los hijos mayores que crecieron en un hogar donde estaban demasiado controlados. En efecto, muchos de los pacientes que tratamos por desórdenes obsesivo-compulsivo son los hijos mayores de una familia que fueron demasiado dominados por padres no experimentados, ansiosos de hacer un buen papel. La mayoría de los que se destacan en la ciencia, la música o los deportes profesionales, son primogénitos. Quince de los primeros diecisiete astronautas norteamericanos eran primogénitos, lo suficientemente perfeccionistas como para llegar a la luna y volver. El afán de perfección puede ser una gran ventaja para el individuo y para la sociedad, pero también puede llevar a desórdenes como el comer con ansiedad.

El control también es importante para un niño que crece en una familia no saludable, por ejemplo con un padre alcohólico o donde hay abusos sexuales, físicos o afectivos, pues el niño crece aprendiendo a tener temor. Para defenderse trata de controlar su vida a fin de evitar el dolor.

Cuando madura, hay pocas áreas donde puede practicar su dominio. El dinero es uno de ellos, de manera que procuran controlarlo, acumulándolo o volviéndose avaros o gastándolo ni bien lo tienen en la mano. Es poco usual que uno que come de más se convierta en un derrochador o en un jugador compulsivo.

Con frecuencia la comida se convierte en el campo de batalla en el que el perfeccionista procura controlarlo todo. Pero en realidad los que comen en demasía no dominan nada porque la comida es la que manda y los mata. Pero se sienten como si fueran los que mandan.

La madre de Brian utiliza la comida como un elemento de control en su perfeccionismo excesivo al intentar criar un niño modelo. Es dudoso si Brian es o no de verdad hiperactivo, pero su mamá lo tiene bajo una dieta Feingold, extremadamente reglamentada, en la que no puede haber preservativos, ni colorantes artificiales, ni agregados de ningún tipo. Analiza cada paquete de comida que compra. Brian no puede ir a fiestas de cumpleaños, no puede comer en casa de otras personas. Ni nada preparado en la escuela. Cuanto más rígidamente trata su madre de controlar su vida, más hiperactivo se vuelve. Y mientras más hiperactivo, más controla su comida. Cree que regula la alimentación de Brian, cuando en realidad lo que hace es imponer su propia compulsión al niño. La comida y la nutrición tienen muy poco que ver con su comportamiento. Y como resultado de usarla para controlarlo, es muy probable que Brian desarrollará un desorden en la misma.

Es irónico, pero la mayoría de las personas que comen con ansiedad son superdisciplinadas. Se dicen a sí mismas: «Si al menos tuviera un poco más de fuerza de voluntad, podría dominar este asunto de la comida. Conseguiría que esa dieta funcionara con un poco más de esfuerzo». Sin embargo, la fuerza de voluntad no es la respuesta. Creer que se resolverá el problema sólo con un poco más de autocontrol, con frecuencia lleva a comer en exceso cada vez que este enfoque erróneo fracase.

10. Las personas que comen en exceso pueden tener una percepción errónea de su cuerpo

Una percepción errónea de la imagen corporal puede hacer que una persona coma demasiado o muy poco, compulsivamente. Este es siempre el caso, por ejemplo, de los anoréxicos. Nunca se pueden ver acertadamente a sí mismos. Ninguno de nosotros se ve a sí mismo con exactitud, pero las personas con desórdenes en la alimentación muchas veces no tienen la menor idea de su aspecto. Un paciente nuestro pesaba casi 185 kilos. Este hombre decía: «Bueno, sí, estoy un poco pasado de peso. Supongo que debería ponerme a dieta y perder algunos kilos este verano».

Otra paciente, que ahora trata de salir de la codependencia y un serio desorden en la alimentación, no puede reconocer sus propias fotografías. Revisa el álbum familiar y pregunta: «¿Quién es la que está junto al tío Jim en esta fotografía?»

Por fin nuestra paciente Sherry se sintió motivada cuando vio las fotografías del bautismo de su hijo a encarar el exceso de peso con que había quedado después de su embarazo. Al mirarse en el espejo cada día no se daba cuenta de lo serio que era su problema, pero al observar sus fotografías junto a otras personas se sintió impulsada a actuar.

Cuanto más seria es la adicción a la comida en una persona, con menos exactitud se ve a sí misma. Esta negación o incapacidad de admitir la verdad permitirá a una persona glotona continuar engullendo, o un anoréxico suicidarse por inanición.

11. Las personas que comen en exceso pueden tener sentimientos y emociones en cuanto a la comida desarrollados en la mesa de su hogar de origen

Con frecuencia preguntamos a nuestros pacientes acerca de las «costumbres de la mesa» en el hogar de sus padres, pues tratamos de descubrir el valor emocional del tiempo de comer. ¿Los miembros de la familia abusaban unos de otros? ¿Alguno comía en exceso? ¿Usaban alimentos a modo de medicamento? ¿O la utilizaban para celebrar? Si los pacientes responden afirmativamente a alguna de estas preguntas, la actitud de sus familias hacia la comida puede haber contribuido a que ahora tengan desajustes.

Almuerzo como campo de batalla

Un caso atemorizador es el de Justin, que creció en un hogar donde la mesa era como una galería de tiro al blanco. Cada noche su padre humillaba con sarcasmo a alguno de los niños. En una atmósfera de belicosidad, el niño piensa: *Papá y mamá no me alimentarán con amor; de modo que me zambulliré en el plato para conseguir alimento emocional y físico.*

La tensión que Justin sufría en la mesa hacía que su estómago generara tanta acidez, que el jugo gástrico comenzaba a hervir fuera de su estómago y a quemarle el esófago. Más tarde, ya adulto, tuvo que hacerse una operación para acomodar los pliegues gástricos del estómago y evitar esto.

El síndrome de «tienes que comer»

Los padres obsesivos que insisten en que los platos queden por completo limpios, con frecuencia contribuyen a que un adulto coma compulsivamente. Vicky recuerda con claridad algunas oportunidades en que no podía o no quería comer y su madre la obligaba a quedarse sentada a la mesa durante horas. El resto de la familia se iba y continuaba con sus actividades mientras ella permanecía sentada allí llorando. Por supuesto, para entonces no había modo de que su cuerpo pudiera digerir los alimentos. Esto se repetía con frecuencia en sus años de crecimiento y de adulta, en terapia, comprendió que era uno de los factores principales que la inducían a comer con ansiedad pues, aunque quería rebelarse contra su madre, recibía todavía un mensaje hipnótico y poderoso: «Debes comer, debes comer, debes comer».

«Comida es para celebrar»

Con frecuencia la comida es parte de las celebraciones familiares. En sí mismo esto no está mal, pero para el que come con ansiedad las ceremonias pueden llegar a convertirse en un ritual diario. La mayoría de los verdaderos adictos a la comida, como los alcohólicos, comen para consolarse cuando se sienten mal y para celebrar. Un bistec de novecientos gramos, cuando los despiden, otro cuando reciben un ascenso.

El síndrome de «qué bien cocinas, mamá»

Algunas personas comen en exceso para agradar a sus padres. El doctor Paul Meier comparte aquí su propia historia. «Crecí en un hogar alemán. Mi madre era una maravillosa cocinera y todavía lo es a los ochenta años. Y, como los antiguos comensales, solíamos poner mantequilla a todo. Algunas veces solía poner *comida* a mi mantequilla en lugar de mantequilla a mi comida.

»Mamá era un ama de casa que pasaba buena parte de su tiempo en la preparación de comidas y postres realmente deliciosos, cuando los cuatro estábamos en casa. Ella se sentía complacida de vernos disfrutar sus comidas. Si yo pedía un segundo o un tercer plato, se mostraba feliz. Mi pedido le decía, "Mamá, qué bien cocinas".

»De modo que crecí comiendo en exceso para complacer a mamá. No era algo que deseáramos conscientemente, pero se convirtió en un tipo de codependencia».

12. Las personas que comen en exceso usan la comida como un nutriente para satisfacer su hambre de amor

La doceava causa de comer en exceso es: Las personas que comen en demasía usan la comida como un nutriente para *satisfacer* su *necesidad de amor*. Como ésta es una causa que subyace a *todos* los excesos en el comer, dedicaremos todo el próximo capítulo a aprender a alimentar su corazón hambriento.

CAPÍTULO

3

Alimentar el corazón hambriento

«¿Cree que podría asistir a una de las sesiones de terapia de grupo de la clínica esta noche?», preguntó el doctor Hemfelt a Bárbara Jamison.

Bárbara parpadeó. Había asistido a las consultas durante tres semanas y la pregunta siempre era la misma. Y su respuesta había sido siempre igual: «No, no creo que pueda hacerlo».

Esa tarde fue distinto. Habíamos ayudado a Bárbara a entender las numerosas causas que la llevaban a comer de más con ansiedad, algunas de las cuales venían desde su infancia. Ahora podía decir: «Tengo un problema serio», en lugar de: «Sí, como un poco de más, porque he estado deprimida últimamente».

«Bueno, está bien», contestó. «¿A qué hora se reúne esta comunidad de fanáticos de la gordura?»

Aunque le dijimos a Bárbara la hora exacta del encuentro, llegó diez minutos tarde. Se sentó junto a una mujer joven y atractiva, de cabello rojizo, quien le sonrió genuina y cálidamente. Pero no tuvieron oportunidad de entrar en conversación porque en ese momento presentaban a Adriana, una mujer alta y rubia, «graduada» del grupo, que había aceptado volver para hablar de su historia. Adriana era alta, de alrededor de un metro ochenta, adivinó Bárbara, con hombros anchos y una figura esbelta pero no era en absoluto gorda. Se veía magnífica en su vestido gris y rojo y con el cabello brillante al estilo paje.

Adriana se internó en su historia, sin introducción alguna: «Mi padre era un abusador pacífico. Eso significa que nunca abusó de mí físicamente, ni de palabra; abusó de manera pasiva al no hacer nada. Durante los años de mi niñez mi padre jamás me abrazó, ni me cargó, ni jugó conmigo, ni me dedicó un momento. Por más que intente recordar, mi padre jamás pronunció mi nombre.

»Y mamá más o menos ignoró el asunto, cualquiera que fuere. Hasta el día de hoy no sé si abusaron de mi padre en su niñez o si deseaba un hijo varón y me rechazaba por ser hembra. Sólo puedo hacer suposiciones. De continuo me preguntaba con desesperación: *¿Qué hay tan malo en mí, que mi propio padre ni siquiera me nombra?* Recuerdo estar acostada despierta de noche, mirando el vacío oscuro de mi habitación y tratando de entender qué había hecho de malo. Preguntándome si era posible ser un monstruo y no saberlo.

«Me esforcé cada vez más para ser agradable. Me convertí en la ayudante de mamá, me encargué de las comidas. Me ocupé de cuidar a mi hermanito. Obtuve buenas calificaciones en la escuela. Cuando crecí, llegué a ser maestra y comencé a escribir historias para niños. Y todo el tiempo el problema de mi peso se empeoraba cada vez más.

»Cuando llegué a tener más de ciento diez kilos de sobrepeso busqué ayuda médica. Primero me hicieron una operación intestinal, en la que quitaron una buena parte de mi intestino. Con eso bajé entre veinticinco y treinta y cinco kilos, luego tuve algo así como una obstrucción, y tuvieron que operarme el estómago. Bajé hasta quedar con sólo treinta y cinco kilos de sobrepeso, de modo que pensé tener bajo control el problema de mi peso. Después de todo estaba más delgada de lo que había estado en años. Pero, ¿saben?, el bajar de peso no me hizo sentir bien interiormente. Claro, me resultaba más fácil moverme, dormía mejor y era lindo poder sentarme en una silla normal, pero aquellas eran sólo cosas externas. No me sentía nada feliz.

»En realidad muchos de los viejos resentimientos que mantenía bajo control al comer en exceso, comenzaron a aflorar. Físicamente no podía ahogar mi enojo con comidas porque mi estómago había sido reducido a un tamaño que no lo permitía. De modo que la ira emergió a la superficie y empecé a tener terribles accesos de cólera con mi esposo...»

Un murmullo de asombro del público interrumpió a Adriana. Se sonrió. «Oh, sí, estaba casada. Cuesta creerlo, ¿verdad? Por supuesto, no tenía los cien kilos de sobrepeso cuando Dick y yo nos casamos, pero iba camino a eso. Dick siempre ha sido una persona tranquila y tolerante. E incluso cuando me venían esos terribles ataques creo que no se sentía tan afectado como yo. Quiero decir, ahí estaba yo, una mujer que escribía amables historias para niños, mi esposo era mi mejor amigo y una buena persona, pero mi conducta era por completo incomprensible e inaceptable.

»Más adelante, en terapia, comprendí que muy dentro de mí sentía un profundo dolor y por debajo de él había una cantidad mayor de ira. Pero nunca me permití encarar el dolor o la ira, porque literalmente sofocaba esos sentimientos con comida, los empujaba hacia abajo al punto de que ni siquiera los notaba. Pero llegó el momento en que no pude meter suficiente comida para controlarlos y todo afloró a la superficie. Andaba muy bien durante algunos días, o tal vez semanas, y luego Dick entraba a la habitación y me encontraba con una extraña expresión; literalmente lo atacaba, lo arañaba y lo golpeaba. Cuando pasaba mi enojo, me sentía tan confundida como Dick y le pedía disculpas. Me sentía mejor durante un tiempo pero luego volvía a ocurrir.

»Comenzamos a pensar que tal vez estuviera poseída por algún demonio y por eso inicié la terapia con un grupo muy similar a este, sólo que éramos todos pacientes del hospital, personas cuyas condiciones eran tan serias que amenazaban su propia vida o la de otros, o que necesitaban ser alejadas de un mal ambiente por motivos terapéuticos. Había varios bulímicos, anoréxicos y drogadictos en nuestro grupo.

»Bueno, de cualquier manera, una parte de mí quería estar en el hospital y se daba cuenta de que recibía ayuda. Pero, a medida que la terapia me hacía escarbar en aquellos bolsones de dolor, otra parte de mí quería huir, salir de allí. De modo que una mañana me escapé del hospital y tomé la carretera. Por mi seguridad, el personal del hospital llamó a la policía para que los ayudara a buscarme.

»Ahora traten de imaginarse la situación: tenía el cabello largo y ensortijado. Pesaba bastante más de cien kilos y estaba vestida con un camisón de flores azules y violetas, y con pantuflas rosadas. Bueno, un joven policía, no puede haber tenido más de veintidós años y no llegaba a los dos tercios de mi tamaño, fue quien me encontró. Me volví con toda mi furia contra él. Lancé algo así como un bufido y arremetí contra él. Afortunadamente se hizo a un costado, de lo contrario lo hubiera aplastado. Tuvo el coraje de perseguirme y en un momento me tomó de las muñecas. Le apliqué un puntapié debajo de la rodilla y me escapé. Cuando volvió a alcanzarme me escabullí directamente por debajo de su brazo, con la cabeza inclinada como un toro enloquecido que persigue al torero. Esto ocurría ahí mismo en la Avenida 75, durante la hora de más tráfico, y la gente hacía sonar las bocinas de sus vehículos. Luego creo que se me ocurrió esconderme detrás de un árbol, pero por supuesto, ninguno podía ocultarme. Por fin, llegó su compañero para ayudarlo y lograron llevarme de vuelta al hospital».

Adriana y sus oyentes se detuvieron para reírse de las imágenes sugeridas por su relato. Después añadió todavía riéndose: «Supongo que la moraleja es que, si quieren huir de algún lugar, más vale ponerse pantalones deportivos y calzado para correr. Pero la verdad es que estaba furiosa. Todavía puedo sentir la intensidad de todo eso al hervir en mi interior. Y estaba tan asustada de enfrentarlo, que lo único que se me ocurría hacer era correr.

»Cuando vi al policía fue como la última figura de autoridad a la que debía resistir. Una vez calmada, logré superar la crisis y me di cuenta de que necesitaba estar en el hospital, y quedarme allí. Al trabajar con los médicos aquí, los doctores Minirth, Meier y Hemfelt, descubrí por fin que podía confiar en los hombres. No todos eran como mi padre y comprendí que la gente en realidad se interesa por mí, que soy digna de su cariño.

»Todo esto ocurrió hace un año. De modo que hoy es el primer aniversario para mí».

La interrumpieron con aplausos y exclamaciones: «¡Felici-dades!» «¡Feliz aniversario!»

«Gracias. Sólo que en realidad debería llamarlo cumpleaños, porque en realidad me siento como una nueva mujer. Como ven, por primera vez en mi vida enfrenté de verdad las raíces de mi problema, no solamente los síntomas».

El grupo volvió a aplaudir. Luego, durante la discusión general que siguió a la charla de Adriana, la vecina de Bárbara se volvió a ella. «Hola, soy Ginger. ¡Qué linda historia!, ¿verdad?»

Bárbara asintió. «Sí, claro. Y se ve estupenda, tan serena, no la puedo imaginar en esa escena histérica con el policía». Hizo una pausa y probablemente se hubiera quedado callada, si no hubiera sido por la animadora sonrisa de Ginger. «Pero, ¿sabes?, para ser honesta, no entiendo mucho de todo este asunto de las relaciones que mencionan tanto aquí. Quiero decir, estoy gorda porque como mucho. Todos los libros que he leído dicen que es un simple asunto de números: si se ingiere más calorías de las que se quema, se almacenan como grasas. De manera que, ¿cuál es todo ese asunto de si mi padre me llamó alguna vez por mi nombre o no?»

«Sí, yo también me sentí así al comienzo. Quiero decir cuando el doctor Meier me entregó el cuestionario sobre relaciones, para que lo contestara, le dije: "Pero ¡eso no tiene nada que ver con la comida!" Y él se limitó a sonreírme suavemente y contestó: "sí, lo sé. Pero quiero conocerla un poco más. Cuénteme algo de su mamá y su papá y de cómo fue su infancia..."»

Supongo que esta mujer no habrá tenido una vida tan horrible como la de Adriana, pensó Bárbara mientras se preguntaba cuál sería la historia de Ginger.

Como si hubiera leído los pensamientos de Bárbara, Ginger continuó: «Supongo que mi historia no es tan dramática como la que acabamos de oír. Nunca tuve una corrida de toros con un policía. Pero todos mis problemas de peso y en mi matrimonio vienen de la resaca de mi infancia.

»El asunto es que mis padres nunca me dieron permiso para dejar mi hogar. Había mucha codependencia en nuestra familia...» Se interrumpió a sí misma con una risa. «Si pasas cierto tiempo con sicólogos, comenzarás a hablar como ellos. El hecho es que mi padre es muy autoritario y mamá tiene sobrepeso desde hace mucho tiempo. Realmente mucho tiempo. De manera que me tuvo bajo un programa rígido de dieta y ejercicios en mi infancia. Y mamá me contaba todas sus dificultades matrimoniales, y por lo tanto fui la víctima expiatoria de los problemas de todos. El doctor Meier me dijo que, afectivamente, yo funcionaba como un esposo sustituto para ambos.

»Mi hermano se casó y se fue lejos, sin problemas. Pero yo nunca logré irme por mucho tiempo. Tuve dos matrimonios en realidad malos y jamás me mudé a más de unos kilómetros de casa».

Bárbara parpadeó. De veras apreciaba la sinceridad y amistad de Ginger, pero su historia no hacía más que aumentar su confusión: «Entiendo que todo eso era muy difícil para ti, pero todavía no comprendo qué tiene que ver con el problema de la comida», dijo.

«Bueno, comía para desafiar a mi padre —lo que los médicos llaman un asunto de control—, para mantener a mamá contenta y para protegerme de los hombres. Y luego, cada vez que se iniciaban las clases cada año (soy profesora de historia), asistía a un grupo que hacía dieta y perdía unos cuantos kilos, que luego volvía a ganar hacia el final del año. Luego comenzaba de nuevo. Pero todo el tiempo estaba, y lo estoy, consciente de mi reloj biológico. Quiero tener un buen matrimonio. Quiero un hogar. Quiero tener niños. Aquí estoy a los treinta y cinco años, con dificultades para dejar mi hogar».

La reunión llegaba a su fin. Bárbara asintió como si hubiera entendido; pero no estaba muy segura de que fuera así.

«Bueno, es tiempo de partir, pero déjame mostrarte algo. Esto de verdad me ayuda». Ginger extrajo de su bolso una tarjeta de 7 x 12. «Llevo esto conmigo siempre para recordarme que el comer no puede resolver mis problemas emocionales. No importa cuánta comida le eche al estómago cuando me siento enojada con mis padres o ansiando un esposo y niños; la comida jamás llegará a mi corazón para satisfacer su hambre».

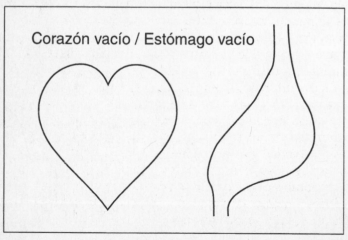

Corazón vacío / Estómago vacío

Hambre de amor

Si su problema, como el del noventa por ciento aproximadamente de nuestros pacientes, está basado en una disfunción multigeneracional, entonces con probabilidad anda por ahí arrastrando un vacío en el corazón, que ilustramos en nuestro esquema del corazón vacío/estómago vacío, ese dibujo en la tarjeta de 3x5 que Ginger mostró a Bárbara. Todo ser humano nace con la necesidad de ser amado. Los niños que tienen padres emocionalmente sanos, podrán llenar sus corazones durante los años de su crecimiento y luego, como adultos, podrán llenar el corazón de otros.

Pero los niños como Ginger, que carecen de una infancia que les llene el corazón, andarán por ahí con el suyo vacío (vacíos emocionales que esperan ser llenados, absorber, tirar, arrastrar algo dentro de ellos) para cuando lleguen al final de la infancia, o de la adolescencia. Si se elige la comida como agente de adicción, estas personas comenzarán a alimentar su esófago, tal como un animal lo llena sin considerar los placeres estéticos del sabor.

La gente que tiene hambre de amor atiborrará su estómago, ya sea en forma constante o periódica, en un intento por llenar su corazón, pero no importa lo que pongan adentro o lo que fuercen a salir de su estómago (en el caso de los anoréxicos o bulímicos), nada de eso llega a su corazón. En realidad, cuanto más esfuerzo y energía concentran en su estómago, menos energía emocional y física pueden invertir en lo que en realidad podría llenar su corazón. En el capítulo diez, en la sección de recuperación, se presentarán formas positivas de llenar el corazón.

De manera que si le ha ocurrido una de estas dos cosas: venir de una familia disfuncional (donde, por ejemplo, el padre era alcohólico o autoritario), puede haber entrado en la adultez con el corazón vacío. O si viene de una familia normal, pero en la adultez se ha encontrado con enormes reveses, como un mal matrimonio, un fracaso en el trabajo, una muerte en la familia o una enfermedad grave, puede tener ahora un déficit emocional. Este puede ser causado por el agotamiento y el constante dar que requieren las cosas buenas de su vida: nutrir afectivamente una familia activa y en crecimiento; el éxito en una carrera que exige cada vez más; un trabajo voluntario que aumenta hasta requerir tanta energía que no le queda tiempo para recargar su propia batería.

Con frecuencia el simple modelo de corazón vacío/estómago vacío hace que nuestros pacientes digan, como Ginger: «¡Ahora entiendo! Todo el tiempo el hambre de verdad está en el corazón. Reconozco que no importa cuánto atiborre o purgue mi estómago, nunca va a llegar al corazón». Muchos de los pacientes hacen el diagrama en una tarjeta y la llevan con ellos, como hizo Ginger. Les sugerimos echarle un vistazo cuando sienten el deseo de comer en exceso y se pregunten: *¿Es mi estómago el que tiene hambre o es mi corazón?* Y con frecuencia miran este diagrama durante las consultas para ayudarse a recordar: *Cuando encaro los asuntos de mi corazón, también enfrento mi desorden en la alimentación.*

El modelo de nuestro corazón vacío/estómago vacío es la raíz de muchos de los problemas, mientras que un pequeño porcentaje son causados sobre todo por problemas físicos, químicos o metabólicos. Sólo su médico puede determinar si usted pertenece a esa minoría. Le recomendamos hacerse un examen físico y discutir esta posibilidad con su médico.

Examine sus relaciones

Ahora que Bárbara ha llegado a entender el sutil nexo entre la comida y sus relaciones, ella, al igual que usted nuestro lector, está en condiciones de hacer una revisión detallada de todos los aspectos de su vida, pasada y presente. La lista que le dimos para trabajar era similar a la que aparece más adelante en este mismo capítulo, y luego de hablar un tiempo acerca de la misma, le pedimos que la lleve a casa, piense en ella, y responda a las preguntas de la manera más profunda y sincera, como si lo hiciera en un diario personal.

«No trate de preparar ni corregir sus respuestas», le dijimos. «Simplemente hágase una pregunta, dígale a su subconsciente que desea llegar a la verdad. Luego escriba sin hacer pausas su respuesta a cada pregunta. No se preocupe si escribe cosas con o sin sentido; sólo mantenga su lápiz escribiendo. Si la única cosa que le viene a la mente es una lista de compras, escríbala de inmediato, luego emergerá la respuesta más profunda que estaba oculta. Con probabilidad tendría que poder escribir sin parar durante diez minutos seguidos. Recuerde, nada de correcciones. Si su lápiz se mueve es porque lo está haciendo bien».

Las relaciones con la familia de origen

El primer aspecto de sus relaciones a examinar, es su familia, con la cual creció, ya sean sus padres biológicos o adoptivos, ya sea legal o informalmente. ¿O vivió en la misma casa con sus padres biológicos o uno de ellos, pero en realidad fue criado por un abuelo, una niñera o algún hermano? ¿O era usted el padre en su hogar, incluso para los propios padres biológicos, como en el caso de Ginger?

Además de recordar quién jugó estos roles, ¿cómo se sentía al respecto? ¿Tiene recuerdos felices? ¿O se llena de odio y desesperación cuando recuerda cómo lo trataron?

Aunque resulte desagradable, es muy importante que explore sus recuerdos infelices. Hay tres tipos de abusos que necesita comprender para poder evaluar si su familia era o no disfuncional.

El abuso activo es el más fácil de identificar, porque es violento y con frecuencia deja marcas físicas. Éste incluye palizas, violación sexual, violencia verbal o emocional, o un exceso de control rígido.

El abuso pasivo es más difícil de identificar, porque consiste en actos de omisión más que de comisión. Necesita descubrir de que carecía. Para llegar a ser un adulto saludable un niño debe recibir tiempo, atención y afecto, por parte de sus padres. Si algunas de estas cualidades faltaban o eran condicionadas en su familia, se trataba de un abuso pasivo.

La *tiranía de los «ismos»* en un hogar produce su propia situación abusiva, que puede tener elementos de abuso pasivo tanto como de activo. Los «ismos» a que nos referimos incluyen el alcoholismo, el perfeccionismo, a la par de la obsesión por el trabajo y los arranques de furia, cualquier conducta desproporcionada de los padres que negaron a los niños tiempo, atención y afecto, o que llevó a palizas o a un exceso de control.

Las relaciones con el sexo opuesto

Ser capaz de ver patrones repetitivos en sus relaciones con el sexo opuesto es uno de los descubrimientos más valiosos que se pueden hacer. Uno de los patrones más devastadores es la codependencia, en la que uno procura lograr identidad y valía por medio de la aprobación del sexo opuesto. Para muchos de nuestros pacientes el reconocer la codependencia con el sexo opuesto es una experiencia que les cambia su vida y les permite comprender su relación con la comida. Una mujer de alrededor de cuarenta años nos dijo, a la vez que sonrió con sinceridad por primera vez desde que había iniciado la terapia: «¡Ahora lo veo! Por primera vez en mi vida lo comprendo. Nunca, nunca conquisté un hombre que se me entregara. Jamás me había dado cuenta de ello. Quiero decir, sabía que sufría, pero no lo entendía. Ahora veo el patrón por el que siempre elegía hombres necesitados de que se les cuidara, eran presos de sus propios mundos, y yo traté de ganar su aprobación, pero jamás me dieron amor ni la aceptación ansiada».

Piense en su trato con personas del sexo opuesto. Trate de recordar lo más atrás posible. Es muy importante analizar sus primeras experiencias juveniles, probablemente en la época de la escuela secundaria. Estas vivencias pueden haber sido sus primeras aventuras de intimidad fuera de su familia. La elección de sus compañeros para salir, puede haber parecido un asunto accidental o de suerte, pero en realidad actuaban influencias muy sutiles. Las citas iniciales son intentos de trasplantar la intimidad de la familia a un círculo más amplio, y uno elige inconscientemente situaciones similares a las del hogar. ¿Escogió compañeros alegres, cariñosos, que podían compartir libremente o a codependientes o abusivos? Enumere todos los nombres que vengan a su memoria, al acordarse desde su juventud hasta el presente. Luego, a la manera de un diario personal, haga una reseña de lo que recuerda acerca de cada relación en particular. ¿Era agradable? ¿Era penosa? ¿Hay elementos repetitivos?

Relaciones con los miembros de la familia y los amigos

Ahora observe con atención las relaciones en su familia actual. En su imaginación ponga la mano en el picaporte de la puerta de su hogar. ¿Cómo se siente al entrar? ¿Siente que llega a un lugar cálido, alegre y seguro? ¿O se le hace un nudo en el estómago?

Si está casado, analice el vínculo con su pareja. Una paciente, que está casada con un alcohólico descubrió que éste es un ejercicio particularmente revelador. «Abría la puerta del garaje», dijo, «y descubría que me relajaba si su automóvil no estaba. Si estaba allí, se me hacía un nudo en el estómago».

Cuando discutimos esta parte de las relaciones con los pacientes, preguntamos: «¿Con quién está casado?» Esto siempre suscita un doble efecto, sobre todo si los dos están en el consultorio.

Sin embargo, la pregunta no es fácil de entender. Estamos preguntando: «¿En qué radica con más intensidad su compromiso emocional?» ¿Es su pareja el objeto de su mayor compromiso emocional? ¿Es un padre, o un hijo? ¿Es su trabajo? ¿Es la comida? El hambre de amor puede ayudar a formar un matrimonio cálido y seguro, y eso está bien. Sin embargo, con demasiada frecuencia vemos casos en que ha llevado a un vínculo esclavizante con un padre o con un hijo, o con algo fuera del matrimonio, o incluso con algo no humano, como la comida.

El nexo más fuerte debe ser entre los esposos. Cuando es así, se crea una atmósfera segura para los hijos. En cualquier hogar en donde ambos no estén de verdad casados el uno con el otro, habrá una disfunción. Este es un aspecto particularmente importante para aquellos que comen con ansiedad, porque en alguna medida la persona que come con exceso siempre está casada con la comida.

Además de observar las relaciones con los que viven en su hogar, como esposo, hijos, compañero de habitación, padres ancianos, observe sus amistades. ¿Quiénes son sus amigos íntimos? ¿Qué hace por ellos? ¿Qué hacen ellos por usted? Es muy común que los pacientes respondan a estas preguntas con miradas vacías y atónitas. Gran cantidad de los que comen con compulsión han permitido que los alimentos consuman a tal punto sus vidas, que no tienen espacio para amistades normales. También es vital entender que incluso en los mejores matrimonios cada parte necesita tener sus propias amistades. Es muy lindo poder considerar a la pareja como el mejor amigo, pero la esposa también necesita tener una buena amiga con la que pueda compartir y el esposo necesita un amigo con quien disfrutar ciertas actividades.

Relaciones con figuras de autoridad

Cuando le pedimos a Ralph, el que comía al estilo montaña rusa, que hiciera un informe acerca de la relación con su jefe, descubrió un patrón repetitivo.

«Cada vez que recibía un ascenso», nos dijo, «comía con desenfreno. ¿Saben?, me decía a mí mismo: *No lo merezco. Si en realidad me conocieran, no me darían esta responsabilidad*. De manera que me sentía furioso y caía en una profunda depresión por los sentimientos de culpa por aquello de *no soy la persona que creen*, y entonces comenzaba a dejarme llevar por todas mis enfermedades y mi peso subía vertiginosamente.

»Luego salía sin decir nada, para iniciar un tratamiento. Desaparecía durante seis a ocho semanas. Luego volvía y decían: "¿Dónde has estado?" Y no les respondía; ellos agregaban: "¿Está todo bien?", yo replicaba: "Sí, gracias". Por lo general era demasiado tarde para anular el ascenso. Yo pensaba que debían hacerlo y me ofrecía a dejar el puesto, pero se negaban.

»Pero, cuando hablan sobre un ascenso, pienso: "Ahora me van a ajustar cuentas. Quieren ascenderme para poder despedirme". Entonces salgo y vuelvo a comer en exceso en especial en los últimos tres años, en los que ya no consumo drogas ni alcohol, la comida es la única de mis adicciones con la que puedo desahogarme. En la oficina la gente en realidad no sabía en qué andaba, pero las variaciones en mi peso eran obvias. Algunos de los compañeros comenzaron a llamarme Yo-Yo... y supongo que de todas maneras el apodo me va bien, pues mi apellido es Yoland».

Eche una mirada retrospectiva a las relaciones en su vida y estudie las figuras de autoridad. Algo de esto será repetición del primer punto analizado, pero en esta oportunidad piense en estas personas como figuras de autoridad, más que en los roles paternales o nutricionales. ¿Cómo se mantenía el control en su hogar, en su aula o en su equipo? ¿Era disciplinado de una manera afectuosa? ¿O era airadamente castigado?

Para evaluar la autoridad en su hogar necesita entender que se puede abusar de ella en dos formas. La falta de control por parte de padres descuidados que ignoran al niño es tan abusivo como el exceso por parte de los agresivos. Ofrecemos a nuestros pacientes cuatro sugerencias para ayudarlos a determinar si recibieron una disciplina abusiva.

1. ¿Hubo daño físico? ¿Le azotaban al punto de dejarle marcas o verdugones?

2. ¿Era la disciplina resultado de una muestra de poder a causa de la inseguridad de los padres?

3. ¿Había humillación en los castigos? Obligar al niño a bajarse los pantalones para recibir una paliza en un lugar público es abusivo.

4. ¿Era desproporcionado el castigo? Un paciente anoréxico nos dijo: «El castigo nunca se adecuaba a la falta. Una vez me encerraron durante dos semanas por negarme a comer la crema de un pastel».

Otros aspectos de su familia, aparte de la disciplina, pueden afectar su relación con las figuras de autoridad. Un ejemplo de esto es un ejecutivo de una línea aérea que come compulsivamente, anda muy bien cuando recién se inicia en una nueva posición pero, «luego todas las calumnias e intrigas de poder comienzan a agobiarme, hasta que no doy más», nos dijo. Al analizar sus relaciones descubrió que esos sentimientos paranoicos se debían al haber crecido con hermanos que de continuo iban con chismes sobre él a sus padres para ganar su favor.

Relaciones consigo mismo

Ahora llegamos a la parte más difícil del análisis. Considere la relación consigo mismo. ¿Cómo se ve? ¿Qué tipo de amigo es para consigo? Como lo expresa una frase de teatro: «¿Le gustaría pertenecer a un club que lo aceptara como miembro?»

Esta sección del análisis es crítica, porque pueden aparecer elementos de una escasa autoestima. Cuando Ralph recordó la manera en que las burlas de sus compañeros lo hacían sentir, (como una planta de frijol marchita) de inmediato se percató de cómo su relación consigo mismo y su pobre autoestima lo habían iniciado en el ciclo de adicción.

Una de las principales razones por la cual los pacientes vienen a consultarnos es que quieren mejorar sus relaciones con la gente. Lo más importante es decir: Debo tener una buena relación conmigo mismo antes de poder tenerla con otras personas. Debo tener una buena relación con los demás antes que con la comida.

Con frecuencia un adicto a la comida viene y nos dice: «Sólo quiero que terminen con mi vicio. Deseo hacer las paces con la comida». No podemos hacer eso. Tenemos que identificar los problemas en relación a la comida y continuar profundizando hasta llegar a la raíz del asunto. Para ayudar a nuestros pacientes a hacerlo, con frecuencia les asignamos dos ejercicios. Primero, que tomen una hoja en blanco y terminen esta frase en la forma más completa posible: «No me gusta cómo soy, porque...» Una respuesta honesta ayudará en dos maneras. Pueden aparecer aspectos válidos o susceptibles de mejorar, pero lo que es más importante, también revelará otros en los que la persona se inculpa injustificadamente.

Ahora, en otra hoja de papel, escriba una carta de presentación de sí mismo recomendándose a alguien con quien deberá encontrarse. Enumere generosamente todas sus cualidades positivas. En este ejercicio permítase dejar a un lado la autocrítica. Si es posible lea en voz alta esta lista de atributos a un amigo de confianza o a un compañero de tratamiento. Hacer esto puede ser embarazoso pero es un medio poderoso para reforzar su nueva autopercepción.

Esta frase del examen es crucial para su recuperación. Al menos para un paciente fue asunto de vida o muerte. El doctor Upton era un excelente pediatra que había salvado a muchos niños pero su sobrepeso era tanto que fue definido médicamente como obesidad mórbida. Al analizar su relación consigo mismo descubrió que, como sus padres nunca le mostraron afecto, él tampoco aprendió a aceptarse. «De pronto me di cuenta que me gustaba salvar a otros, ayudarlos a seguir con vida, pero me rechazaba a mí mismo tan intensamente que no me sentía con derecho a vivir. Me he estado suicidando con mi obesidad». Esta percepción fue decisiva para la rehabilitación del doctor.

El célebre escritor y conferencista sobre la recuperación, John Bradshaw, dice: «Usted es la única persona a la que nunca perderá ni abandonará», de modo que debe tener una buena relación consigo mismo.

Relaciones con la comida

Esto nos trae a las relaciones con la comida. ¿Ha sido la comida un amigo para usted? La mayoría de los adictos a ella la mencionan como los drogadictos a la droga: «La odio. Odio lo que me ha hecho. Pero también es mi mejor amiga. No puedo vivir sin ella». En su diario personal anote cómo llegó a ser su amiga o su enemiga.

Muchas veces es importante que los pacientes enfoquen esta parte del análisis como lo hicieron con sus relaciones con el sexo opuesto, comenzando por sus recuerdos más lejanos.

Trate de ver la progresión en su adicción a la comida. Nuestra paciente Sally es un modelo de adicción progresiva. Durante su infancia su madre tenía una tendencia moderada a usar la comida como sustento, por lo que tenía una relación saludable con la comida. En la adolescencia, comenzó a usarla a modo de recreación, pero era activa y tenía un excelente metabolismo, por lo que se mantenía delgada. En la universidad utilizaba la comida como un mecanismo para enfrentar el estrés de los exámenes y las relaciones con los muchachos. Las largas horas sentada mientras estudiaba también contribuyeron al inicio de su problema de sobrepeso. Al principio de su matrimonio Sally se volcó a la comida como una compañera, para compensar la ausencia de un esposo viajero. Ahora, a la mitad de su vida, come por ira. El odio a sí misma la condujo a una declarada adicción a la comida.

Recuerde que sus sentimientos acerca de (y sus actividades con) la comida constituyen una relación tan real como cualquier otra con una persona. Su relación con la comida afecta el trato con los demás, incluyendo el vínculo consigo misma. ¿Cuáles son los patrones recurrentes de su relación con los alimentos? Cuando los pacientes hablan sobre la historia de su adicción como si relataran el desarrollo de una amistad o un matrimonio, repentinamente ven los modelos de conducta, y pasos a dar para lograr su recuperación.

Relaciones con su cuerpo

En séptimo lugar, necesita detallar las relaciones con su propio cuerpo. De nuevo vuelva atrás en el tiempo y pregúntese: ¿cómo veía mi cuerpo de niño? ¿Cómo veían mi cuerpo los que me rodeaban? Es interesante observar cómo se reacciona ante los autodescubrimientos de un pequeño. Cuando el bebé de tres meses sentado en su cochecito descubre sus pies, papá corre a

Análisis de mis relaciones

1. Familia de origen. Durante mis años de crecimiento, ¿cuáles eran mis relaciones con mis padres biológicos? ¿Padres adoptivos? ¿Abuelos? ¿Figuras cercanas como maestros o entrenadores? ¿Otros miembros de la familia? ¿Hermanos? ¿Había abuso activo o pasivo en mi hogar? ¿Había alguna adicción, como el alcoholismo o los arranques de furia, que trastornaban mi hogar?

2. Sexo opuesto. Comenzando por la secundaria, ¿quiénes, del otro sexo, eran mis amigos íntimos? ¿Qué recuerdo acerca de cada relación? ¿Qué cosas eran agradables? ¿Cuales eran penosas? ¿Qué situaciones se repetían?

3. Familia actual. ¿Cómo son mis relaciones con mi pareja? ¿Con mis hijos? ¿Con cualquier otro que viva en el hogar? ¿Mis amigos íntimos? ¿Es mi hogar actual un lugar cálido, seguro y nutriente?

4. Figuras de autoridad. ¿Cuáles eran mis relaciones con las figuras de autoridad en el pasado? ¿En el presente? ¿Padres? ¿Maestros? ¿Entrenadores? ¿Personal militar? ¿Médicos? ¿Empleadores? ¿Tengo una sensación constante de que las figuras de autoridad están a la espera de que cometa un error? ¿La gente me persigue? ¿Cómo respondo a la crítica real o imaginaria? ¿He estado en una posición de autoridad yo mismo? ¿Cómo me sentía al respecto? La atmósfera de mi iglesia, ¿era de amor o de autoridad rígida? ¿Qué siento de Dios como figura de autoridad?

5. Yo mismo. ¿Cómo me siento respecto a mí mismo? ¿Qué clase de amigo soy para mí? ¿Me elegiría como mi mejor amigo? ¿Me he dado cuenta que debo tener una buena relación conmigo mismo antes de construir una con los demás?

6. La comida. ¿Qué siento respecto a la comida? ¿Ha sido una amiga para mí? ¿Una enemiga? ¿Cómo era ella en mi infancia? ¿Cómo era mi relación con ella en la adolescencia? ¿Cómo me comporté frente a la comida en la universidad? ¿Cómo cambió esa relación cuando me casé? ¿Me castigo con la comida? ¿Qué diferentes roles ha jugado ella en mí desde la niñez hasta ahora? En los últimos años, ¿ha llegado a ocupar un lugar progresivamente más importante en mi vida? ¿Soy adicto a la comida?

7. Mi cuerpo. ¿Qué sentía de niño respecto a mi cuerpo? ¿Qué se me decía de niño referente a él? ¿Me sentía bien con mi sexo? ¿O es que papá quería un varón y resulté una niña, o viceversa? ¿Qué tipo de educación sexual recibí en la adolescencia y la pubertad? ¿Qué siento en cuanto a mi cuerpo ahora? ¿Vivo cómodamente dentro de mi propio cuerpo? ¿Utilizo la comida como una capa protectora, en especial para aislar mis características sexuales?

8. Dios. ¿Qué se me enseñó, cuando niño acerca de Dios? ¿Qué siento respecto a un poder superior ahora? ¿Veo a Dios como una fuente de amor incondicional o como una fuente de juicio y crítica? ¿He desarrollado una relación personal con Dios que le permita vivir y moverse íntimamente en mi vida diaria?

buscar la cámara fotográfica y mamá aplaude mientras el nene patea divertido. Cuando el niño descubre su oído y hace ruidos y gorjeos, la familia responde con exclamaciones: ¡Oh! ¡Ah! Pero cuando anda sin pañal para mostrar lo que ha descubierto, cunde el horror. De manera que, ¿cuáles eran los mensajes acerca del cuerpo que recibía según crecía?

Luego en la adolescencia y la pubertad, ¿qué oía decir de su cuerpo? ¿Qué decía acerca de la sexualidad, forma y tamaño del cuerpo? ¿Se le decía que si no era suficientemente grande aquí o pequeño allá, no se era un verdadero hombre o una verdadera mujer? Vemos muchas mujeres en nuestra unidad del hospital, hermosas física y emocionalmente, que tenían alguna parte del cuerpo que no era como sus padres creían que debía ser. Se les decía: «No eres una mujer. No tienes atractivo sexual. Ningún hombre podría quererte». Para un niño o un adolescente esos mensajes tienen el peso de una verdad bíblica.

Luego, en los años de universidad, cuando probablemente iniciaba una relación más formal, y en el mundo del trabajo, ¿qué tipo de mensajes recibió respecto a la condición de su cuerpo? Y, lo más importante, pregúntese en cuanto a su matrimonio: ¿Siento que mi cuerpo está bien? ¿Estoy conforme con él? ¿Le agrada mi aspecto físico a mi pareja?

Les decimos a nuestros pacientes que se pregunten: *¿Estoy separado de mi cuerpo?* La obesidad y la anorexia son maneras de hacerlo, de abandonar el control y la soberanía. La mayoría tiene que pensar mucho en este planteamiento pero luego nos dicen: «Siento como si caminara con zapatos demasiado grandes para mí. No puedo controlarlos». Por otra parte, algo que escuchamos con frecuencia de los pacientes rehabilitados es: «Siento como si hubiera vuelto a mi cuerpo».

¿Siente como si estuviera en guerra con el suyo? La sanidad puede comenzar cuando se declare la paz.

Relación con Dios

Para finalizar, analice su relación con Dios quien es elemental para los programas de recuperación exitosa de las adicciones.

Ralph admitió: «Tengo mucho problema con todo este asunto de la espiritualidad en el programa de doce pasos. Los enumero todos los días pero, ¿saben?, ese tercer paso, (tomar la decisión de entregar nuestra voluntad y nuestra vida al cuidado de Dios) es difícil porque nunca antes he orado en mi vida.

»Ahora lo hago cada mañana, pero me cuesta entender qué relación tiene con mi vida. Me resultó fácil aplicarlo al alcohol y a las drogas pero recién ahora comienzo a usarlo en el asunto de mi comida. Debo seguir trabajando en eso pero todo es muy nuevo para mí. Reconozco que hay un poder al que puedo recurrir pues lo hice al librarme de las drogas. Ahora tengo que demostrarlo con el control de la comida y luego aplicarlo a mi trabajo, eso sería un verdadero progreso. Pero es un cambio muy grande el aprender a aceptar a Dios en mi vida, en cualquier forma que sea».

Trabajar con los DOCE PASOS del programa de Obesos Anónimos (OA) requiere analizar su relación con Dios en varias áreas: ¿Cree que hay un poder más grande que usted capaz de devolverle la sanidad? ¿Ha decidido entregar su voluntad a Dios? ¿Le ha confesado sus errores? ¿Está dispuesto a permitir que elimine sus limitaciones? ¿Ha buscado por medio de la oración, la lectura de la Biblia y la meditación, mejorar su contacto consciente con Dios?

A medida que trabaje con este cuestionario de su relación verá muchos puntos donde estas se corresponden con su vida. Por ejemplo: «Sí, ahora veo, mis relaciones con mi familia afectaron las que tenía con las figuras de autoridad, que son las que ahora inciden en las que sostengo con mi pareja...» Este es el caso de Bárbara.

Por primera vez los papeles que rodeaban a Bárbara en su cama no eran de envoltorios de comida. Largas hojas de papel amarillo, con el inventario de sus relaciones, se llenaban rápidamente con los recuerdos desenterrados a medida que su lápiz las recorría: El pequeño Timmy, en tercer grado. Salvo cuando le gritaba apodos a ella en el patio de recreo, se ignoraban uno al otro en la escuela. Pero como el fondo de su casa estaba unido al suyo y separado apenas por una cerca desvencijada, era natural que corriera a él cada vez que su padre la encerraba en la habitación o cuando huía de los ataques de furia de sus borracheras. Le parecía que nunca había atravesado esa verja sin tener quince centavos en la mano (mamá siempre le daba algún dinero cuando no podía darle otra cosa) y junto con Timmy corrían calle arriba hasta la tienda. En aquellos días podían comprar un envase grande de papas fritas por quince centavos. Bárbara hizo una pausa mientras escribía para chuparse los dedos como si todavía los tuviera salados.

Y luego el lápiz comenzó a volar de nuevo al recordar una herida que debió haber estado sepultada por más de veinticinco años. Timmy se marchaba en cuanto se terminaban las papas fritas. Era capitán de un equipo de béisbol y se iba a practicar, dejándola sola para intentar entrar por la ventana, sintiéndose abandonada por Timmy igual que por sus padres.

¿Una cita en su adolescencia? Se detuvo y trató de recordar. No le venía a la mente el nombre de ningún chico para anotarlo. Seguro que había en sus clases pero le era imposible mencionar a alguno. Ah, sí, el presidente del aula. ¿Se llamaba Fred? Sí, Fred, pero había olvidado su apellido. Todo lo que podía recordar era que volvía el rostro cuando lo veía venir por el pasillo de la escuela. No se había detenido a pensar en años, cuán aterrorizada se sentía a esa edad con los varones. Sólo recordaba haber sido tímida y esforzarse mucho en sus clases, en especial en las de arte.

Y luego en la universidad. Se fue de la casa; por primera vez en su vida se vio libre del temor que le causaba su padre. Tal vez eso le permitió sentirse en libertad para hacer amistad con Calvin. Además él iba a ser predicador, de modo que estaría segura. Un predicador no podía ser alcohólico. Sí, si retrocedía lo suficiente, a los primeros días con Calvin, cuando pensaba haber encontrado un hombre capaz de ocupar el lugar que su padre nunca ocupó, podía recordar que hubo algunos buenos momentos. Se había sentido tan satisfecha que ni siquiera se excedió en la comida. Al menos mientras no llegó la semana de presión de los exámenes, en que Calvin la descubrió cuando salía del Kampus Korner con una bandeja de papas fritas triple. Fue probablemente la mirada culpable en su rostro lo que arruinó el intento de hacerle creer que eran para todo el grupo de estudio.

Ese fue su primer intento de controlarle la comida. Calvin le dijo: «Quiero que tires a la basura esas papas fritas y ores pidiendo perdón ahora mismo». Bárbara no podía creer que todavía recordara sus palabras. Incluso aún podía ver el largo dedo de Calvin señalando el cubo de basura y su puño huesudo asomando de la manga del suéter.

De ahí en adelante, nunca más salió del Kampus Korner sin mirar a todos lados y comenzó a purgarse para expulsar las comidas incluso cuando no comía en exceso. Porque los sermones continuaron: «Dios necesita buenos mayordomos. Botar la comida cuando hay millones que se mueren de hambre, es pecado. Además, la esposa de un predicador debe tener buen aspecto. Es un buen testimonio y ayuda a su imagen». ¿Realmente había *dicho eso*? ¿O era sólo el mensaje que ella percibía? De todas maneras, se volvió adicta a comer a hurtadillas y la única vez que él sospechó que se purgaba logró convencerlo exitosamente de que tenía diarrea.

La mano se le cansó de escribir. Bárbara repasó su último párrafo. ¿Era por eso que no había traspuesto la puerta de una iglesia desde que dejó la universidad? Lo que el doctor decía acerca de las relaciones que se corresponden, era verdad. Ahora se preguntaba: *¿Acaso todo el mundo en esa escuela era tan legal y frío como Calvin? ¿Acaso Dios era en realidad así? ¿La habría abandonado Dios como lo había hecho Calvin? ¿O es que ella sencillamente supuso que era inaceptable después de...?* Comenzó a escribir de nuevo.

Ahora miró a la palabra que le saltaba a la vista desde la hoja de papel. *Abandonada.* Puso lo mismo respecto a Timmy y a su padre. Su padre la había *abandonado* por el alcohol. Timmy la había *abandonado* por el béisbol. Calvin la había *abandonado* por Dios, después de haberlo ayudado tanto en sus estudios de literatura inglesa, ya no necesitaba de ella.

Y luego Tom. Pensó que tenía su vida resuelta cuando lo conoció. Tenía su título en artes y un trabajo por el que había soñado: decoradora de vidrieras en una gran tienda. Su próxima meta, un curso especial de decoración de interiores y, quién sabe, ¿tal vez algún día su propio negocio? Y no comía demasiado. El programa físico-nutricional funcionaba bien cuando lo practicaba, y le gustaba tanto su trabajo que tenía otras cosas en qué pensar además de la comida. Pero Tom decidió que no podía trabajar después de la boda. Él ascendía rápido como visitador médico y en su compañía se esperaba que las esposas asistieran a todas las convenciones médicas con sus esposos para ayudarlos a entretener a los médicos, y que estuvieran libres para viajar a las frecuentes conferencias de ventas. Él nunca llegaría a donde quería en la empresa si ella no jugaba el papel requerido. Tom era todo lo que su padre, Timmy y Calvin no habían sido. Estaría dispuesta a renunciar por él a mucho más que su carrera. Dos semanas después del casamiento le sugirió que bajara cinco kilos y se comprara tres vestidos nuevos antes de la siguiente convención de médicos.

Bueno, hasta ahí la cosa iba bien. Podía seguir pintando y haciendo planos en la casa. Y en cuanto tuvieran niños, lo pasaría de maravilla haciendo proyectos creativos con ellos. Sólo que Tom no quería tener niños porque trabajaba mucho y estaba cansado cuando llegaba a casa por la noche. Quería quietud y que Bárbara estuviera libre para él. Había sido una buena esposa, hizo su trabajo y lo acompañó a lo largo de tres importantes ascensos, antes de que la compulsión a comer se le descontrolara. Cuando llegó a tener once kilos de sobrepeso ya no podía ayudarlo en su carrera, de modo que se fue. La *abandonó*.

El lápiz de Bárbara dejó de escribir y comenzó a dibujar, la primera «obra de arte» que había hecho en años. Dibujó un arco iris con nubes en ambos extremos y unas pocas gotas de lluvia que caían sobre un campo de flores. Esta era su experiencia de arco iris. Todos los hombres que conoció la usaron y la abandonaron, por lo que se refugió en la comida en busca de consuelo. ¡Siempre lo mismo! Estaba segura que tenía algunas acuarelas en el interior del gabinete. Quería pintar el arco iris.

No hay ningún hilo

Como puede observar las doce causas para comer compulsivamente están mezcladas. Es rara la persona que pueda señalar un sólo punto de la lista, por ejemplo las presiones culturales, y decir: «Ese soy yo; ese es mi problema. No hay ningún otro factor».

Muchas veces en terapia de grupo usamos el ejemplo de una pelota de playa con sus franjas de vivos colores. Sostenemos la pelota frente al grupo sentado en círculo y preguntamos: «¿Qué color es?» Las personas que están a un lado dirán: «Es roja», mientras que los del otro dirán: «Es amarilla». Quienes están a la izquierda gritarán «Azul», y los del frente, declararán «Es verde». Cada respuesta es legítima; cada uno da un informe acertado de lo que ve. Pero la gente necesita ver todos los lados de la pelota para poder responder correctamente a la pregunta.

Los desórdenes en la comida son como la pelota de playa. Paul Meier dice: «Hay muchos aspectos diferentes en mi compulsión. Parte de las razones para que haya subido de peso cuando maduré fue el hecho de que mi metabolismo disminuyó, y parte fue el egoísmo, un deseo de gratificarme cuando sentía lástima de mí mismo por tener que estudiar tanto en la escuela de medicina. Y también por mi deseo subconsciente de agradar a mi madre».

Analizar sus relaciones debe haberlo ayudado, como a Bárbara, a entender por qué tiene un vacío en su interior, que ha tratado de llenar con comida sin medida. Ahora necesita entender todo el ciclo de adicción que comienza con el hambre de amor.

Capítulo

4

Comprenda el ciclo de la adicción

Stephanie Green entró al consultorio del doctor Hemfelt con el andar tambaleante de un sonámbulo, sus ojos vidriosos y su voz monótona. Su esposo, Bob, estaba detrás de ella; con bastante más de un metro ochenta de altura y alrededor de ciento treinta kilos de peso, este rozó ambos lados del marco de la puerta. Se abrió paso hasta la butaca azul reclinable que estaba junto a aquella en la que Stephanie dormitaba. A pesar de las amplias dimensiones de la silla Bob apenas cabía en ella.

—Bueno, doctor, no sé muy bien por qué esa gente del seguro nos mandó aquí. No me importa decir que el día en que ese camión mató a nuestro Joe Bob fue el más negro de nuestra vida. Pero su madre, que está aquí, y yo, no necesitamos de sus consejos —Stephanie volvió su rubia cabeza con su rígido permanente—. Admito con sinceridad que Joe Bob era nuestro favorito, aunque tenemos otros tres hijos. Fue un golpe terrible al comienzo. Terrible. Pero luego conocí a Madame Baize.

—¿Madame Baize? —el doctor Hemfelt miró sus notas. Los Green eran atendidos por otro consejero y habían interrumpido abruptamente el tratamiento. Pero el nombre no era Baize.

—Madame Baize es una mujer con poderes extrasensoriales, ya sabe, una médium. Y me hizo ver que Joe Bob está contento. Eligió morir de esa forma para que yo pudiera obtener el dinero del seguro. —Su mirada era vaga—. Es tan propio de ese pobre querido chico pensar así en su mamá y su papá. En sus veintitrés años de vida nunca nos dio trabajo. Y cuando se casó con la dulce Sharon Jean, siguieron viviendo en casa con nosotros. Usted sabe, ella y el bebé estaban en el automóvil con Joe Bob...

La voz de Stephanie se desvaneció y volvió a hundirse en la esquina de la silla.

Bob continuó la historia.

—Sí, es verdad. Y mamá y yo hemos pensado que la mejor manera de gastar el dinero que Joe Bob nos dejó es usarlo en la familia. Compramos una parcela de tierra cerca de Austin y vamos a construir una casa linda y grande para nosotros y una para cada niño alrededor de ella, para poder estar todos juntos, como Joe Bob hubiera querido.

—Tal como la familia de J.R. Ewing —dijo Stephanie saliendo de su letargo—. Vamos a tener nuestra familia reunida, como en el programa *Dallas*. La primera vez que vi esa serie supe lo que quería.

El doctor Hemfelt se aclaró la garganta.

—Veo por este formulario que han llenado, que todos sus hijos tienen sus propias familias. ¿Qué pasaría si no todos quieren vivir juntos?

Por primera vez esa mañana Stephanie abrió los ojos.

—Pero, ¿por qué no habrían de quererlo, puede usted decírmelo?

La conversación continuó llena de revelaciones de Madame Baize y de los sueños de Stephanie Green de revivir la serie de televisión. Pero no se hizo mención del más obvio de los problemas en la vida de estas personas: la adicción a las drogas por prescripción médica de Stephanie, y los ciento treinta y seis kilos de Bob.

—Ahora, señor y señora Green, si yo fuera un médico y ustedes hubieran venido a mí con un brazo quebrado, primero les habría tomado una radiografía, porque necesitaría saber cómo está por dentro antes de que poder ayudarlos. Lo que necesito ahora es una radiografía de su familia, necesito hablar con sus demás hijos.

Los Green estuvieron de acuerdo, Bob se puso de pie con dificultad.

El cuadro de la familia Green mostrado en las tres o cuatro semanas siguientes fue de adicciones múltiples de larga evolución.

Este era el cuarto matrimonio de Stephanie. De joven había sido alcohólica y abandonaba con frecuencia a sus hijos. Cuando los niños eran pequeños y necesitaban una madre que los nutriera con alimento, afecto y apoyo espiritual, se los quitó de encima. Ahora que habían crecido y podían nutrir su personalidad narcisista los quería de regreso.

Beth, la hija, sucumbió fácilmente a su chantaje emocional. Vivía al borde de la pobreza en una casa rodante con dos niños pequeños y un esposo jugador. Dijo:

—Haré lo que quieras.

Billy, el segundo hijo, era poco comunicativo y no parecía importarle nada.

Pero Larry, el mayor, que se acercaba a los treinta años, dio evidencias de tener agallas para romper con este ciclo de codependencia. Sacudió la cabeza ante la pregunta del doctor.

—No, el accidente no determinó que mamá se hiciera adicta a las píldoras o papá comenzara a comer en exceso. Tal vez se volvieron un poco más a sus píldoras y comidas, después de todo, dependían de Joe y Sharon para todo. Los chicos incluso vivieron con ellos por un tiempo después de casarse. Luego, cuando nació el bebé y se mudaron a su propio departamento, solían ir de compras juntos varias veces por semana. Los parientes pagaban las cuentas, y Joe y Sharon seguían sin preocupaciones. Por supuesto, ambos estaban también en las drogas.

Ahora fue el doctor Hemfelt quien se sorprendió.

—¿Y en todo este tiempo, ha confrontado alguien a sus padres con sus adicciones? ¿Alguna vez admitieron que había un problema?

—¿Bromea? —Larry se rió—. ¿Puede imaginar lo que sería poner a mi padre furioso en contra de uno? Preferiría estar frente a un rinoceronte enloquecido.

—Bueno Larry —el doctor Hemfelt hizo una mueca—, has dado en el blanco. Con frecuencia llamamos a un problema como este «un elefante en la sala de estar». Está plantado allí en medio de la sala y nadie habla de él. En lugar de eso, todo el mundo le pasa por el costado. Y sin embargo, es un enorme intruso que está allí en el centro de la familia.

—Caramba —dijo Larry y rió con ironía—, esa sí que es una metáfora apropiada para este caso. Y le voy a dar otra. Recordará usted la historia del nuevo traje del emperador. Bueno, no voy a ser yo quien le diga al emperador que está desnudo.

En la próxima visita de los Green el doctor Hemfelt comprendió que era el momento de enfrentar al elefante que estaba sentado en la silla azul. Siempre hay un momento crítico en la terapia cuando el terapeuta tiene que actuar como un espejo para el paciente, levantarlo y decir: «Esto es lo que veo. ¿Está dispuesto a enfrentarlo?»

—Bob, ¿cree que su peso es un factor de la depresión y los problemas familiares que me han contado?

—Bueno —dijo Bob y se encogió de hombros—, yo sé cómo controlar mi peso. Me lo causa la bebida. Si dejo un poco la cerveza, bajaré.

Stephanie ni siquiera movió los ojos.

El doctor no estaba dispuesto a que lo desviaran de su propósito con esa evasiva.

—Bob, temo que la situación es mucho más grave que eso. Debo decirle lo que veo. Veo adicción a la comida, adicción a los fármacos, adicción a las relaciones y adicción al dinero. Ahora, todas son graves, pero se pueden superar. Se puede romper el ciclo de adicción. Pero primero deben admitir que existe. Si quieren ayuda, tienen que dejar de negar que son adictos.

El elefante no tronó. Sólo respiró muy, muy profundo mientras se ponía pesadamente sobre sus pies y se arrastraba hasta la puerta, con Stephanie como sonámbula encima de él.

Romper con la negación

La negación no siempre es tan dramática ni tan impenetrable como en el caso de los Green, pero alguna de sus variantes está siempre presente en el ciclo de adicción. Mantiene en funcionamiento al ciclo de adicción. Impide a la persona ver al elefante que está en la sala. La negación hace imposible que un médico ayude a un adicto o que un adicto se ayude a sí mismo.

La mayoría de las personas, incluso aquellas que admiten tener un problema, no entienden la profundidad de la compulsión a comer. La paradoja de la situación es que, aunque la comida es un problema, no es el meollo del mismo. La gente identifica su problema con la comida, cuando en realidad puede ser: codependencia, hambre de amor o depresión. Y, a la inversa, admitir la adicción a la comida puede ser también, en sí misma, una forma de negación, la negación del problema más grave: «Si sólo pudiera bajar unos veinte kilos, desaparecerían mis problemas matrimoniales». La primera parada en el mapa de la ruta hacia la recuperación debe ser romper con la negación.

El espejo en la pared

Si estuviera en terapia, en algún momento el terapeuta se esforzaría por servirle de espejo y diría: «Esto es lo que veo».

Las personas con desórdenes alimenticios se ven a sí mismas más pesadas o más livianas de lo que son, y eso es parte de la negación, un aspecto clave de la adicción. Considere al adicto al alcohol. Nunca piensa que está en realidad ebrio. Un centro de tratamiento para alcohólicos multiplicaría automáticamente por tres lo que un paciente admite haber estado bebiendo. Si el paciente dice: «He estado tomando cinco o seis cervezas por noche», el centro supondrá que son quince. Cualquier adicción destruye la capacidad de la persona para ser objetivo.

Y esto se aplica por igual tanto al que come de menos como al que lo hace de más. Cuando un paciente de treinta y ocho kilos le dice a su terapeuta: «Necesito bajar un poco más de peso», este le dirá: «Comprendo que no pueda verlo y el hecho de que yo sí lo vea, no ayuda, pero necesitamos aclarar que usted está peligrosamente delgado».

Todos recordamos la historia de Blancanieves. El espejo en la pared no mintió a la reina malvada y eso la impulsó a intentar asesinarla. Pero la verdad hablada por su espejo humano no necesita ser un enemigo amenazador. La verdad puede ser la clave para su recuperación. Conocer la verdad acerca de la comida puede librarlo de su esclavitud a ella.

De manera que, aunque la malvada reina permitió que la verdad de su espejo la llevara a cometer un asesinato, y que Bob Green saliera enojado de la terapia cuando se confrontó con un espejo que le mostraba sus múltiples adicciones, usted puede usar la verdad de sus propias adicciones para romper con la negación. El hijo de Bob, Larry, hace precisamente eso. Felizmente continúa en terapia y progresa en su esfuerzo por romper con el ciclo de codependencia en que estaba atrapado.

Hagamos una pausa para entender la compleja naturaleza del ciclo de adicción contra el que lucha. Recuerde, prometimos respuestas que funcionan, no consejos fáciles. Anímese con el hecho de que este problema se puede superar cuando se enfrenta a la verdad.

Cómo entender el ciclo de adicción

Entender un problema siempre es el primer paso para superarlo. Cuando Ralph, a quien sus compañeros de trabajo apodaban «el Hombre Yo-yo», vino a nosotros en busca de ayuda para su adicción a la comida, todavía no entendía los seis pasos descendentes en la espiral de la adicción, aunque tenía bajo control el alcoholismo con la ayuda de los Alcohólicos Anónimos.

1. Hambre de amor

Explicamos a Ralph que el hambre de amor es el mecanismo que enciende el ciclo de adicción, como el primer dominó en círculo, en el que cada pieza golpea a la siguiente para que siga la espiral. Sin embargo, en un círculo de dominós todos terminan por caer y así acaba, pero en el ciclo de adicción las etapas siguen golpeándose una a la otra, internando a la víctima más y más en la profundidad de su vicio.

Como observó al analizar sus relaciones en el capítulo anterior, el hambre de amor por lo general comienza en la infancia. Cualquiera que provenga de una familia disfuncional puede entrar en la adultez con hambre de amor, pero también se puede caer en ella un poco más tarde. Un romance desastroso, una desilusión, un trauma en el trabajo, una terrible enfermedad, pueden iniciar la caída de las fichas de dominó.

2. Baja autoestima (pena emocional)

La baja autoestima es un síntoma de haber vivido una infancia con hambre de amor. Ella se percibe como dolor por lo que se busca un sedante para aliviar la agónica impresión de las fichas de dominó que se caen.

Ni bien explicamos esto a Ralph, entendió lo que estábamos hablando. «Sí, bien que lo sé. ¿Saben?, la semana pasada soñé que estaba otra vez en tercer grado y los chicos se reían de mi ropa. Todavía puedo sentir cómo me encogía por dentro».

3. El agente de adicción (la comida como anestésico)

Al buscar una manera de hacer soportable el dolor las personas se vuelcan a un agente narcótico que haga de anestésico, aunque sea por un tiempo corto. Para algunos es el alcohol; para otros las drogas, el sexo, los arranques de furia o el gastar dinero. Para otros, a quienes está dedicado este libro, es la comida.

En el capítulo 2 explicamos que la comida puede actuar como tranquilizante, ya sea sencillamente al elevar el nivel de azúcar en la sangre o al incrementar la producción de agentes neuroquímicos como las endorfinas. Y explicamos cómo una obsesión por la comida y el hacer dieta puede ser utilizada para evitar tener que enfrentarse mental o emocionalmente a otros factores de la vida. Quien obra así usa la comida como un agente hipnótico. Por último, hay un límite extremo al usar la comida como anestésico: comer hasta perder la conciencia. Igual que el alcohólico, que bebe hasta dormirse, porque los primeros pasos de la euforia y el aturdimiento no bastan para aliviar el dolor.

Además, la comida no es sólo un anestésico sino también el combustible para fijar el ciclo y el dolor de sus consecuencias. El que come de más, se vuelca al alimento para matar la pena y al mismo tiempo lo usa como un medio para castigarse a sí mismo, lo cual provoca dolor. Esta doble función puede determinar que una dependencia de este tipo continúe como una cinta retroalimentadora. Cuanto más comen para aliviar el dolor, más castigo se infligen a sí mismos.

Siempre se ha condenado a los bebedores y, en cambio, perdonado a los que comen de más con ansiedad. «Después de todo», dice la gente, «todos comemos, en especial en las comidas de la iglesia, y eso no perjudica nuestras acciones». Es verdad que normalmente uno puede ingerir de más y aun así conducir un automóvil, pero hay estudios sobre casos de personas que compulsivamente se enfrascan en una comilona mientras conducen, y de repente se encuentran en alguna localidad a kilómetros de su destino.

Ya sea que el adicto a la comida llegue o no a ese punto extremo, lo mismo debe admitir que está emocionalmente tan dañado como el alcohólico. En realidad, desde el punto de vista emocional, el comer puede ser peor. En el caso de la mayoría de los alcohólicos hay momentos en que no están ebrios. Muchos intercalan las borracheras con largos períodos de sobriedad. Pero los adictos a la comida tienen muy pocas oportunidades de no obsesionarse con la comida. No es nada raro que uno que come de más se vuelque todos los días, o varias veces al día, a su agente narcótico, y que piense siempre en él, aun en los intermedios. Incluso los períodos de dieta y de reducción de peso implican obsesión mental por la ausencia de comida.

El rostro de Ralph se iluminó y pudimos ver que había llegado a un nuevo nivel de comprensión. «Sí, lo veo. Mi estilo de comer, tipo yo-yo, es exactamente como los períodos de sobriedad entre mis borracheras. Luego caía nuevamente en una u otra adicción, o tal vez en ambas». Hizo una pausa para pensar. «La comida como anestésico...», asintió. «Sí, sabía que a veces bebía para olvidar. Pero nunca me había dado cuenta que comía por el mismo motivo..., pero es verdad. Si me concentraba lo suficiente en los frijoles y los huevos que me preparaba mi abuela, las voces de burla se desvanecían.

»Y más adelante, después de visitar a mi madre en el hospital siquiátrico me daba una gran comilona. Un juego perdido, la comida te hace olvidar por un rato; pero cuando despiertas, ahí están de nuevo los recuerdos dolorosos, además de la culpa por lo que te hiciste a ti mismo».

Sin embargo, el comer no es la única adicción oral. El hablar con compulsión es otra, como el mascar con ansiedad, (ya sea tabaco, goma de mascar o rechinar los dientes). El fumar, las agresiones verbales (una necesidad compulsiva de dominar las conversaciones), las blasfemias, el sarcasmo mordaz, el humor cínico o el mentir compulsivamente: todos son intentos orales de satisfacer un ansia interior.

Cuando mencionamos a Ralph estas adicciones múltiples sacudió la cabeza. «Caramba, trataba de sentarme en tres sillas giratorias a la vez, o quizás ocupar tres asientos en uno. Nunca me di cuenta que las drogas, el alcohol y la comida eran en el fondo un mismo problema. Cuando los chicos me atormentaban iba a casa de mi abuela y ella me daba de comer. Años después, cuando ya nadie me insultaba, comía y bebía porque seguía sobre la silla giratoria».

Con el ciclo de adicciones fuera de control la persona que come de más comienza a experimentar las consecuencias.

4. Las consecuencias

La obesidad hace la vida menos satisfactoria, pues su víctima encuentra muy restringidas sus actividades. Los deportes y la recreación física se vuelven incómodas, difíciles y hasta imposibles. Es su propio círculo vicioso. También los viajes se vuelven limitados cuando no impracticables, pues no se puede sentir cómodo en los asientos de ómnibus o aviones. Y en casos menos extremos, incluso el trabajo doméstico liviano y el simple subir escaleras, puede resultar «demasiado esfuerzo para que valga la pena». En el capítulo 5 tendremos una discusión detallada de los peligros médicos del sobrepeso. Aquí diremos sólo que los efectos de la obesidad en su salud pueden ser desastrosos y el comer de más, a la larga, le acortará la vida.

Repetidas veces los pacientes han informado sobre la discriminación laboral resultante de su obesidad. Las investigaciones estadísticas demuestran que los obesos tienen menos probabilidades de ser contratados, ascendidos o recibir un aumento. Recuerde cuando discutimos los mitos que rodean a la obesidad: «Las personas obesas son perezosas. Las personas obesas son ineficientes. Son estúpidas». Por injusto que sea, estos mitos abundan y resultan eficaces para reducir de forma drástica los sueldos de esas personas.

Como si eso fuera poco, también sufren rechazo interpersonal en sus relaciones amorosas, en las amistosas, y con frecuencia también, en las familiares. Todo esto impulsa a las fichas de dominó a caer más rápido y la autoestima se hunde más.

No podemos enfatizar lo suficiente las consecuencias del rechazo interpersonal. La soledad nos trae más pacientes que cualquier otro efecto de la obesidad. Revise el análisis de sus relaciones. Pregúntese: *¿Me aíslo y me aparto de la gente? ¿Se aleja de mí la gente?*

Esperamos la respuesta de Ralph a nuestra discusión sobre consecuencias a su adicción. «Supongo que en cuanto a eso tuve suerte, pues el ejército me aceptó y me quitó la gordura. Al escuadrón de motociclistas no parecía importarles. Y mi jefe en la compañía de computación piensa mejor de mí que yo mismo. ¡Ah...!» Se detuvo tan repentinamente que su cabeza se estremeció. «¡Eso es, ¿verdad? Me trago todos esos mitos cuando no confío en mí mismo para obtener un ascenso... ¡Qué curioso! Es más difícil cambiar lo que uno piensa de sí que lo que los otros opinan de uno».

Estuvimos de acuerdo con el análisis de Ralph, porque son las consecuencias internas de la espiral descendente las que aceleran al adicto a caer en la culpa y la vergüenza.

5. *Culpa/vergüenza*

Las personas atrapadas en el ciclo adictivo están bajo la carga de una falsa culpa, autoimpuesta y en el peor de los casos bajo *la vergüenza*. Muchas veces los padres inician a los niños en la vergüenza al decirles repetidamente: «Debiera darte vergüenza». «No mereces ese obsequio». «Qué vergüenza». Pero el punto serio, y hasta peligroso, se alcanza cuando uno se dice a sí mismo: *No merezco ser feliz. No merezco ser sexualmente atractivo. No merezco tener salud. No merezco tener seguridad económica.*

Ralph continuó la lista en base a su propia experiencia: «No merezco tener éxito. No merezco ese ascenso».

La vergüenza puede resultar de la falsa culpa, es decir, por cosas sobre las que no teníamos control, como la pobreza; o de consecuencias arrastradas, como cuando el hijo de un alcohólico hereda la culpa de su padre. Las personas que comen demás tienen una doble carga de culpa porque sienten vergüenza por su obesidad y por comer en exceso, además de la de su familia de origen. Ambas culpas confluyen y la vergüenza resultante es insoportable. El tremendo impacto de una carga de ese tipo se puede ilustrar por el hecho de que la mayoría de los médicos creen que en alguna medida todas las adicciones tienen su raíz en la vergüenza.

El resultado final del desastre del dominó es que ambas culpas, la falsa y la heredada, al chocar con la vergüenza se recargan y producen el autoaborrecimiento.

6. Autoaborrecimiento

El Rey Edipo, que arrastraba la culpa de haber traído el desastre a su pueblo y la vergüenza de haber cometido incesto con su madre, sin saberlo, muestra cómo el autoaborrecimiento conduce a actos autodestructivos. Así como el rey griego se arrancó los ojos con sus propias manos en un intento de castigarse a sí mismo, un adicto en esta etapa del ciclo se volverá literalmente contra sí. La persona obsesionada siente la falsa culpa y la vergüenza se torna insoportable. Debe confesarla y así vestirla sobre algún otro o de lo contrario la seguirá arrastrando en su interior y la volcará, con más peso, sobre sí mismo. Y aquí el que se aborrece a sí mismo se volverá en su propia contra y tomará decisiones autodestructivas. De el «No merezco ser feliz» de la etapa de vergüenza, el adicto pasa al «No merezco vivir».

«Sabía que tenía suerte de estar vivo desde el punto de vista puramente físico, por la forma en que había abusado de mi cuerpo», dijo Ralph. «Pero cuando conducía mi Harley en carreras locas a velocidades que asustaban incluso a la banda de motociclistas, nunca pensé que era un deseo emocional de morir».

A veces llamamos a las adicciones cáncer emocional. En el cáncer el proceso de crecimiento se vuelve contra sí mismo y comienza a destruir su propio tejido. El cáncer emocional puede ser igualmente destructivo, como funesto.

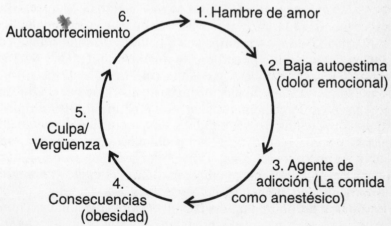

Cuando más vergüenza sienten los adictos más se dicen a sí mismos: *No tengo derecho a dirigir mi enojo hacia otros;* de modo que lo echan sobre sí mismos. Este autoaborrecimiento abre un vacío de hambre, en el corazón del adicto, aumentando su necesidad de amor y de nuevo inicia el ciclo de caída del dominó.

Llegar a comprender este ciclo por lo general es una experiencia del tipo arcoiris. Cuando la luz del entendimiento atraviesa las nubes negras del temor y la depresión, y llena el cielo con su luz de muchas tonalidades, el paciente con frecuencia dice: «¡Ahora lo veo! Ese es exactamente el ciclo interminable en que he estado metido, y no comprendía lo que me pasaba. Ahora sé por qué nunca podía salir de eso».

Y la parte más estimulante de esta comprensión, que cambia la vida, es que el paciente descubre que no es loco ni anormal. Así trabaja el ciclo inevitablemente. Los pacientes pueden ver que si han tratado con uno o dos de los puntos del ciclo, por lo general (el agente de adicción: la comida), no es sorprendente que no hayan podido recuperarse.

Uno puede decir: «Me lo propongo. No más comida grasienta». Pero si trata con un solo aspecto del ciclo, los otros (consecuencias de años de comer con desorden, hambre de amor, culpa y autoaborrecimiento) siguen acumulándose hasta que el dolor es tan grande que deberá volver a zambullirse en el agente de adicción.

Esto puede ser en particular duro para alguien con una fuerte convicción cristiana. Llegará al punto 5 (culpa/vergüenza) y dirá: «Voy a orar para que Dios me quite la culpa y la vergüenza y eso me librará inmediatamente de comer con ansiedad». Es verdad que Dios trata la culpa con que todos los seres humanos hemos nacido como miembros de una raza caída. Pero éste es sólo un aspecto del ciclo, y si no se combaten los otros cinco, la persona volverá a quedar atrapada en él. «Tratar el agente de adicción, como le llaman ustedes, nunca me resultó difícil», dijo Ralph. «Una vez decidido a suspender las drogas o la comida, podía recuperarme sin problemas. Pero no sé si eso significa tener suerte o no. Tal vez por eso me resultaba más difícil ver todo el aspecto emocional. Sin embargo, ahora que lo ha explicado, tiene perfecto sentido».

Dimos a Ralph una tarjeta con el ciclo de adicción para que la llevara a casa y continuara su autoanálisis según surgieran los recuerdos ocultos. Lo instamos a que sencillamente dejara que ocurriera así, a no forzar los recuerdos, ni ahogar aquellos que le eran dolorosos. Esta comprensión de sí mismo sería la base de su recuperación, por lo tanto no debía ser apresurada.

Las etapas del atracón de comida

Así como el ciclo de adicción es una espiral loca, también lo es el acto de atracarse de alimentos. El comer compulsivamente, como en la mayoría de las adicciones, tiende a ser crónico y progresivo. Puede comenzar en forma un tanto inocua, pero con los meses y los años hay una inexorable evolución. La comilona puede haber comenzado sólo como un pasatiempo, o para celebrar algo. Luego siguen los excesos del fin de semana, después por las noches, hasta que llega un punto en la progresión de la adicción en el que uno se da cuenta que lo está haciendo constantemente.

Este no es un patrón absoluto. Lo mismo que los alcohólicos, algunos se mantienen comiendo en exceso regularmente. Puede ser que coman con moderación durante algunos días o semanas, luego se dan un atracón, después se aplacan por otros días o semanas y por fin vuelven a caer otra vez. Pero el modelo más frecuente es el de la espiral descendente continua.

Este era el caso de Bárbara, que comenzó a comer en exceso cuando niña para mitigar el temor y la soledad. Bajo la presión de la vida estudiantil estos períodos de comer en exceso y purgarse se hicieron más serios. Más tarde en su matrimonio la progresión, que había sido lenta, abarcando meses y años, se aceleró de repente. Durante el año anterior (antes de dejarla Tom) su peso subió muy rápido y Bárbara se aisló. En el capítulo 1 la vimos en la evolución vertiginosa de la última etapa de la adicción a la comida; había pasado sobre la cima de la montaña rusa y se precipitaba hacia abajo fuera de control.

Los factores aceleradores del ciclo que acabamos de describir eran sobre todo emocionales, pero también pueden ser de orden físico. La Dra. Sharon Sneed, nutricionista, nos recuerda que después de los veinticinco años el nivel de nuestro metabolismo basal disminuye un dos por ciento cada diez años. Por ejemplo, si una persona se mantenía con 2.000 calorías diarias a los veinte años, cuando llega a los cincuenta tendría que reducir a 1.880 calorías por día para mantener su peso. El bajar nuestro insumo en 120 calorías por día puede no parecer gran cosa, pero 100 calorías por día se convierten en 5 kilos al final del año.

El Dr. Paul Meier, quien hace una dieta para la recuperación de su peso ideal, dice que ese era su problema. «Mido alrededor de 1,95. En la universidad tenía entre cinco y siete kilos menos y, no importaba cuánto comiera, no podía subir de peso. Mis amigos me gastaban bromas por ser tan delgado. De modo que hice un plan para aumentar de peso, ingerí píldoras de proteínas, subí algo y lo mantuve mientras hacía deportes. Cuando entré a la escuela de medicina me pasaba alrededor de 100 horas por semana sentado estudiando, y comencé a aumentar cerca de cinco kilos por año».

Un problema frecuente entre las mujeres es el mito de que «No puedo bajar de peso después de los embarazos». En realidad la futura madre sencillamente se acostumbró a comer de 200 a 300 calorías más por día durante el embarazo y quizás de 400 a 500 por día durante la lactancia, si es que amamantaba a su bebé. Desarrolló el hábito de comer más, lo cual es muy difícil romper.

Estas sencillas costumbres pueden llevar a comer en exceso. Muchos pacientes se deprimen porque con la edad, y con el cambio de objetivos su peso (que nunca había sido un problema) de repente parece fuera de control. Esto puede llevar a una baja en la autoestima, y ésta, si va acompañada de problemas en el hogar o el trabajo, puede hacer que la persona que no solía comer compulsivamente desarrolle dependencia emocional en relación a la alimentación y dé los primeros pasos en el ciclo de comer en exceso.

Desencadenadores especiales de la adicción

Toda adicción tiene sus desencadenantes: sustancias o situaciones que causan un «ataque» incontrolable, que exige que el adicto caiga en el acto o agente narcótico. Para los adictos a la comida, el azúcar y el chocolate son los desencadenantes más comunes, aunque puede haber otros propios del individuo, como el ansia de Bárbara por papas fritas a la francesa.

El azúcar

De todas las comidas que provocan adicción y alteran el ánimo la más común es el azúcar, en el sentido de que afecta al mayor número de personas y que es lo más abundante en la dieta. Consideremos el exceso innecesario de azúcar en las golosinas, en los cereales para en el desayuno, en las comidas procesadas, en los productos alimenticios infantiles, en las bebidas gaseosas y en las comidas rápidas.

Y para exacerbar el problema de la exageración del azúcar, están sus propiedades, en especial muy potentes para alterar el ánimo. Muchas personas dicen que el azúcar, más que cualquier alimento, funciona como medicina contra el aburrimiento, la depresión y también provee una oleada de energía. Es lamentable, pero estos efectos seductores son de corta duración: el cuerpo metaboliza la glucosa rápidamente, exige entonces más azúcar y de esta manera se acelera la adicción.

Muchos han reconocido hace tiempo al azúcar como un «estimulante». Pero los estudios más recientes muestran que también puede ser un sedante. Mary, una maestra de preescolar, vino a la doctora Sneed con su problema: «Soy responsable de toda una sala de niños de cinco años, y después del almuerzo no logro mantenerme despierta. Ayer dormité y diez minutos más tarde descubrí que los chicos estaban usando los dedos para pintar con témpera».

La doctora Sneed pidió a la maestra que hiciera una lista de la comida durante una semana; entonces identificó al villano como el jugo de naranja que Mary tomaba con regularidad en el almuerzo. «Un vaso de jugo natural de naranja contiene una alta proporción de azúcar», explicó la doctora Sneed. «El jugo de naranja es fructosa. El azúcar contiene mitad fructosa, mitad glucosa. La glucosa se absorbe extremadamente rápido, a eso se le llama transporte activo. La fructosa, que es el azúcar que se encuentra en la fruta, se asimila por un proceso llamado difusión pasiva. De esa manera entra en la corriente sanguínea en forma más lenta y controlada».

Sharon Sneed explica que «No hay mucha evidencia científica importante acerca de que mientras más azúcar se consume, más se desea, pero algunos nutricionistas piensan que cuando se agrupen todos los datos, esta teoría puede ser válida. Por el momento es importante entender que, químicamente hablando, el azúcar es azúcar. Y ya sea miel, azúcar parda, blanca, impalpable, melaza o incluso jugo de manzana, es prudente controlar su consumo y estar atento a cualquier alteración en el ánimo u otro efecto físico que pueda haber en el metabolismo individual».

Muchas personas entre los Obesos Anónimos identifican el azúcar como un alimento desencadenante. Tal vez no sean tan exigentes en cuanto a otros elementos de su dieta pero han descubierto que deben abstenerse del azúcar. Cuanto más comen, más la desean. Una vez que vuelven a probarla caen otra vez en la pendiente resbaladiza del ciclo de adicción.

Chocolate

El chocolate es el segundo desencadenante más común, acerca de esta sustancia se realizan interesantes estudios. El término que la gente usa con más frecuencia para describir sus sentimientos hacia el chocolate es *amor*: «Amo el chocolate». Todos nos hemos reído por las explicaciones de los amantes del chocolate, que dicen: «Uno sabe que es adicto al chocolate si unta su crema a todo lo que encuentra. Uno sabe que es adicto al chocolate si lo considera como el cuarto grupo de alimentos básicos. Uno sabe que es adicto si se queda despierto toda la noche preocupado por la escasez mundial de chocolate».

Es interesante que la ciencia ahora apoya el uso del verbo *amar*. El Instituto Siquiátrico del Estado de Nueva York publicó un estudio de los doctores Donald Klein y Michael Leibowitz, para mostrar que un cuerpo enamorado produce una sustancia química llamada feniletilamina. El chocolate está cargado de feniletilamina. De manera que cuando alguno dice que *ama* el chocolate no habla sólo metafóricamente.

Y otro estudio citado por la doctora Sharon Sneed en su libro sobre el estrés premenstrual, indica que las mujeres que ansían chocolate justo antes de sus períodos, pueden en realidad anhelar una mayor cantidad del magnesio que contiene el chocolate. En estos casos el tomar un suplemento de magnesio puede disminuir el deseo de comer chocolate.

Situaciones

El que come con compulsión también debe identificar y ponerse en guardia contra circunstancias desencadenantes que pueden dar el empujón inicial a una comilona. Más adelante hablaremos extensamente sobre cómo tratar estas situaciones. Por ahora necesita identificar las situaciones que pueden afectar sus patrones de comida.

La mayoría de las personas que comen ansiosamente ponen a la cabeza de la lista de peligros las reuniones familiares, en especial en época de vacaciones. Muchos mitos las rodean como, por ejemplo, la idea tácita de que «la familia que come unida permanece unida», y la frase que se oye con más frecuencia, «nos reunimos para comer». Para alguien que proviene de una familia disfuncional, los feriados, como el Día de las madres y el Día de los padres, pueden ser increíblemente difíciles de controlar. Un paciente informó haber asistido a un encuentro de Obesos Anónimos el lunes después del Día de las madres: «Había dos grupos entre nosotros: los que sonreían y los que se lamentaban. Yo me las arreglé bastante bien. Medité en ese feriado con antelación. Incluso antes actuamos, con mi doctor, los roles de la situación. Sabía lo que iba a decir y comer. No me fue tan mal. Casi la mitad estuvo de acuerdo conmigo, y los demás dijeron: "Uf, para mí fue horrible. Perdí. Pero lo haré la próxima vez"».

Las fiestas y los agasajos, sobre todo aquellos relacionados con la organización profesional o laboral, pueden ser un peligro especial a causa de la presión para comer, beber y celebrar, después de todo, el jefe paga. En realidad el que come en exceso es el que paga, porque debe sufrir las consecuencias.

El simple hecho de pasar en automóvil frente a una cafetería, puede ser un desencadenante. Si en su camino a casa desde la escuela o el trabajo (cuando puede estar cansado, hambriento o deprimido) pasa frente a un negocio de comidas rápidas a las que usted no puede resistir, necesita tener en cuenta algunas alternativas. Cambie de ruta. Pruebe viajar con otros o use un transporte público. Coma algo liviano y nutritivo antes de salir, o escuche cassettes, especialmente esos que narran libros, ya sean de ficción o no, que puedan desviar su mente de aquello que lo tienta. Una amiga nuestra ha usado este método para refrescar su memoria de todos los clásicos ingleses y a la vez ha bajado siete kilos. El doctor Meier escucha grabaciones de textos de la Biblia.

La función desencadenante de la propaganda de televisión la hemos discutido en el capítulo dos; lo mismo vale para las propagandas por radio y los avisos comerciales en la pantalla del cine. Al efecto visual y auditivo de estos anuncios debemos agregar el del aroma, sobre todo el de las rositas de maíz en el cine. Un colega amigo solía decir que su cine preferido lo rociaban con «esencia de rositas» antes de cada función. El olor de un alimento puede ser un desencadenante poderoso: pollo frito, café, pizza.

En fin, el hacer las compras de provisiones puede ser una motivación traicionera. La situación no puede ser más tentadora: todo se presenta en envases atractivos, conforme a las mejores técnicas de comercialización. El consumidor se ve obligado a ir y venir entre las estanterías, además de estar imbuido del concepto precondicionado de que está bien comprar; en efecto, «debo hacerlo pues es mi deber proveer de alimentos a mi hogar». Varios métodos pueden hacer que el supermercado sea un lugar menos peligroso para quien es glotón: primero, nunca vaya con el estómago vacío. Si debe ir al final del día, ingiera algo liviano antes. Segundo, haga una lista y *no se aparte* de ella. Esto le ahorrará dinero de su presupuesto para provisiones además de alejarlo de lo que engorda. Tercero, si los niños tienden a pedir galletas y golosinas, déjelos en casa o en la de algún amigo. No necesita soportar ese tipo de presión. Por último, si es algo que no puede resistir, consiga que su cónyuge o un amigo haga las compras por usted o lo acompañe. Esto no será para siempre, sólo hasta lograr romper el ciclo de adicción.

La mayoría de los lectores, como casi todos nuestros pacientes, tal vez se han sentido identificados en algunas de estas páginas y ahora están ansiosos para seguir los pasos hacia la recuperación. Pero si se dice: «Sí, hay mucha gente enferma por ahí y esto puede ser de mucha ayuda para ellos, pero no para mí, pues como con gusto, porque lo disfruto; no necesito todo este asunto sicológico», lo invitamos a indagar más a fondo. Puede haber antiguas heridas, o problemas que han permanecido latentes por tanto tiempo que no tiene conciencia de ellos, pero cuyas raíces impiden su avance en el control de su peso.

La doctora Sneed señala: «Cada vez que un paciente dice que "come con gusto", yo asiento: "Está bien. Ese puede ser su caso". Pero le hago daño al paciente si no intento de verdad descubrir si hay algo más detrás de la máscara. Además, las amenazas de la obesidad para la salud física son tan graves que incluso esa persona que "come con gusto" debe ser advertida».

Cualquiera que ha crecido en un hogar alcohólico, o en uno donde la adicción es el trabajo, o en uno perfeccionista, en otras palabras, en una casa donde hubiera una disfunción, habrá quedado con una cicatriz que llamamos hambre de amor que debe ser satisfecho, pues el corazón vacío debe ser llenado, antes de poder romper con la adicción.

Mientras está atrapado en el ciclo de dependencia todo lo que la víctima sabe hacer es cargar el dolor sobre sí misma. En la segunda parte de este libro, en la sección sobre la recuperación, le mostraremos cómo descargar el dolor y alimentar el hambre de amor de maneras saludables.

Diez caminos hacia la recuperación

CAPÍTULO
5

Primer camino: preparación para el éxito

Una de las actividades más placenteras de un viaje a Inglaterra puede ser caminar por los senderos. Las angostas callejuelas serpentean en medio de campos de un verde exuberante, salpicado de flores, o junto a setos vivos cargados de bayas o sombreadas arboledas que bordean praderas y, a veces, por el medio de jardines particulares. Las reglas son simples: no apartarse de la huella y no permitir que el perro moleste al ganado. ¿Por qué los granjeros y dueños de tierras ingleses permiten esta invasión de su propiedad y llegan al punto de construir portillos con escalones para cruzar los alambrados y a pintar flechas amarillas en los postes indicadores para estimular ese agradable pasatiempo de caminar por los senderos? Estos tienen derecho al libre tránsito por haber sido usados por la gente durante cientos de años y por ley deben mantenerse abiertos mientras se utilicen. Cualquiera de ellos no usado durante un año, puede ser clausurado por el dueño de la tierra, cerrado y quitada la señal. Con el objeto de preservar esta posesión nacional ahora existen en Inglaterra numerosas sociedades protectoras de los caminos, que se han propuesto hacer uso de ellos para asegurar que permanezcan abiertos.

Nos gusta pensar en su programa de recuperación alimenticia y mantenimiento, como en una aventura de caminos. A veces la senda será rocosa, algunas de las montañas son elevadas con súbitas caídas, pero la vista desde la cima es increíble. Aquí proveemos el mapa para que su viaje sea un éxito. Pero cualquier caminante habitual podrá decirle que, no importa lo bueno que sea el mapa de la oficina de información turística, uno puede perder el rumbo o creer que lo ha perdido. El truco es dar una mirada general, revisar el mapa y hacer una elección razonable, si no encuentra a otro caminante a quien preguntar. Pronto volverá a ver aquellas flechas amarillas sobre un poste del alambrado.

Esta sección del libro es su colección de flechas amarillas para guiarlo por los senderos hacia la recuperación y el mantenimiento. ¡Feliz travesía!

Preparación para la caminata

El primer paso para cualquier viaje exitoso es una buena preparación, y parte de ella ya la ha hecho en la primera sección de esta obra: identificar por qué come compulsivamente, analizar sus relaciones para encontrar patrones en su conducta adictiva, aprender cómo funciona el ciclo de adicción y romper con la negación. Ahora queremos que se concentre en especial en prepararse para la dieta, lo que llamaremos control de la adicción (el tema del próximo capítulo). Con frecuencia les decimos a nuestros pacientes que una dieta exitosa sólo es posible si pueden responder afirmativamente a lo establecido por ella en cuanto a nuestra disposición para hacerla.

1. Asegúrese de que ha identificado todas sus adicciones

Muchas de las personas que actúan compulsivamente son adictas múltiples. El que come con ansiedad puede también gastar en exceso o tener arranques de ira, aunque algunas de las ansiedades pueden estar en diversas etapas de remisión. Antes de iniciar la dieta programada eche una hojeada a sus respuestas. ¿Ha contestado cada pregunta en la forma más completa posible?

¿Ve ahora algunos patrones de los que no se percató la primera vez? No es necesario encontrar más de un problema, pero es muy importante asegurarse de que sabe con exactitud con qué trata, de manera que dedique cierto tiempo a revisar.

A esta altura ya debe estar deseoso de abstenerse de su adicción o adicciones. Al comienzo esto suena como una situación «sin salida». Puede sentirse como un paciente que dijo: «Un momento. Me dicen que no puedo recuperarme mientras no corte con esto. Pero no puedo hacerlo si antes no me recupero».

La mayoría de la gente que ha llegado al nivel de comprensión que usted tiene ahora, si ha trabajado en cada paso del libro, puede poner sus adicciones bajo suficiente control como para avanzar en las etapas de recuperación. Unos pocos de nuestros pacientes no lo pueden hacer. Para aquellos que no logran una abstinencia temporal, aconsejamos la hospitalización. Aquí en el Minirth-Meier tenemos una unidad del hospital especial para desórdenes en la alimentación, que es parte de nuestra atención integral del paciente. Si se siente seriamente fuera de control, discuta esta posibilidad con su médico.

Pero la mayoría de las personas son como Troy, un alcohólico que nos planteó un trato: «Me voy a orientar con ustedes por un año. Al final, si me han ayudado a entender por qué bebo como lo hago, voy a dejar de hacerlo».

Le explicamos que a menos que pudiera dejar de beber, no podíamos seguir con el resto del proceso de recuperación, porque el continuo abuso impediría cualquier avance terapéutico. «Si continúa abusando del alcohol mientras está en tratamiento emocional, no podrá asimilar lo que ocurre en la terapia».

Troy pudo ver lo razonable de este enfoque. Logró permanecer sobrio el tiempo suficiente (con sólo dos excepciones) como para alcanzar un nivel de recuperación emocional que le posibilitó la abstinencia permanente. Esto es también válido para el que come compulsivamente, a causa de las características alteradoras del ánimo que tienen los alimentos.

Siempre debe tener en mente que los asuntos emocionales y los alimentarios están tan íntimamente entretejidos que el trabajar sólo con un hilo sería tan imposible como tratar de cortar una camisa en una pieza de tela que tuviera los hilos pero no la trama que los cruza.

2. Asegúrese de que ha roto con la negación

La respuesta universal al enterarse de una tragedia es: «¡No! ¡No puede ser verdad!» La reacción humana es pensar que si no lo admitimos, no ha ocurrido. Pero la negación es válida sólo como un mecanismo de defensa para ayudarlo a uno a pasar el terrible primer golpe de dolor.

Como vimos en el capítulo 4, la negación debe ser rota antes de que pueda comenzar la curación. Debe decir: «Soy adicto a la comida», como el primer paso para entender y salir del ciclo de adicción. Abrir la puerta de la negación es abrirla a todos los pasos siguientes. No se puede llegar a la recuperación si esa primera puerta permanece con llave.

Con frecuencia encontramos a nuestros pacientes en una o varias de las siete siguientes áreas de negación. En cualquiera de ellas hay dos niveles de negación. Las hay consciente cuando se dice a sí mismo: *Sé la verdad, pero no lo voy a admitir.* Ese paciente mirará al terapeuta directo a los ojos mientras miente acerca de sus sentimientos, pero se delatará en muchos pequeños detalles. También hay negación inconsciente. Con ella un paciente podría pasar un detector de mentiras. Está en un verdadero estado de amnesia. Cuando dice: «Mi pasado fue normal y feliz», lo cree en realidad. Cuando se punza la amnesia con la terapia, fluyen los recuerdos y se pueden enfrentar.

Vea si se identifica con alguna de las afirmaciones más comunes en cada área de negación, enumeradas en el gráfico correspondiente. Muchas de estas afirmaciones son lo que John Bradshaw llama «mentiras razonables». Al comienzo suenan como racionales y saludables, cuando en realidad son mentiras emocionales que intentan esconder la necesidad de volver atrás y ahondar el dolor.

Una de las mejores maneras de estar absolutamente seguro de que no quedan vestigios de negación que obstaculizan su progreso, es reconocer por escrito la adicción. Tome una hoja en blanco, puede ser incluso de papel de carta, y escríbase una carta a usted mismo. Dígase con exactitud lo que entiende de su adicción, por qué es adicto, y lo que planea hacer con ello.

Reconozca plenamente: *Soy adicto a la comida. Quiero terminar con esta adicción. Voy a esforzarme lo más posible para lograr la recuperación total.* Fírmelo tal como lo haría en una carta dirigida a su mejor amigo y póngale fecha.

A una paciente nuestra le gustó tanto la idea que incluso despachó la carta con su propia dirección. Informó que tres días más tarde, cuando la recibió, pudo leerla desde una perspectiva nueva y le había resultado una experiencia inmensamente liberadora.

Reconocer el problema ante Dios y ante otros

El quinto nivel del programa de recuperación de Doce pasos de los Obesos Anónimos es admitir «ante Dios, ante uno mismo y ante otro ser humano, la naturaleza exacta de nuestras fallas». Confesar a Dios es un paso importante para romper con la negación. Cuando le llevamos nuestros problemas podemos verlos como Él los ve y esta nueva perspectiva ayudará a romper con la negación.

Luego, cuando hemos visto el problema desde esta nueva perspectiva, debemos expresarlo, decirle a Dios algo como: «Dios, esta es mi realidad en este asunto. Admito que estoy mal y que debo encararlo».

El paso final es confesar nuestras fallas a algún otro. Santiago 5.16 nos insta a confesar nuestras culpas unos a otros y orar unos por otros «para ser sanados». El resultado final de este proceso es liberación y sabiduría; Dios ha prometido que el conocer la verdad nos hará libres y el Salmo 51.6 dice que Dios ama «la verdad en lo íntimo, y en lo secreto me has hecho conocer sabiduría» (Versión Reina Valera.)

3. Asegúrese de que ha identificado sus comidas y situaciones desencadenantes

Un paso esencial hacia la abstinencia es identificar sus comidas y situaciones desencadenantes. Si no está seguro de cuáles son, vaya al análisis que hizo de sus relaciones, hasta la sección de su vínculo con la comida. ¿Qué patrones repetitivos encuentra? Si las respuestas no son evidentes, intente profundizar. Tome otra hoja de papel y escriba algo más. ¿Cuál me poné

Afirmaciones típicas de negación

En cada categoría marque las afirmaciones que usted hace. Luego haga un esfuerzo consciente por dejar de decir estas mentiras.

1. *La negación de que el peso y la imagen corporal son un problema*

__ «Puedo bajar de peso cuando quiero. Sencillamente decido no hacer dieta».

__ «Como igual que cualquier otro. Pero mi metabolismo es lento y en mi familia son todos de huesos grandes».

__ «Mi peso no me molesta. En realidad la gente ni siquiera lo nota, me juzgan por lo que soy interiormente».

__ «Mi doctor dice que debo bajar de peso, pero ¿qué saben los médicos? De algo hay que morir, si no es por el peso será de cáncer, o por la contaminación, o de un accidente. Mejor es darse el gusto de comer un helado de chocolate».

__ «Cuando decida adelgazar, me dedicaré con mucho empeño y lo haré por mi propia voluntad».

2. *Negación del dolor de la familia*

__ «Lo pasado, pasado está. Ya he olvidado cómo crecí en mi familia».

__ «Claro que tuve una niñez difícil en mi familia. Pero he enterrado ese dolor y nadie va a conseguir que lo desentierre». Llamamos a esta actitud negación militante. El dolor está sepultado, pero es como enterrar sustancias químicas tóxicas. Los envases pueden estar fuera de la vista, pero pueden dejar escapar sus contenidos venenosos hacia la superficie.

__ «Mis padres hicieron lo mejor que pudieron. No los culpo por lo que soy ahora».

___ «La gente me dice que debo decirle "no" a mi madre. Me llama todos los días, pero a mí me gusta esa seguridad. Trata de ayudarme a adelgazar. Me da consejos y nunca se queja de la cuenta de larga distancia del teléfono».

3. Negación del dolor de las relaciones actuales

___ «Amo a mi esposa. Claro que peleamos como perro y gato, pero ¿acaso no lo hace todo el mundo?» (Su mecanismo de negación siempre tratará de decirle que lo generalizado es normal.)

___ «No podría pretender nadie mejor que mi esposo. Trabaja y está mucho tiempo afuera, pero es porque quiere darnos todo lo necesario. Nuestra relación no afecta mi peso».

___ «No hay ninguna vinculación entre los asuntos de comida y mis relaciones con otras personas en mi vida».

___ «Sé que le temo a las citas y a hacerme valer en mi trabajo. Pero sé que si alguna vez adelgazo todo comenzará a andar bien para mí». (Este es el antiguo síndrome del carro delante del caballo, el paciente invierte las cosas; las relaciones deben estar en orden antes de poder controlar los asuntos de comida.)

___ «Mis relaciones en el hogar y el trabajo son un desastre. Pero, ¿qué tiene que ver eso con el hecho de que las distintas dietas nunca me han dado resultado? Sé que algún día voy a encontrar la dieta adecuada para mí». (Llamamos a esto pensar mágicamente: la fórmula perfecta resolverá el problema.)

4. Negación de la existencia del hambre de amor

___ «Soy una persona feliz. No comprendo por qué insisten en que no he resuelto mis necesidades emocionales, sólo porque peso demás». (Esta es una señal para buscar lo que llamamos depresión sonriente. Muchas personas infelices muestran una sonrisa tan luminosa que casi logran engañarse a sí mismas y a los demás.)

___ «Supongo que he recibido el amor que merezco. Tal vez no recibí mucho de papá y mamá, pero fue culpa mía, nunca parecí capaz de hacerlos felices».

5. Negación de la ira

___ «Me dice que como por ira. Pero ¿cómo puedo estar enojada con mi esposo? Lo tengo sobre un pedestal. Ni siquiera creo merecer su amor, ¿cómo podría culparlo?» (Cuando un miembro de la pareja está sobre un pedestal encontramos ira porque, como dos niños que juegan en un sube y baja, si uno está arriba el otro tiene que estar abajo.)

___ «No estoy enojado con mi esposa. El nuestro no es un gran matrimonio. Si quiere saber la verdad, ya ni siquiera dormimos juntos, pero no me molesta». (La falta de intimidad física o verbal siempre refleja ira.)

6. Negación de que uno merece ayuda

___ «Nunca me he sentido bonita. Me cuesta creer que Dios quiera que tenga un cuerpo saludable y atractivo».

___ «La vida siempre ha sido dura para mí. He leído y oído acerca de personas que han cambiado su vida, pero no creo merecer eso». (La negación causada por una autoestima tan baja es una de las puertas más difíciles de abrir para iniciar el camino de la recuperación.)

7. Negación de la negación

___ «Me conozco mejor que nadie. No necesito ayuda de afuera para superar este asunto del peso».

___ «La gente debiera poder resolver sus propios problemas. No creo en eso de colgar los trapos viejos al sol».

___ «No niego nada, sencillamente no hay nada».

de mejor ánimo? ¿Qué comida me hace sentir más relajado? Si tuviera que empacar una canasta para pasar una semana en una isla desierta, ¿qué pondría en ella? ¿Con qué comidas sueño despierto? ¿Qué circunstancias hacen que coma más? ¿A qué situaciones temo y entonces como, para ayudarme a soportarlas?

Su mente consciente tal vez no conozca sus propios desencadenantes, pero la subconsciente sí. Déle una oportunidad para que lo ayude a saber qué necesita. ¿Recuerda a Joe, cuyo padre egoísta lo usaba como un esclavo? Identificar el hecho de que ver padres egoístas por la televisión o en la vida real desencadenaba sus atracones, fue un factor fundamental en su recuperación. Identificar sus desencadenantes hará lo mismo con usted.

4. Asegúrese de que ha conseguido el apoyo de su familia

Una de las causas más comunes del fracaso de las dietas es el sabotaje familiar: esposos que traen a casa los helados favoritos de la esposa, niños que piden bizcochos recién horneados, madres que preparan la comida preferida del que hace la dieta. Sepa de antemano que esto puede suceder y esté preparado con un plan de contraataque. Llene su refrigerador con sandía o yogur de bajas calorías para comer en lugar de helados. Cómpreles a los niños paquetes de bizcochos del tipo que a usted no le gustan. Pida a su pareja que prepare las recetas contenidas en este libro.

Sea sutil al preparar a su familia para que colabore con su nuevo régimen. El anunciar «Va a haber algunos cambios desde ahora en adelante», suena amenazador, sobre todo en relación a algo que tiene tantos lazos emocionales como la comida. Cambie los hábitos de su familia con gentileza, gradualmente, sin decirlo. En lugar de freír los hongos en mantequilla use caldo de carne, y no mencione para nada los riesgos de los alimentos fritos. Quite la etiqueta de la margarina de bajas calorías y nunca se darán cuenta de la diferencia. Sirva las recetas de este libro sin decir que son comidas dietéticas.

Uno de nuestros pacientes llenó el recipiente de leche con una descremada al dos por ciento durante dos semanas. Nadie lo notó. Luego pasó al uno por ciento, y aun así tampoco lo advirtieron. La mayoría de la gente puede adaptarse a pequeños

Inventario de su disposición para hacer dieta

Antes de transitar el camino hacia la recuperación...

1. Asegúrese de: Que ha identificado todas sus adicciones;

2. Haber roto con la negación;

3. Haber identificado comidas y situaciones desencadenantes;

4. Haber conseguido el apoyo de su familia;

5. Hacer dieta por los motivos correctos;

6. Haberse fijado metas razonables;

7. Que conoce los riesgos médicos del sobrepeso;

8. Tener la aprobación de su médico para hacer dieta;

9. Que comprende por qué las dietas del pasado no han funcionado;

10. Que realmente quiere ser libre.

cambios en los hábitos de la comida en dos meses o menos y les gustará cualquiera que esté bien preparada, si no se le ha dado información que considere negativa: «Es comida dietética». «Esto le hará bien». «Sólo es cuestión de acostumbrarse».

Observamos muchas pacientes que culpan de sus excesos a su condición de madre. Dicen que compran bizcochos de crema de chocolate para los niños, pero en casa se comen, ellas mismas, la mitad del paquete. Dicen que hacen galletitas de chocolate «porque tengo que ser una buena madre», pero se comen la mitad de la masa ellas mismas. O si no comen, se sienten desgraciadas mientras los dulces están a la vista. Es rara la persona que puede tener siempre bizcochos de chocolate en un recipiente y no sentir un deseo abrasador de probar uno cada vez que pasa frente al mismo. Entonces, ¿por qué someterse a todo eso? De todas maneras, la familia en realidad no necesita esos dulces. A veces es adecuado hacer bizcochos de chocolate, pero no los necesitamos en la casa todo el tiempo.

5. *Asegúrese de que hace la dieta por los motivos correctos*

No inicie una dieta para ganar amor o aprobación. No la haga por su esposo (a), o por su madre, o por su novio. Asegúrese de que la hace por usted mismo. De lo contrario, subconscientemente se sentirá airado con la persona para quien la hace. Esa ira reprimida lo impulsará a comer al estilo montaña rusa.

La posición saludable para iniciar la dieta es: «Soy aceptable y aceptado tal como soy». Entonces está en libertad de bajar de peso por usted mismo.

Una persona podrá decir: «Bueno, no soy aceptable ahora, pero lo seré cuando baje diez kilos». Incluso aunque tenga éxito en adelgazar, la dinámica emocional no habrá cambiado. Si la persona no se quería cuando pesaba ciento diez kilos, no confiará en sí misma aunque llegue a los setenta kilos. Las cicatrices de la infancia que lo llevaron a comer hasta pesar ciento diez kilos seguirán allí cuando pese setenta kilos.

Si esto ocurre, se desilusionará. Quien haga dieta por motivos equivocados terminará diciendo: «Pensé que lograría aceptación si perdía peso. Rebajé pero no me aceptan. Más vale darme el gusto de comer».

6. Asegúrese de que se ha propuesto metas razonables

Aunque algunas investigaciones sugieren que un noventa por ciento de los norteamericanos se consideran a sí mismos obesos, sólo un veinticinco por ciento lo es en realidad. Recuerde las presiones culturales discutidas en el capítulo dos y asegúrese, con la ayuda de su médico, de establecer metas dietéticas adecuadas para su cuerpo. Las tablas de seguro de vida pueden ser de ayuda, pero hay otros factores que también deben considerarse.

Una de las últimas teorías en el estudio del control del peso es la del «punto prefijado»; según la cual cada persona tiene un punto genético en el que su peso es el más saludable y de más fácil mantenimiento. En un mundo ideal todos llegaríamos a ese punto en la madurez y lo mantendríamos. Pero todos sabemos que la vida no funciona así. Encontrar ese punto y mantenerlo puede hacer que el control del peso sea más fácil que tratar de imitar a la actriz de cine preferida o a una estrella deportiva.

Sin embargo el peligro de la teoría del punto prefijado es que algunas personas pueden suponer que, si siempre han sido gordos y su familia también, ese es el punto prefijado que el destino ha decretado para ellos. Sí, hemos nacido con un cierto tipo de cuerpo y una estructura ósea, lo que indica que hay un rango de pesos en el cual funcionamos mejor. Sin embargo, esto no quiere decir que hemos sido predestinados para tener un determinado peso.

Para tener una idea de la magnitud del punto prefijado, revise el análisis de sus relaciones respecto a su propio cuerpo. ¿Cuál es la historia de su peso: las subidas y las bajadas? ¿La subida ha sido gradual o hubo un salto repentino después de un trauma emocional?

Ahora pregúntese: ¿en qué momentos de mi vida he sido más feliz? ¿Cuándo he funcionado mejor? ¿Cuándo fui más saludable? ¿Cuánto pesaba en esas ocasiones?

Otro factor para establecer metas realistas es considerar el porcentaje de grasa de su cuerpo. La mayoría de los médicos piensa que del quince al veinte por ciento del peso de un hombre debe ser grasa; y del veinte al veintisiete por ciento en el caso de las mujeres. El popular test «pinch and inch» se basa en intentos por determinar el porcentaje de grasa del cuerpo. Pero un test tan sencillo como del tipo «Hágalo usted mismo» no es muy preciso. Para obtener una lectura precisa del porcentaje de grasa es necesario medir por lo menos tres distintos puntos del cuerpo: el abdomen, el antebrazo y el muslo, con un calibre para pliegues de la piel. Médicos, terapeutas de clubes naturistas y entrenadores, por lo general están preparados para hacer esas mediciones.

El doctor Minirth les da a sus pacientes una fórmula sencilla para usar como guía. «Las mujeres debieran pesar cuarenta y cinco kilos, más dos y un cuarto por cada dos centímetros y medio de altura por encima del metro cincuenta. Para los hombres, el peso sería cuarenta y ocho kilos más dos kilos setecientos gramos por cada dos centímetros y medio por encima del metro cincuenta». Pero, reitero, esto no es un método absoluto, sino una guía que puede ayudar.

También requiere tener metas realistas en relación a la rapidez con que adelgazará. Ralph lo logró en cuatro semanas, mucho antes que los demás de su grupo. Esto le dio satisfacción por el éxito, pero el mantenimiento es el mayor desafío.

Para la mayoría de las personas que hacen dieta en el hogar, una disminución de un kilo por semana es una meta razonable. Sin embargo debe entender que es perfectamente normal rebajar más rápido al comienzo de la dieta, tal vez dos kilos en una o dos semanas, luego reducirá a un medio kilo en la semana siguiente. Por esta razón muchos médicos recomiendan que no se pese cada mañana. Un estancamiento temporal en la pérdida de peso puede ser devastador para el ánimo del que hace la dieta y precipitarlo a un descontrol. Adelgazar en forma lenta y gradual es más efectiva y saludable porque permite a su cuerpo adaptarse a los nuevos niveles.

7. Asegúrese de que entiende los riesgos médicos del sobrepeso

En la discusión sobre los motivos correctos para hacer dieta le advertimos que se asegurara de hacerla por usted mismo. El deseo de tener una vida larga y saludable es una excelente razón para hacer la dieta y el comprender los riesgos médicos del sobrepeso puede convencerlo todavía más.

Hay ocho complicaciones médicas del sobrepeso severo:

1. Cardiovascular

El sobrepeso aumenta el riesgo de ataque al corazón y otros problemas cardíacos. Esto puede ocurrir del lado izquierdo del corazón por tener que bombear sangre a través de tanto tejido, o del lado derecho por la incapacidad de elevar la pared del pecho a causa del peso.

Las personas obesas no oxigenan bien porque los vasos sanguíneos de los pulmones están presionados y el lado derecho del corazón tiene dificultad para bombear. Esto también lleva a ataques de presión alta.

2. Cáncer

La obesidad incrementa el riesgo de cáncer, en especial de colon, pecho o útero. Esto ocurre principalmente por el exceso de producción de estrógeno del tejido grasoso.

3. Problemas de los lípidos

El incremento de los triglicéridos provoca enfermedades del páncreas y del corazón. El alto nivel de colesterol conduce a enfermedades del corazón y problemas en la vesícula biliar.

4. Diabetes tipo 2

El ochenta por ciento de los que sufren de diabetes en la adultez son obesos. La gran mayoría de los que padecen de esta enfermedad podrían curarse si volvieran al peso ideal para su cuerpo, cumplieran su dieta e hicieran ejercicios adecuados.

5. Problemas de la columna, las articulaciones y los tendones

Estos problemas son mucho más comunes en personas pesadas. Las rodillas, los hombros y la espalda son en especial vulnerables.

6. Complicaciones en el embarazo

Las madres con sobrepeso están predispuestas a tener partos más prolongados y difíciles, diabetes gestacional, trastornos de presión sanguínea y convulsiones. La obesidad significa un riesgo para ambos, madre e hijo.

7. Riesgos quirúrgicos

Los pacientes obesos son pobres candidatos para las cirugías. No se recuperan bien, son propensos a las infecciones, a problemas con la anestesia y están más expuestos a la formación de coágulos sanguíneos.

8. Envejecimiento

A causa de estos esfuerzos a que está sometido el cuerpo las personas con sobrepeso no envejecen bien.

8. Asegúrese de que tiene la aprobación de su médico para hacer dieta

La dieta implica un cambio en el estilo de vida, lo cual —incluso uno saludable— someterá al cuerpo a un estrés. Por eso es importante que su médico le haga un examen físico antes de comenzarla.

Los factores de riesgo a tener en cuenta incluyen antecedentes en ataques o paros cardíacos, formación de coágulos en la sangre, enfermedades del hígado o del riñón, cáncer que no esté en remisión, desórdenes psiquiátricos agudos, diabetes del tipo uno. El exceso de peso pone a los pacientes con estos trastornos en una condición de mayor peligro de lo que lo haría bajar de peso; pero de todas maneras, deben ser controlados muy de cerca.

9. Asegúrese de que entiende por qué las dietas no han funcionado en el pasado

En 1864 el doctor William Banting publicó el primer libro de dietas, *Letters on corpulence* [Tratado sobre la corpulencia]. Un siglo más tarde el hacer dieta y el escribir libros sobre el tema se ha convertido en una industria importante. La década de 1960 vio el florecimiento de dietas para adelgazar rápido, como las recomendadas por los doctores Stillman, Atkins y Pritikin, o la dieta de Beverly Hills. Consistían en comer sólo proteínas; o proteínas y grasas; o sólo bananas durante un día, verduras verdes al otro. Efectivamente, la gente bajaba de peso con tales regímenes, pero los efectos eran efímeros porque no hacían nada para cambiar los hábitos alimenticios, lo cual debe ser la base de un programa de largo alcance.

Acerca de tales dietas la doctora Sharon Sneed advierte: «Hay que sospechar de cualquiera que recomiende comer de uno de los grupos de alimentos solamente, porque se ha demostrado vez tras vez que se necesitan todo tipo de comidas por los nutrientes que proveen al cuerpo. Éstos no se pueden reemplazar con una píldora de vitaminas; ninguna de ellas equivale a una dieta bien balanceada».

Algunas de las dietas populares del pasado han sido desbalanceadas, dañinas o simplemente atroces, como la de Beverly Hills que sugería: «No coma papas; se convierten en vodka en su estómago». Sin embargo muchas otras, como la de los Gordos Anónimos, ofrecen un método razonable de bajas calorías para perder peso. Pero nada antes en la variada historia de las dietas ha ofrecido un programa tan amplio que enfoque los problemas desde todos los ángulos, como el que presentamos aquí.

Por primera vez no transitará un sendero único y recto que ignore el territorio vital a ambos lados. En lugar de eso seguirá un mapa donde los senderos se cruzan y vuelven a cruzar continuamente en el camino hacia la recuperación física, emocional y espiritual.

10. *Asegúrese de que realmente quiere recuperarse*

La poesía The Prisoner of Chillon (El prisionero de Chillon), de Lord Byron, relata la historia de Francois Bonnivard, un patriota suizo que fue llevado prisionero a un castillo en el lago Génova, donde permaneció seis años. Cuando por fin vinieron a ponerlo en libertad, el prisionero descubrió que había «aprendido a amar la desesperación»:

> Estos gruesos muros se han convertido para mí
> En una ermita, ¡y sólo mía!
> Y parte de mí ha sentido como si hubieran venido
> A arrancarme de mi segundo hogar.
>
> En silencio hemos aprendido a vivir
> Mis propias cadenas se volvieron mis amigas,
> Es tanto lo que una larga comunión tiende
> A hacernos lo que somos,
> Que con un suspiro he venido a recuperar mi libertad.
>   (II. 377-80, 388-90)

Con el objeto de lograr un dominio a largo plazo sobre su peso, debe desearlo lo suficiente como para estar dispuesto a romper con las ataduras emocionales y espirituales que puede haber estado amparando.

Cuando esto se logre, en realidad habrá iniciado su última dieta. La Primera Guerra Mundial fue llamada «la guerra que terminará con todas las guerras». Pero por desgracia no fue así. Sin embargo, nuestro programa completo de recuperación *sí puede* ser su dieta para terminar con todas las demás. No, no puede salir y darse un atracón otra vez luego de haber completado las diez pasos, pues eso no sería victoria, sino derrota. La victoria consistirá en que usted podrá controlar, física o emocionalmente, su deseo de atiborrarse y sabrá cómo responder con éxito cuando amenace una recaída. Entonces podrá vivir en paz y en libertad con su cuerpo y su apetito.

CAPÍTULO

6

Segundo camino: comer para el éxito

Como Bárbara no tenía idea del tipo de dieta que quería iniciar, ni un conocimiento nutricional sólido en base al cual escoger comidas saludables, los médicos le recomendaron consultar a la doctora Sharon Sneed. De manera que se hizo un examen general con su médico para estar segura de tener un certificado de buena salud y poder comenzar la dieta, e hizo una cita con la doctora Sneed. En la sala de espera del consultorio de ésta, Bárbara tuvo tiempo de hojear algunas revistas. Cada una de ellas traía un artículo sobre dietas. Algunas de las frases que atrajeron su atención fueron:

- En cualquier momento dado, el 20% de la población de los Estados Unidos participa de algún programa para adelgazar. ¡Eso es uno de cada cinco!
- Cada semana más de un millón de personas participan de un grupo que procura bajar de peso.
- La industria de la dieta produce por lo menos diez mil millones de dólares por año.
- La persona típica de un programa comercial para bajar de peso es una mujer entre los 30 y los 50 años que pesa entre 70 y 80 kilos.

Bárbara no estaba segura si esa información era confortante o no. Era bueno saber que no estaba sola y por cierto parecía enfatizar el aspecto cultural del problema. Pero por otra parte, era tan generalizado que se preguntaba si en realidad habría alguna solución. Sin embargo observó que ninguno de los artículos hablaba acerca de los factores emocionales, espirituales y sicológicos del problema mencionado por los médicos de la clínica. Habían dicho que en eso radicaba la diferencia; esperaba que tuvieran razón. Pero por el momento sólo necesitaba la información dietética y nutricional, con la cual podría controlar su adicción.

La doctora Sneed le dio la bienvenida a su consultorio. Sonriendo le dijo: «He estado en consejería privada durante siete años. Ahora se publica mucha información nutricional importante, la cual podría cambiar la vida de mucha gente, pero cuando comencé muy poca llegaba al público en general. En esa época había unas pocas personas, por lo general no profesionales, que andaban por ahí publicando cosas en este campo, pero nadie decía lo que yo consideraba que hacía falta divulgar.

»De manera que abrí una clínica privada. Los pacientes venían a mí para adelgazar, pero había trastornos secundarios como presión alta, elevada proporción de triglicéridos, dolores de espalda, problemas ortopédicos. Desde que doy consultas privadas, probablemente he visto tres mil pacientes con una gran variedad de desórdenes nutricionales y además trabajo como asesora con otros médicos».

Bárbara estaba impresionada, sobre todo después de observar sobre el escritorio los dos libros publicados por ella. *Está bien*, decidió Bárbara, *le voy a prestar atención*. Tal vez funcione toda esa información que tiene.

Las primeras palabras de la doctora Sneed hicieron que Bárbara sintiera que la consejera sabía lo que había leído en la sala de espera. «Como consecuencia de haber tanta cantidad de gente que hace dietas, y del fracaso de las pasadas de moda y de otros tipos en las que muchos se han embarcado sin verdadero consejo profesional, me temo que el término dieta se ha convertido en sinónimo de autoprivación. Como dice el chiste: "¿Cuál es la peor palabra de cinco letras que conoce?" y la respuesta es "D-i-e-t-a". Creo que deberíamos adoptar el término *adelgazar*, porque suena mucho más positivo que *hacer dieta*. Pero lo que más quiero enfatizar es que hacerla no significa autoprivación. Hacer dieta indica simplemente poner la vida bajo control, equilibrarla. Dejar malos hábitos y comenzar otros buenos no tiene porqué ser autoprivación. Usted decide la elección de sus alimentos y las porciones que comerá. La comida ya no la controlará a usted».

«Suena bien», dijo Bárbara.

Una dieta saludable implica una persona saludable

La doctora Sneed señaló que una buena nutrición y un buen estado físico nos ayudan a optimizar nuestro nivel de salud. Si usted se siente mejor, estará más motivado en todas las áreas de su existencia. Una dieta saludable aumentará la duración de la vida; pero lo que es más importante es que eleva su calidad. «La meta de mi trabajo no es ayudar a la gente a vivir más, sino mejor», dijo la Dra. Sneed.

Luego pidió a Bárbara que tratara de recordar la última vez que había comprado una bolsa de 25 kilos de comida para perros. «¿Recuerda cuán insoportable le resultó el solo hecho de sacarla del coche? Piense que si tiene 25 kilos de sobrepeso, los acarrea día tras día. Medite qué bien se sentirá cuando pueda dejar ese peso de 25 kilos en el depósito y no tenga que cargarlo todo el tiempo».

Lo primero que la doctora Sneed dio a Bárbara fue cierta información general sobre lo que constituye una dieta saludable. Le entregó un folleto similar al de la Ilustración #1 , que incluye las recomendaciones dietéticas del Consejo Nacional de Investigaciones y Junta de Nutrición. Esta tabla muestra lo que es una buena nutrición básica y lo que se llama con frecuencia «comer como medicina preventiva», porque una dieta saludable es de gran valor para prevenir las enfermedades cardiovasculares, la diabetes, los paros cardíacos y el cáncer, además de los motivos estéticos para mantener un cuerpo delgado.

En la dieta norteamericana actual, de acuerdo al doctor Sushma Palmer, director de la Junta de Alimento y Nutrición, las grasas proveen casi el 37% del total de calorías, incluyendo 13% de las calorías provenientes de las grasas saturadas. Los carbohidratos suministran el 45,5% de las calorías, pero el norteamericano promedio come diariamente sólo 2,5 porciones de pan, cereales y granos, y sólo 2,7 porciones de fruta y verdura.

Bárbara pudo ver que ya tenían las cosas bien organizadas. Al pensar en ello, toda la información adquiría sentido, y no debía ser tan difícil de seguir una vez que uno se acostumbraba. Por el momento sabía que colocaría la tabla sobre la puerta de su refrigerador y la miraría con frecuencia. Elevó la vista del papel que tenía en la mano y se dirigió a la doctora Sneed. «Bien, voy a intentarlo. No parece tan difícil».

«No, no lo es. Les prometo a mis pacientes que cuando se acostumbren a la comida sana bien preparada, se alimentarán mejor de lo que lo han hecho en toda su vida. Por supuesto, siempre parecen dudosos al comienzo. Por lo general pasan tres semanas antes de comenzar a recibir noticias entusiastas de parte de mis pacientes.

»Ahora pasemos de lo que es una buena nutrición en general, a la manera en que necesita comer para lograr el peso óptimo de su cuerpo. Les llamo mis Doce reglas de efecto rápido para bajar y mantener el peso».

Regla # 1: Las calorías cuentan

«Es importante imaginar el *sí* en mayúsculas: SÍ. Las calorías SÍ cuentan. Aunque ya no se hace hincapié en contarlas como lo hacían las dietas de hace veinte años, siguen siendo importantes, y en realidad determinan cuántos kilos va a bajar o subir durante un período». La doctora Sneed mostró a Bárbara la figura de una balanza apoyada sobre un triángulo:

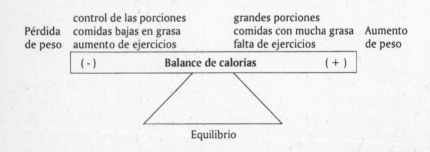

«Esta sencilla ilustración muestra cómo la pérdida y la ganancia de peso se reducen a una ecuación que gira alrededor del equilibrio de calorías. Si come porciones grandes de comida, entonces hay que poner algo en el otro lado de la balanza para contrarrestar.

Por ejemplo, si ingiere porciones grandes, entonces hay que compensar ya sea con alimentos bajos en grasa o aumentando el ejercicio».

La doctora Sneed dio a Bárbara una tabla calórica, similar a la que incluimos en el apéndice de este libro, «Pero necesita recordar», le advirtió, «que no todas las calorías son iguales». Los nutricionistas ahora recomiendan que no sólo se sumen, sino que se considere de dónde provienen. En general hay que tener por lo menos 55% de calorías provenientes de carbohidratos, 30% de grasas y 15% de proteínas. Si elige una dieta baja en grasas, entonces las calorías extras deben venir de los carbohidratos. De manera que tendrá una dieta para mantener el 15% proveniente de las proteínas, 20% de las grasas y 65% de los carbohidratos.

Regla # 2: Las grasas engordan

«Recuerde, Bárbara», dijo la doctora Sneed, «que el propósito de las grasas es ser una fuente de combustible, de reserva. De modo que simplemente se almacenan en nuestro cuerpo si no se requiere energía de mantenimiento, hasta que se la necesita. Equiparo la necesidad de grasa a los grandes tanques de petróleo que vemos en la zona petrolera de Texas». Alcanzó a Bárbara una lámina con tres recuadros.

4 calorías	4 calorías	9 calorías
1 gramo proteínas	1 gramo carbohidratos	1 gramo grasas

Cada recuadro representa cuántas calorías produce un gramo de cada uno de esos nutrientes esenciales. Se puede ver que las proteínas y los carbohidratos equivalen a cuatro calorías cada una por gramo, pero un gramo de grasa equivale a nueve de ellas. Más del doble. La grasa es energía concentrada para el cuerpo humano, y es una protección contra la inanición. Pero en

¿QUÉ ES UNA DIETA SALUDABLE?

1. Reduzca el consumo total de grasa en su dieta, a menos del 30 % del total de calorías. Si quiere contar los gramos de grasa, lo puede hacer considerando los gráficos de comida y consumo de grasas que aparecen en el apéndice de este libro. El contenido en grasas debería ser menor que el 30 % del total de calorías, ya sea que mantenga su peso o lo reduzca.

- Divida su consumo grasoso por igual entre las fuentes de grasa saturada, polinosaturada y monosaturada.

Definiciones

Colesterol: Se encuentra principalmente en productos de origen animal como la yema del huevo (no en su clara), el hígado, los sesos y otros órganos y grasas de la carne. También es producido por el hígado. Para ver el contenido exacto de colesterol de algunas comidas seleccionadas, consultar el gráfico # 3 en el Apéndice.

Grasa saturada: Se considera la más peligrosa de los tres tipos de grasa; consiste en átomos de carbono saturados con átomos de hidrógeno. Eleva los niveles de colesterol en el cuerpo y en consecuencia se deben limitar en las dietas bajas en colesterol. Se las encuentra en los productos lácteos completos, aceite de palmera y coco, sustitutos no lácteos (especialmente cremas) y aceites y mantequillas hidrogenados.

Grasa polinosaturada: Estas han obtenido aceptación recientemente porque ayudan a bajar el colesterol. Se encuentran en aceites de vegetales como el maíz, el alazor o cártamo, el girasol, la soja, etc.

Grasa mononosaturada: Se considera el más sano de los tres tipos de grasa; el aceite de oliva es la más conocida. Su consumo puede ayudar a reducir el nivel del colesterol del suero.

Sugerencias

- Sustituya las carnes grasosas, comidas fritas y productos lácteos altos en grasa por pescado, pollo y pavo (sin piel), carnes magras, sustitutos proteicos, vegetales (habas, tofu) y productos lácteos descremados.

- Limite el consumo diario de colesterol a 150 o menos miligramos por día.

- Tenga mucho cuidado en limitar el uso de aceites (incluso las variedades polinosaturadas), la yema del huevo y otros productos grasosos.

Consumo total diario de grasa sugerido	
Calorías por día	Gramos de grasa por día*
	(cantidades máximas sugeridas)
800	27
900	30
1000	33
1100	37
1200	40
1300	43
1400	47
1500	50
1600	53
1700	57
1800	60
1900	63
2000	67

* Todos los tipos de grasa tienen el mismo contenido calórico.

2 Consuma cinco o más porciones de media taza de verduras y frutas por día.

- Las verduras verdes y amarillas (que no se consideran almidones) contienen grandes cantidades de nutrientes por pocas calorías. Deberían ser un producto dietético principal.

- Aun cuando las frutas son una buena elección, no las consuma en exceso, en especial los jugos. Son relativamente concentradas en calorías en comparación con las verduras, que son más bajas.

3 Coma seis o más porciones diarias de panes, cereales o legumbres, a menos que se haya indicado en un régimen para adelgazar.
- Escoja el grano entero y las variedades no procesadas cuando sea posible, ya que éstas le proveen más fibra y micronutrientes.
- Ingerir carbohidratos debería representar por lo menos el 55% del total del consumo calórico.

4 No consuma más de 85 a 170 gramos de comidas altas en proteína por día (carnes, pescado, huevos).
- Enfatice las fuentes de proteínas bajas en grasas o sus sustitutos en verduras.

5 Procure tener una actividad física regular para ayudarlo a mantener su peso normal. Su consumo calórico total y en consecuencia su dieta, dependen de que resuelva esta necesidad humana básica.

6 No se recomiendan las bebidas alcohólicas.

7 Limite su consumo diario de sal a no más de 4 gramos por día del tipo de sal de mesa normal. Esto se puede lograr fácilmente, en la mayoría de los casos, no usando sal en la mesa y evitando comidas demasiado saladas. (Una dieta de 4 gramos de sal es aproximadamente equivalente a una de dos gramos de sodio.)

8 Mantenga un consumo adecuado de calcio. Las mujeres necesitan por lo menos 1.000 miligramos por día. (1.500 miligramos por día en el caso de mujeres posmenopáusicas que no tomen estrógeno). Esto es más que la cantidad sugerida en Raciones dietéticas recomendadas (RDR). Sin embargo, las investigaciones recientes indican que esos valores deben ser aumentados para prevenir la reabsorción ósea (la osteoporosis).

los Estados Unidos nuestro problema no es ese sino la sobrealimentación. A causa de las comidas sustanciosas experimentamos una sobreabundancia de reservas en grasa.

Y no necesitamos participar de la actual caza de brujas que se ha hecho popular, en cuanto a las grasas saturadas. No son sólo ellas las que causan daño; es el consumo de productos con alta proporción de grasas en conjunto, existente en la dieta norteamericana. Por ejemplo, *la mantequilla y las muy publicitadas margarinas polinosaturadas tienen exactamente el mismo contenido calórico.* Contienen igual cantidad de grasa. La diferencia es que uno es un producto polinosaturado y el otro saturado con un poco de colesterol. Si usted es una persona normal y saludable, y no tiene enfermedades cardiovasculares o alto nivel de colesterol (por encima de 200 mg/dl, miligramos por decilitro), no importa en realidad si consume una cucharadita de mantequilla o de margarina; lo importante es no ingerir dos cucharaditas de ninguno de los dos productos.

Cuanto más aprendemos lo dañina que es la grasa en nuestra dieta, más resolvemos los problemas que antes creíamos insolubles. Las investigaciones actuales muestran que incluso se podría revertir algo tan serio como las enfermedades de las arterias coronarias (hasta cierto punto) si la persona se sometiera a una de estas dietas restrictivas que sólo tienen un 10% de las calorías provenientes de grasas.

Hay tres cosas que usted puede hacer para determinar cuántas de sus calorías provienen de grasas, y para aprender a mantener su dieta en un 30% o menos de grasas.

1. Use las Tablas 1, 2 y 3 del apéndice y las etiquetas de información en las comidas, para calcular su insumo diario de grasas y calorías. Luego utilice esta ecuación:

$$\frac{\%\ grasas\ ingeridas}{por\ día} = \frac{gramos\ de\ grasa\ al\ día\ x\ 900}{total\ de\ calorías\ ingeridas\ al\ día}$$

2. Si consume comidas envasadas, lea las etiquetas y aplique esta ecuación:

$$\%\ grasa = \frac{gramos\ de\ grasa\ por\ porción\ x\ 900}{total\ de\ calorías\ por\ porción}$$

Este cálculo puede hacerlo en la misma tienda de comestibles. Lleve su calculadora para determinar qué tipo de comida congelada quiere, qué clase de queso, cuál tipo de pan. Esta es una de las armas más útiles que puede tener para la lucha por reducir las grasas. Recuerde, mientras elija productos con menos del 30% de grasas, y haga un uso mínimo de los productos que son casi 100% grasas como la manteca y el aceite, probablemente le vaya bien.

3. Una tercera opción es eliminar todas las grasas de su dieta. Si nunca come aceite, manteca, comidas fritas o salsas fuertes, es posible terminar con una dieta de alrededor de un 10% de grasas, provenientes de las que hay por supuesto en otras comidas. Este parece el camino más fácil, en especial para quienes tengan «aversión a las matemáticas», pero implica no comer nunca carnes grasosas, ni quesos, ni productos lácteos con grasa, y tampoco comidas enlatadas, como bizcochos con alto contenido de grasa, de manera que tal vez descubra que una calculadora es una sabia inversión.

Aunque este libro no trata sobre el colesterol, es una consideración importante al planificar una dieta sana. Observará que la mayoría de nuestras recetas son muy bajas en colesterol, utilizan sustitutos para el huevo o sólo la clara del mismo. El colesterol no es como el resto de las grasas; es un compuesto químico diferente de las grasas saturadas o polinosaturadas. Algunas comidas pueden ser bajas en grasas, pero altas en colesterol. Por ejemplo, un huevo no tiene mucha grasa, sin embargo, es muy alto en colesterol. Éste es la sustancia cerosa que se puede acumular en el interior de las arterias provocando placas arterioescleróticas. Sobre todo si es usted genéticamente predispuesto a ese problema, puede provocarle un endurecimiento de las arterias y enfermedades de la coronaria.

En general los adultos deben tener una cantidad de colesterol inferior al 200 mg/dl. Pero no se conforme sólo con conocer cuánto tiene. También necesita saber en qué nivel está su «buen» colesterol, es decir el HDL. Este buen colesterol lo protege contra las enfermedades del corazón. Su porcentaje de colesterol HDL debiera ser de 4.0 o menor. Muchos norteamericanos lo tienen más alto, lo que refleja nuestra población excedida de peso y más bien sedentaria.

En base a la Tabla de porcentajes de grasa y contenido de nutrientes, (Gráfico # 3), usted puede ver cuáles alimentos tienen colesterol y cuáles no lo tienen pero, en general, si tiene un problema con él necesita evitar la yema del huevo, carne de visceras (hígado, seso, riñón), carnes rojas grasosas y grasas saturadas, porque su exceso vendrá a ser colesterol en su cuerpo. Las grasas saturadas incluyen productos lácteos con alto contenido de grasa como la leche, la mantequilla y el queso; también productos hidrogenados, aceites tropicales (de coco y aceite de palma) y cremas no lácteas.

Recuerde, la grasa engorda. Es la fuente más concentrada de calorías que puede consumir. Muchas personas hacen dos cosas para bajar de peso: *comen menos grasas y hacen ejercicios*. La grasa es mala para el corazón, para otros problemas físicos y para su programa de pérdida y mantenimiento del peso.

Regla # 3: Deléitese con las fibras

Las fibras dietéticas consisten principalmente en 1) fibras solubles, como las pectinas, salvado de avena y las que se encuentran en muchas frutas, y 2) fibras insolubles como las celulosas, hemicelulosas y las que están en el salvado de trigo y las cáscaras de los vegetales. Las fibras solubles ayudan a reducir el colesterol, porque se combinan con los ácidos biliares en el intestino. Los ácidos biliares se forman a partir del colesterol y las fibras solubles se combinan con ellos mismos para expulsarlos del cuerpo, y llevarlos hasta el inodoro. Esta es la única vía del cuerpo para deshacerse del colesterol. Si incluye 5 gramos de salvado de avena en su dieta, puede disminuir su nivel de colesterol en un 5 por ciento.

La fibra insoluble se encuentra sobre todo en la cáscara del trigo, el arroz y la cáscara de los vegetales. Pasa por su sistema digestivo prácticamente sin ser afectada. La teoría que sustenta una dieta con muchas fibras, es que éstas empujan más rápido los alimentos por el sistema digestivo, reduciendo el período de absorción de las grasas. Y por supuesto, está también el hecho de que llenan el estómago y dan mayor sensación de saciedad. Para tener una salud óptima, su dieta debiera contener 25 gramos de fibra cruda por día. Esto es casi imposible de lograr en una dieta para adelgazar, a menos que coma un cereal alto en fibra todos los días y añada unas cucharadas colmadas de salvado a algunas de sus comidas. Consulte el Gráfico del Valor Nutritivo de los Cereales, al final de este libro (gráfico # 4) para ver el valor nutritivo de los cereales que consume en el desayuno. Muchas personas creen que hacen una dieta elevada en fibras, pero en este cuadro verán que los han aconsejado mal. El trigo molido, por ejemplo, contiene sólo 3 gramos de fibra. La doctora Sneed recomendó a Bárbara en especial las fibras del tipo Uno. «Son las que personalmente prefiero porque son muy altas en fibra y muy bajas en calorías». Incluso las personas que están con dietas líquidas pueden mezclar media taza de este cereal, que provee 13 gramos de fibra dietética, en alguna de sus bebidas. Esto ayudará con cualquier problema de constipación que puedan tener y agregará a la dieta todos los valores de las fibras.

Regla # 4: Controle su apetito

«Permítame que se lo exprese de una manera más provechosa, lo que denomino mi "Super 8"», dijo la doctora Sneed. «Son ocho sugerencias para ayudarla a controlar el hambre»:

1. Los ejercicios moderados ayudan a reducir el apetito. Le voy a dar más información acerca del mismo, de modo que por el momento lo dejamos así.

2. Una dieta ligeramente más alta en proteínas, que comprenda del 15 al 20% de su insumo total de calorías, parece ayudar a aliviar las punzadas de hambre, ya que son de digestión más lenta. Deben ser de alta calidad, bajas en grasas, como la leche descremada, el requesón, el pescado, el pollo u otras carnes magras.

3. Consuma una dieta alta en fibras, porque éstas se expanden en el estómago y ayudan a disminuir las punzadas de hambre.

4. Reduzca el azúcar. Los azúcares parecen aumentar el hambre porque elevan los niveles de insulina en la sangre, lo cual produce una baja de los niveles de glucosa en la misma, alrededor de dos horas después de su consumo.

5. Coma con frecuencia para estabilizar los niveles de glucosa en la sangre. No conviene que caigan bruscamente y luego tengan que volver a subir.

6. No se alimente en exceso. Si su estómago se acostumbra a comer de más, aunque sea en una o dos comidas, se formará un hábito. Además uno tiende a tener más hambre después de comer en exceso que luego de hacerlo moderadamente.

7. Beba infusiones calientes, pues parecen satisfacer más que los fríos. Si piensa hacer un programa de dieta líquida, busque una que tenga la alternativa de una sopa caliente. Saque provecho de las infusiones bajas o carentes de cafeínas.

8. Evite el alcohol y la cafeína. Pues éstos son estimulantes del apetito y se deben evitar durante las dietas para adelgazar.

Regla # 5: Controle la cantidad de su ración.

Sólo se necesita un plato de comida. Uno no debiera consumir más de una taza de fécula o una verdura de bajas calorías en cualquier momento y por cierto no más de 120 gramos de carne por comida. La gente necesita acostumbrarse a la ración con la que pueda mantener su peso. Uno debe ser su propio nutricionista.

A menos que se padezca de alguna complicación médica, como la diabetes o problemas del corazón, nada necesita ser restringido de su dieta una vez que ha llegado al punto de mantenimiento. Hasta puede comer torta de chocolate de vez en cuando y en una cantidad razonable. En lo que falla la mayoría de los que comen con compulsión es en el tamaño de sus porciones. Pues éstas son demasiado grandes, en especial los llamados alimentos desencadenantes.

Regla # 6: Tome suplementos mientras baja de peso

Es muy difícil obtener todos los nutrientes que el cuerpo necesita mientras se hace una dieta restringida. Elija un suplemento de vitaminas y minerales moderado. No son necesarios grandes dosis; no lo ayudarán a bajar de peso y en muchos casos pueden hacerle daño. «Busque una buena vitamina básica que tenga muchas cosas extras en un cien por ciento del nivel RDA», dijo a Bárbara la doctora Sneed. Además de eso, explicó que a mucha gente le gusta tomar suplementos extra de vitamina C. Es probable que no sea malo tomar hasta 250 miligramos de vitamina C por día. Algunos informes recientes muestran que ésta puede beneficiar en la prevención de enfermedades e infecciones virales, pero las dosis grandes no evitan el escorbuto, que fue la razón de la recomendación original de consumir vitamina C.

Si ingiere menos carne de res, y más pescado y aves en la dieta, es posible que puedan ocurrir algunas deficiencias minerales leves, en especial en hierro, cromo y zinc. Dos minerales que las mujeres deben tener especial cuidado en consumir en cantidad suficiente son el calcio y el hierro. El suplemento de vitaminas y minerales de una mujer debiera contener de 10 a 18 miligramos de hierro, pero no más de eso. Consulte el gráfico de dieta diaria recomendada en el apéndice (gráfico # 15) para obtener una lista completa de las más recientes Raciones de dieta recomendadas por el Consejo de Investigación Nacional.

Regla # 7: Compre sabiamente

Si tiene los ingredientes equivocados en su cocina le será muy, muy difícil comer correctamente. Una dieta saludable debe comenzar en el carrito de compras.

Panes y cereales. Compre granos integrales siempre que sea posible, pues proveen más fibra y por lo general son más micronutrientes. Durante el adelgazamiento los panes livianos que tienen cuarenta calorías por rebanada pueden ser muy útiles para dar una sensación de saciedad y poder consumir dos porciones del mismo en vez de una de otro tipo de pan. Los alimentos en esta categoría, casi siempre son muy bajos en grasas y no debieran ser eliminados como han sugerido muchos mitos dietéticos en el pasado.

Carnes. Pescado que no sea frito y pollo sin piel, son las mejores alternativas. Sin embargo, si se compara la carne oscura del pollo con un bistec de lomo extra magro, hay muy poca diferencia en términos de colesterol, contenido de grasa o calorías.

«La carne de res ha adquirido mala reputación», dijo la doctora Sneed, «porque la gente ha elegido las partes equivocadas durante muchos años. Cortes grasosos, como para asados, paleta, costillas. Los tipos de carne que deben consumir son cualesquiera dentro de los conocidos como "partes blandas", como lomo y filete de tipo mignon, —sin la grasa— porque es un músculo por lo general tierno y que no está estriado de grasa. También la ternera es una buena elección, porque proviene de un animal joven alimentado con leche y su carne tiene poca grasa. Incluso los jamones y el asado de cerdo magros, pueden ser bastante similares en contenido de colesterol a la carne oscura del pollo sin la piel. No permita que la mala selección hecha por otros lo aleje de la buena comida. Y recuerde que ninguna carne comida en cantidad excesiva puede ser una buena elección».

Productos lácteos. «Lo principal que quiero decir acerca de los productos lácteos es que demasiados médicos han recomendado a gente con elevado colesterol o problemas de peso que no los consuma. Y ese es el peor consejo que he oído», dijo la doctora Sneed. «En realidad, no hay nada mejor para usted que un vaso de leche desnatada o un yogur descremado. Los adultos necesitan leche, en especial las mujeres. La osteoporosis es el asesino de las mujeres en los Estados Unidos que no consumen suficiente calcio. Sólo se debe evitar la grasa en la leche. Nadie por encima de los dos años debiera tomar leche entera, a menos que esté seriamente desnutrido.

Leche entera	Leche 2%	Leche 1%	Leche descremada
8 onzas	8 onzas	8 onzas	8 onzas
160 calorías	120 calorías	105 calorías	90 calorías
1 de cada 2 calorías es grasa	1 de cada 4 calorías es grasa	1 de cada 6 calorías es grasa	1 de cada 10 calorías es grasa

»Aquí tengo uno de mis gráficos preferidos, que puede ayudar a recordar el contenido de grasa y calorías en la leche».

Sin embargo, hay que tener mucho cuidado cuando se trata de quesos. Si observa el gráfico de comidas y contenidos de grasa, al final del libro, verá que el queso puede ser 70% grasa o incluso estar por encima del 90%, en las variedades de doble crema. El queso ha ganado una fama inmerecida como comida saludable cuando en realidad es extremadamente alto en grasas saturadas. Aunque hay algunos más bajos en grasa, incluido, por ejemplo, el de tipo Kraft liviano, el mozzarella (el provolone no es bajo en grasa) y varios procesados, éstos no son una buena elección y deberían ser consumidos sólo de vez en cuándo. Si come un queso cheddar o cualquier otro con toda la grasa, conviene que sea muy sabroso y en poca cantidad. Nuestras recetas bajas en grasa destacan el empleo del requesón y queso descremado, a partir de un yogur sin grasa.

Grasas y aceites. Como se ha dicho, la grasa y el aceite tienen la misma cantidad de grasa y calorías. La margarina es polinosaturada; la mantequilla es grasa saturada. Si su colesterol está por debajo de 180, y su colesterol HDL está en proporción menor a 4.0, en realidad puede consumir mantequilla. Algunos médicos la prefieren porque es un producto natural.

De los aceites monosaturados, el aceite de oliva es el mejor para ayudar a bajar los niveles de colesterol, pero todos tienen la misma cantidad de calorías y se pueden utilizar en forma alternada. De nuevo, recuerde lo importante es la cantidad, emplee lo menos posible. Los rociadores para cocinar son muy útiles en estos casos. Se pueden utilizar para ahorrar calorías en casi cualquier aspecto de la cocina, como por ejemplo cubrir una comida para lograr una textura crocante, como en nuestra receta de papas fritas a la francesa, o rositas de maíz con mantequilla. Hay rociadores que vienen con sabor a mantequilla, también hay otros muchos sustitutos, que se pueden utilizar sobre verduras, papas, arroz y pastas (ver nuestra sección de recetas).

Aderezos, condimentos y salsas. Una vez más la doctora Sneed habló con mucho énfasis. «Muy rara vez uno debe consumir una salsa con alto contenido en grasa o mayonesa, porque son demasiado elevadas en calorías y contenido total de grasas. Por ejemplo, si usted va a un restaurante de McDonald y cree que hacer una buena elección al pedir ensalada de pollo para luego cubrirla con la salsa de la casa, está agregando 300 calorías. Si calcula los gramos de grasa consumidos quizás hubiera sido mejor pedir una hamburguesa. De manera que siempre use un aderezo de bajo contenido graso. Elija uno que tenga 25 calorías por cucharada o menos y la mayonesa liviana, sin colesterol.

»Cuando esté en algún restaurante, nunca pida otra cosa que un "al jugo" o una salsa liviana y natural. Si desea una salsa a la crema o un caldo de carne, espere a hacerlo en casa con nuestras recetas bajas en grasas y en calorías».

Frutas y Verduras. Escoja productos que luzcan muy frescos y con mucho color. La lechuga de hojas verde oscuro y otras parecidas son mucho más nutritivas que las de hojas claras. También conviene elegir alimentos frescos, porque los productos en descomposición pueden intoxicar su cuerpo. Consiga un buen cepillo para verduras y frótelas lo mejor posible, luego conserve las cáscaras. La cubierta exterior de la mayoría de las verduras contiene celulosa, una de las fibras insolubles que ayudan a empujar más rápido el bolo alimenticio por el intestino.

Comidas procesadas y envasadas. Cuando las compre, necesita ser su propio nutricionista. Lo principal a tener en cuenta es la cantidad de aditivos. Cuando adquiera comida de este tipo lea la etiqueta. Evite demasiados ingredientes artificiales y aplique nuestra regla de elegir únicamente productos con 30% o menos de grasa.

Bebidas. En una dieta para adelgazar no hay lugar en la distribución calórica para las bebidas alcohólicas, pues éstas pueden estimular su apetito. Los jugos de fruta tampoco son buenos a causa de su contenido concentrado de azúcar. El té y el café, en especial las variedades sin cafeína, son admisibles. Los tés de hierbas son buenos. Pero lo mejor de todo es beber agua. Asegúrese de tomar de seis a ocho vasos grandes de líquido puro por día.

Regla # 8: Coma en casa siempre que sea posible

Las últimas estadísticas revelan que un 30% de las comidas en los Estados Unidos se hacen fuera del hogar. Es interesante observar cómo a la vez que ha aumentado el comer fuera de casa en este país también lo ha hecho la obesidad. Los alimentos de los restaurantes por lo general tienen más concentración calórica que los preparados en el hogar, porque los productos muy calóricos son más fáciles de elaborar, llenan más y hacen que el plato tenga buen sabor. Si lo hace en casa puede consumir algo más sano y puede comer más por la misma cantidad de calorías.

Regla # 9: Tome buenas decisiones cuando coma afuera

En estas ocasiones debe sujetarse a los mismos principios que aplicaría si estuviera en casa. No se dé carta blanca para pedir cualquier cosa. Todavía debe estar en guardia contra las grasas ocultas. La mayoría de las personas come afuera al menos una vez por semana, y romper la dieta ese día hará imposible bajar de peso. Solamente la persona que lo hace seis veces o menos por año, puede ceder a las restricciones en un restaurante.

Sugerencias para hacer elecciones saludables en el restaurante:

- Ayude en la selección del restaurante.
- Decida lo que necesita antes de entrar al restaurante.
- Sea el primero de la mesa en pedir, para no ser influenciado por lo que ordenen los demás.
- No pida extras como bebidas alcohólicas, aperitivos o postres.
- Evite los extras que haya sobre la mesa como papas fritas, pan, quesos o aderezos.
- Pida el mismo tipo de comida que hubiera preparado en casa.
- Tenga cuidado con las grasas ocultas: comidas fritas, carnes grasosas, quesos, salsas, mayonesa.

Los restaurantes de comida rápida están tan generalizados que es fácil rendirse a sus ofertas. Por eso hemos incluido en el apéndice tablas para informarle del contenido calórico y de colesterol exacto de los alimentos. Consulte el Gráfico de comidas rápidas (Gráfico # 6) antes de ir a uno de esos lugares.

Regla # 10: Supere la montaña rusa

Si su peso ha subido y bajado como una montaña rusa toda su vida, necesita meditar lo que hace. Muchos médicos piensan que sería menos agobiante para su cuerpo mantenerse con sobrepeso, que subir y luego bajar 10 ó 15 kilos y después lanzarse arriba de nuevo. Investigaciones recientes indican que cada vez resulta más difícil adelgazar los 15 kilos que se ha aumentado. Algo les ocurre a las células de grasa que las hace no querer soltar tan fácil la grasa. Decídase ahora a cambiar su estilo de vida a uno que produzca una pérdida de peso lenta pero permanente.

Regla # 11: Controle sus estímulos

La gente recibe muchos estímulos para comer, que son por completo ajenos a las necesidades alimenticias. El hecho de atravesar la puerta del frente ya puede ser una señal para comer, para quien llega de un largo y duro día de trabajo, incluso después de haber tomado un café con un pedacito de queso y fiambres.

Lo que hay en su alacena puede despertar la tentación a comer. Si necesita guardar productos que engordan, póngalos al fondo o en los estantes inferiores o bien atrás en el refrigerador. A la vista solamente deben estar los alimentos permitidos.

Otros estímulos pueden surgir de actividades que motivan a comer, como mirar televisión o leer, hablar por teléfono o pasear en coche. Hágase a la idea de que cuando come, sólo come.

Otro momento peligroso es la hora de preparar platos o bocadillos para otras personas. Si tiene que hacerlo mientras trata de bajar de peso, hágalo cuando su autocontrol no se vea en peligro por el hambre o el cansancio. Pruebe preparar comida por la mañana, cuando no siente hambre. Luego todo lo que debe hacer es recalentarla cuando la familia llega a casa. Si los niños piden bocadillos durante el día, prepárelos por la mañana también, y colóquelos en una fuente con tapa, dedicada exclusivamente a los niños. Cuando tienen hambre por la tarde pueden sacar de allí algún emparedado, frutas secas o galletitas. Para sugerencias más detalladas, vea «Modificación de la conducta y eliminación de señales desencadenantes» en el apéndice (Gráfico # 7).

Regla # 12: No a la sal, sí a las especias

Debería consumir alrededor de 3 gramos o menos de sodio por día. Una regla simple para detectarlo es: si una comida sabe salada, es probable que tenga exceso de sal. Consulte la Lista de Comidas con elevada cantidad de sal a evitar (Gráfico # 8) en el apéndice, y léala varias veces para poder identificarlas rápido y evitarlas.

Sí, a las especias. Éstas son fáciles de usar, un plato bien condimentado no necesita sal. Con frecuencia se puede limitar el uso de mantequilla u otros ingredientes mediante un uso hábil de las especias. El método tradicional de condimentar los alimentos ha sido rociarlos con sal y pimienta y cubrirlos con manteca. Se puede seguir usando pimienta, pero aprenda nuevos métodos de condimentar para eliminar la sal y la mantequilla. Una buena dieta no tiene por qué ser blanda. Puede consumir todas las hierbas y especias que quiera. Para ayudarlo a entrar en el excitante mundo culinario de las hierbas y las especias, vea el Gráfico de las especias aromáticas en el apéndice (Gráfico # 9).

Ejercicios

—¿Me sigue todavía? —le preguntó a Bárbara la doctora Sneed con una sonrisa.

—¡Sí! Estoy un poco confundida, quiero decir, me va a llevar un buen tiempo lograr todo esto, ¡pero me gusta! Es emocionante saber lo que debo hacer para bajar de peso y estar saludable y para cocinar para mi familia si alguna vez la tengo. Deberían enseñar todo esto en las escuelas. ¡Todo el mundo debería saberlo!

—Bueno, tenemos otro asunto importante para hablar y es acerca del ejercicio. En realidad hace falta incluirlo en cualquier plan, porque es el otro factor de la balanza del cual conversamos al principio, cuando acordamos que la meta de la dieta es traer equilibrio a nuestra vida.

—¿En realidad tenemos que hacerlo? —Bárbara hizo una mueca—. ¿Por qué es tan importante el ejercicio?

¿Por qué hacer ejercicios?

Para bajar de peso y mantenerlo con éxito, es imprescindible una sesión diaria de unos 30 minutos de ejercicios. La doctora Sneed explicó las razones para ello:

• Los ejercicios producen músculos, o tejido corporal sin grasa. Los músculos consumen más calorías que el tejido graso y en consecuencia ayudan a mantener bajo el peso. (Véase el gráfico #10 de los valores calóricos para 10 minutos de actividad.)

- El ejercicio mejora el tono y la fuerza durante un período en que el cuerpo está privado de las fuentes alimenticias de energía. (Véase el gráfico # 11 de beneficios de diversos ejercicios.)
- El ejercicio ayuda a incrementar el metabolismo del cuerpo. Dietas muy bajas en calorías, aquellas que están por debajo de las 1.000 diarias, hacen que el metabolismo disminuya hasta en 45%. El cuerpo se mueve más lento, para poder funcionar con un insumo calórico tan bajo. Además, el organismo conserva las grasas en reserva para lo que supone puede ser un largo período de inanición. Esta conservación de las grasas motiva que un mayor porcentaje de músculos se quemen y se pierda menos peso en la dieta. Alcanzado este punto muchas personas la abandonan por falta de progreso. El ejercicio y la mayor masa muscular desarrollada a partir del ejercicio incrementan el metabolismo basal y ayudan a neutralizar estos procesos naturales de supervivencia.
- El ejercicio aeróbico fortalece los músculos del corazón y los pulmones y con ello disminuye la presión sanguínea.
- Las recientes investigaciones indican que el ejercicio aeróbico baja los niveles de colesterol, triglicéridos y de glucosa en la sangre.
- Los ejercicios de levantar pesas disminuyen la pérdida de calcio de la masa ósea. Esto es en especial importante para las mujeres.
- El ejercicio aeróbico constante incrementa el nivel energético y le da una mejor apariencia. Todas las formas de ejercicio aeróbico aumentarán su productividad.
- Hacer ejercicios 30 minutos por día disminuirá su apetito.
- El ejercicio aeróbico produce actitudes positivas porque estimula la secreción de endorfina en su sistema nervioso central.

¿Qué es el ejercicio aeróbico?

—Oigo hablar mucho sobre *ejercicios aeróbicos* pero en realidad no sé de qué se trata —dijo Bárbara—. ¿Significa eso que debo comprarme un equipo deportivo fosforescente y participar de una clase en el club?

La doctora Sneed se rió.

—Nada de eso. No tiene idea con qué frecuencia escucho la misma pregunta. Creo que el noventa por ciento de mis pacientes abandonaría todo el asunto si les dijera que deben comprarse un equipo deportivo rosado y verde. En realidad, es muy simple.

La doctora Sneed explicó que ejercicio aeróbico es cualquiera realizado por lo menos durante veinte minutos a un ritmo parejo e ininterrumpido. Los mejores ejemplos incluyen caminar rápido, trotar, nadar, andar en bicicleta y la danza aeróbica. La palabra *aeróbico* se refiere a la presencia de oxígeno y el principio es que este ejercicio mejora la función respiratoria y circulatoria al incrementar el consumo de oxígeno.

—¿Y eso es todo? ¿Simplemente estar activo para que se mantenga elevado el ritmo cardíaco? —preguntó Bárbara.

—¡Una excelente conclusión! Ese es el meollo del asunto.

La doctora Sneed entregó a Bárbara un gráfico con ejercicios aeróbicos.

¿Cuánto debo ejercitarme?

—¿Con qué frecuencia, entonces, debo hacerlo? —preguntó Bárbara.

—Tal vez la pregunta debiera ser con qué velocidad quiere bajar de peso —contestó la doctora—. La mayoría de los expertos está de acuerdo en que para ejercitar su corazón y sus pulmones debería hacer ejercicios cuatro veces por semana. A fin de usarlo como una herramienta para perder peso y mantenerlo bajo, necesitará trabajar treinta minutos diarios.

La doctora Sneed entonces enfatizó el punto más importante que trataba de señalar:

—Cuanto más se ejercite, más rápido bajará de peso. Para hacerlo, debe buscar algo que pueda motivarla. Esto significa algo que entre en su agenda y en su presupuesto económico. Recomiendo caminar rápido o una combinación de caminar y trotar. Pero es importante entender que, si el ejercicio no ha sido parte de su vida por un buen tiempo, deberá esforzarse por llegar a treinta minutos por sesión. No se desanime. Sea paciente consigo misma.

Queremos puntualizar el consejo de la doctora Sneed aquí, porque quien está fuera de forma y no ha hecho ejercicios por años deberá comenzar con cinco minutos diarios. Si lo logra, será una gran victoria, como lo es un maratón de diez kilómetros para otros. Si todo cuanto puede hacer es caminar hasta la esquina de su manzana y volver, en su primer salida, está bien, ¡la clave es hacerlo!

También recuerde que antes de empezar un programa de ejercicios debe consultar a su médico. Eso se aplica en especial a los fumadores y a quienes tienen cualquier tipo de complicación de salud como exceso de peso, presión alta, enfermedades del corazón, diabetes, hiperlipidemias (por ejemplo, alto nivel de colesterol seroso, o alto nivel de triglicéridos), o problemas ortopédicos.

Otra cosa para recordar es que el ejercicio casual, como pertenecer a un equipo de sofball de fin de semana o jugar un partido de baloncesto un par de veces por semana, no es parte de un programa aeróbico. Sí es un incremento de actividad, lo cual es importante para un estilo de vida sano, pero no es aeróbico. No lo es tampoco, por desgracia, el golf o el tenis, porque estos deportes tienen períodos intermitentes de inactividad que motivan a que disminuya el ritmo cardíaco.

Este gráfico muestra cómo se puede crear progresivamente un programa de ejercicios hasta el nivel que uno crea o el médico aconseje como el más adecuado. Comience donde sea que esté, si es cinco minutos por día, está muy bien, luego avance a medida que se sienta cómodo.

Programa de ejercicios progresivo

Nivel	Duración	Frecuencia	Ejercicio sugerido
1	5 minutos	7 veces/semana	Caminar
2	10 minutos	7 veces/semana	Caminar
3	10 minutos	6 veces/semana	Caminar rápido u otros aeróbicos
4	15 minutos	5 veces/semana	Caminar rápido u otros aeróbicos
5	20 minutos	5 veces/semana	Caminar rápido u otros aeróbicos
6	25 minutos	5 veces/semana	Ejercicios aeróbicos, 20 minutos; gimnasia, 5 minutos
7	30 minutos	4 veces/semana	Ejercicios aeróbicos, 25 minutos; gimnasia, 5 minutos
8	45 a 60 minutos	4 veces/semana	Ejercicios aeróbicos, 30 a 40 minutos; gimnasia y pesas, 15 a 20 minutos

Adaptado de *Prime Time*, Sneed y Sneed, Word 1989.

¿Hasta qué punto debo hacer ejercicio?

La única forma de determinar si se esfuerza lo suficiente es controlar su ritmo cardíaco dos o tres veces durante los ejercicios. El siguiente gráfico señala el ritmo al que debiera latir su corazón durante los ejercicios aeróbicos para su categoría de edad en particular.

Ritmo del pulso por diez segundos de ejercicio

Edad	Ritmo cardíaco pronosticado (por 10 segundos)	Zona sensible al entrenamiento	
		Límite inferior 70% ritmo cardíaco (por 10 segundos)	Límite superior 90% ritmo cardíaco (por 10 segundos)
15	35	24	31
20	33	23	30
25	32	23	29
30	32	22	28
35	31	21	28
40	30	21	27
45	29	20	26
50	28	19	25
55	27	19	24
60	26	18	23
65	25	17	22

Adaptado de *Prime Time*, Sneed y Sneed, Word 1989.

El mejor indicador de todos es que si uno no suda probablemente no está trabajando lo suficientemente fuerte. Se requiere de 30 a 40 minutos de ejercicio aeróbico sostenido para que la grasa se descomponga hasta el mismo nivel de consumo energético de los músculos. En consecuencia, utilizará un mayor porcentaje de grasas cuando haga ejercicios durante períodos prolongados.

Otra cosa a considerar es su nivel de actividad total. La gran diferencia entre las personas con peso normal y las que tienen sobrepeso suele ser, no cuánto comen, sino su grado de actividad. Esta no se limita a los ejercicios formales sino que incluye todo lo que hacemos a lo largo del día. Cuanto más activa es una persona, más calorías quema. Ejemplos de maneras en que se puede incrementar el nivel general de actividad son: usar las

Ejercicios aeróbicos básicos

Caminar. Muy popular, pero debe esforzarse para que resulte un entrenamiento aeróbico completo. Puede implicar hasta tres veces más de tiempo para lograr los mismos beneficios aeróbicos que trotar. Es muy cómodo para las articulaciones, en comparación al estrés físico de correr. Busque las elevaciones, pues éstas presentan mayores desafíos cardiovasculares. Trate de caminar un kilómetro y medio en catorce minutos o menos.

Andar en bicicleta. Este ejercicio es menos desgastador para las articulaciones que cualquier otro deporte terrestre. Procure velocidades de 24 kilómetros por hora o más para que sea un entrenamiento efectivo. Aunque es preferible el ciclismo al aire libre, algunas de las bicicletas fijas también posibilitan una excelente práctica (por ejemplo la Schwinn AirDyne, las bicicletas reclinadas).

Nadar. Si tiene problemas de huesos y dolores en las articulaciones, este ejercicio es para usted. Puede hacerlo por etapas, como es lo tradicional en entrenamientos aeróbicos acuáticos, o puede asistir a una clase de ejercicios de este tipo en su gimnasio local. Estas son de naturaleza similar a otras clases de ejercicios aeróbicos tradicionales que incluyen bailar, hacer gimnasia y ejercicios sobre el piso, salvo que se practican en el agua. Repito, esta es una excelente elección para quienes tienes dolores. Asegúrese de controlar su ritmo cardíaco, como lo haría con el más común de los programas, caminar.

Trotar/Correr. Tenga en cuenta que esto puede causar estrés a sus huesos y articulaciones, pero se obtiene un entrenamiento aeróbico completo más rápido que caminando. Si trata de ganar tiempo y puede practicar esta forma de actividad física, el trotar/correr puede ser justamente para usted. Si tiene 14 kilos de exceso sobre su peso ideal no intente un programa regular de trote hasta haber reducido su peso a ese nivel. Es muy importante tener un buen calzado para correr y ropa apropiada para iniciar este plan. Éste puede reemplazar el de caminar si puede organizarlo en tres o cuatro veces por semana.

Danzas aeróbicas. Una excelente actividad para mejorar su estado cardiovascular, aumentar la masa corporal liviana (MCL) y bajar de peso. Por lo general se aconsejan entrenamientos de 45 a 60 minutos. Busque las clases de baja intensidad si tiene problemas en las articulaciones.

Entrenamiento en ciclos. Esto sencillamente significa que se hacen ejercicios del tipo gimnasia o pesas (libres, con aparatos Nautilus) en un período de 30 a 45 minutos, entre los cuales se practican 60 segundos de aeróbicos. Esta clase de ejercicio se ha vuelto muy popular en muchos clubes de salud y talleres para el buen estado físico, además hay muchos parques públicos equipados con espacios para varios ejercicios, con una pista para trotar. El entrenamiento en ciclos se logra mejor en un gimnasio que tenga equipo especializado destinado a hacer trabajar ciertos grupos específicos de músculos. Sin embargo, usted puede crear su propio programa en casa, al utilizar ejercicios conocidos, como cuclillas, abdominales y el levantar pesas libres.

Otras actividades que pueden ser aeróbicas. Cualquier actividad sostenida que mantenga elevado el ritmo cardíaco por lo menos durante 20 minutos, producirá beneficios aeróbicos para su cuerpo. Estos pueden incluir esquí, patinaje, frontón, handball y cortar el césped.

escaleras en lugar del ascensor, colocar su vehículo en un extremo alejado del estacionamiento, estar de pie mientras se espera algo en lugar de sentarse, buscar las cosas por uno mismo en lugar de mandar a otro a traerlas y hacer el trabajo doméstico o jardinería con entusiasmo.

Este ejercicio, que es un estilo de vida completo, es muy diferente a los programas que la gente intentaba hace 30 años cuando seguían el ejemplo de pequeñas figuras de madera que hacían ejercicios sectorizados, para reducir el abdomen o los muslos. Se ha demostrado que esta clase de ejercicios como los abdominales, las elevaciones de piernas, el tocarse los tobillos, no disminuyen la proporción de grasa de una zona específica. Muchas personas aún piensan que si aumentan en el estómago, deben hacer abdominales para reducir su tamaño. Este concepto es erróneo. Lo que sí elimina la capa de grasa del abdomen es, en realidad, el ejercicio aeróbico.

Algunos ejercicios específicos tonificarán los músculos que están bajo la grasa y son importantes para los programas de entrenamiento de atletas. Pero tienen muy poco que ver con la verdadera pérdida de peso.

La doctora Sneed dice: «Es importante que cada uno haga su trabajo: sus tareas domésticas, su propia jardinería, el lavado de su automóvil. Siempre encuentro que las personas ocupadas, como los vendedores que están todo el día en la calle, vienen a mí y dicen: "Supongo que no esperará que vuelva a casa y camine otros tres o cuatro kilómetros". A lo que respondo: "Sí, lo espero". Si la gente queda tan cansada de su trabajo que no puede considerar la posibilidad de un programa de ejercicios aeróbicos, entonces requiere cambiar su estilo de vida. Algunos incluso necesitan tomar la decisión de vivir con un presupuesto menor y tener cierto tiempo libre para estar saludables y disfrutar de la vida. No se debería pensar en los ejercicios aeróbicos como en una mera opción, sólo porque se está demasiado ocupado.

»Todo vuelve a los factores culturales que comentábamos al comienzo y explica por qué tenemos un problema tan grande con la obesidad en los Estados Unidos. Nos hemos criado en este medio, pero no tenemos por qué sujetarnos a él. Podemos controlar nuestro estilo de vida para tener salud física, emocional y espiritual».

Capítulo
7

Tercer camino: despedirse

Una cosa que debe hacer al iniciar su camino a la recuperación, tal como lo haría cuando se va de viaje, es decir adiós. Debe decirlo a la dependencia de la comida, de situaciones y a la dependencia de la gente.

Además debe tener cuidado con la naturaleza doble de los adioses que dirá, pues se despedirá de cierto tipo de comida y de su relación con ella, y al consuelo que le ha proporcionado, cosa que puede ser dolorosa. También dirá adiós al dolor que la adicción le ha causado, y esto es algo muy positivo. Sin embargo, necesita tener presente que, por extraño que parezca al comienzo, el dolor mismo puede ser adictivo. Aun cuando indudablemente en este momento piense: *Claro que quiero decir adiós al dolor*, en el subconsciente parte de usted se aferra a él como el prisionero de Chillón, que había hecho amistad con sus cadenas.

Hace algunos años un terremoto en México cavó un enorme hueco en la pared de una prisión. Los prisioneros escaparon, ansiosos por respirar el aire fresco y sentir el sol de la libertad. Sin embargo, a las pocas horas la mayoría de ellos había regresado en busca de sus antiguas celdas. No importa cuáles fueran sus desventajas, la prisión representaba seguridad. Debe decir adiós a la comida como manto de seguridad y al dolor familiar causado por el comer en exceso.

Diga adiós a la dependencia
de la comida

Irene era quizás la paciente con mayor sobrepeso tratada por el doctor Minirth. Tenía una altura normal, pero pesaba más de ciento setenta kilos. No tenía ningún recuerdo consciente de la causa de la baja autoestima que la había llevado a la adicción; sin embargo por medio de la terapia pudo llegar tan al fondo de su dolor como para descubrir que había sido hostigada sexualmente de niña. Durante veinticinco años había encubierto esta pena y la vergüenza con una capa tras otra de gordura. Cuando por fin pudo decir adiós al dolor, la cadena se rompió y también pudo despedirse de la dependencia de la comida.

La alimentación puede jugar muchos papeles en la vida de alguien que come compulsivamente. Revise esta lista e identifique qué ha sido para usted la misma. A medida que descubra una relación codependiente, dígale adiós.

¿Es la comida un padre o una madre para usted? Dígale adiós.

¿Es un dios o un ídolo? Dígale adiós.

¿Es su mejor amigo? Dígale adiós.

¿Es un juego? Dígale adiós.

¿Es una fuente de sensualidad? Dígale adiós.

¿Es una droga que le altera el ánimo? Dígale adiós.

También tendrá que decir adiós a algunos platos específicos y a sus pautas en la manera de comer:

Dígale adiós a las comidas con mucha grasa.

Dígale adiós a porciones demasiado grandes.

Dígale adiós a engullir la comida.

Dígale adiós a los antiguos métodos de cocina.

Dígale adiós a algunas viejas recetas tradicionales.

Y dé la bienvenida a las recetas de este libro y a nuestra dieta de intercambio.

La doctora Sneed explicó a Bárbara esta dieta en la segunda consulta.

Dieta de intercambio

—La dieta específica que recomiendo —dijo la doctora Sneed a Bárbara—, es de intercambio. Tal como lo indica el nombre, todos los alimentos de una lista: panes o verduras o carnes son intercambiables. Puede utilizar cualquiera de ellos para satisfacer su consumo calórico en esa área. Permítame informarle acerca de esta idea. La dieta de intercambio se basa en los grupos de alimentos básicos. Su uso original fue para los diabéticos, porque regula exacta y cuidadosamente cuanta grasa, proteína y carbohidrato se consume. Pero luego descubrimos que también es una de las herramientas más eficaces para adelgazar, porque permite obtener las cantidades justas de comidas específicas. Sin embargo, nuestro programa es diferente al previsto para diabéticos, porque no hay restricción en el azúcar y hay más libertad en algunas de las elecciones. Pero sí necesita tener cuidado de no subestimar los extras como la mantequilla, la mayonesa y las salsas. Estos son intercambios aparte.

Bárbara parecía confundida y la doctora Sneed se rió.

—Perdón, me adelanto demasiado. Se lo explico dentro de un momento. Pero el eje del asunto es que este plan enseña a comer adecuadamente. En nuestro estilo de vida norteamericano de ritmo agitado tenemos personas que continuamente saltan las comidas y más tarde lo hacen en exceso o eligen alimentos rápidos todo el tiempo. Si no aprende a comer con control y el tipo adecuado de comidas, nunca tendrá éxito en su programa de reducción de peso.

—Bien, estoy aquí para aprender eso —Bárbara asintió.

—En realidad aprecio su actitud abierta, Bárbara. Y por lo que veo de su estilo de vida, a partir de este material.

La doctora Sneed señaló al papel que Bárbara había llenado antes.

—Creo que este programa le resultará muy fácil, mucho más que para otros pacientes. ¿Pudo observar a la mujer que salió antes de entrar usted?

—Bárbara asintió. —Recordaba a la figura femenina alta y atractiva, de cabello negro, alrededor de los cuarenta, con unos siete kilos de sobrepeso, vestida con un llamativo traje rojo y negro.

—Era Elaine. Tiene sobrepeso desde hace diez años y no puede perderlo. Es una mujer de éxito en el negocio de bienes raíces, pero su estilo de vida no le permite hacer ejercicios ni comer bien.

—¿Y qué hace con sus comidas cinco o seis días por semana?

—Dice que no desayuna ni almuerza. Pero toma café con algunos buñuelos en la oficina, luego a medio día se detiene en una cafetería y compra una gaseosa y un paquete de galletas con mantequilla de maní, lo cual en realidad contiene más calorías y grasas que una hamburguesa. Pero ella no la considera un almuerzo, de modo que cuando llega por la noche a la casa piensa que no ha comido en todo el día y se permite una gran cena justo antes de irse a dormir. —La doctora Sneed sacudió la cabeza—. Este es un estilo de vida muy, muy típico de los pacientes. Le llamo el «Síndrome del apurado». Pero estoy segura que usted andará muy bien.

La doctora Sneed entregó a Bárbara ocho listas de comidas como las que aparecen en la última parte del libro.

—Ahora, debe entender que los alimentos de cada lista son nutritivamente equivalentes. Todos son intercambiables, y esa es la palabra clave: son equivalentes. Por ejemplo, puede tener asignadas siete equivalencias de pan por día en su nivel particular de calorías. Esto no significa que deba comer siete tajadas de pan por día. Puede intercambiar ese pan con cualquier otra cosa de la lista, como por ejemplo, tres porciones de papa, dos de cereal y dos de galleta, y todo eso equivaldría a sus siete porciones de esa lista para el día. En realidad es muy simple, sólo recuerde tener cuidado con la mantequilla o la mermelada en el pan, porque son intercambios muy diferentes.

Luego la doctora Sneed bosquejó los cinco pasos que Bárbara necesitaba seguir para lograr éxito en la dieta de intercambio.

1. Estudie las listas de comidas

La lista # 1 es la del almidón y el pan (gráfico 12, p. 374). Incluye todos los productos a base de granos, panes, galletas, bizcochos, etc. Las pastas, el arroz, las tortillas y el pan de pita también están aquí, lo mismo que las papas y algunas de las verduras con mayor proporción de almidón.

Estas comidas no se deben consumir en exceso porque pueden aumentar el peso. Pero tampoco se las puede eliminar de la dieta, porque ayudan a mitigar el hambre y protegen la masa de tejido liviano del cuerpo. (Con el objeto de evitar el desgaste muscular durante la dieta, debe consumir carbohidratos.) Hay setenta calorías por porción en estos elementos, y le recomendamos las opciones de grano entero porque tienen más fibras y son más nutritivas.

La lista # 2 es la de todas las carnes, incluidos pescado, pollo, huevos y quesos (p. 375). Por supuesto, siempre conviene elegir la variedad más liviana o desgrasada. El pescado y el pollo son las opciones más sabias. Para quienes hacen dieta no hay mejor elección que el pescado. El contenido calórico de todos los elementos de esta lista es de 55 a 80 calorías por intercambio. En general, un intercambio equivale a 30 gramos de cierto tipo de carne. Recuerde, ninguna debe ser frita, y se las debe preparar sin grasa. Además, si tiene problema con el colesterol, evite la yema del huevo, el hígado y las carnes grasosas.

La lista # 3 comprende la leche y los productos lácteos (p. 375). Recuerde que permitimos sólo la leche al 0,5 % o productos lácteos descremados. Los quesos aparecen aquí, aunque otras clasificaciones tal vez los incluyan en la lista de carnes. No se obtiene la misma cantidad de calcio por caloría en los quesos como en la leche o en el yogur descremado. Además, hay más colesterol en los productos a base de queso.

La lista # 4 es la de intercambio de frutas y jugos (p. 376). Hay aproximadamente 55 calorías por porción de fruta. Observe que aquí debe tener cuidado con el tamaño de la porción. Por ejemplo, la mitad de una banana pequeña es una porción, no la de una larga de 20 cm. Las frutas son mucho mejores que los jugos porque contienen más vitaminas, minerales y fibras.

La lista # 5 es la de intercambios de verduras de muy bajas calorías y comidas libres (p. 377). Todo el mundo necesita por lo menos cuatro porciones del intercambio de verduras por día. Estas porciones varían de 15 a 30 calorías cada una. Tendrá que esforzarse, si no ha tenido la costumbre de comer verduras con anterioridad. Son obligatorias en una dieta saludable.

La lista # 6 es la de condimentos, especias y bebidas (p. 377); éstas se pueden utilizar a su gusto. Revise la lista e identifique lo que le gusta más, para poder consumirlas con cuidado.

La lista # 7 es la de grasas (p. 378). Recuerde que las comidas no necesariamente saben mejor cuando tienen grasa, sino gracias a buenos métodos de cocina y a un correcto uso de hierbas y especias.

La lista # 8 es la de intercambio de dulces (p. 379), los que se pueden consumir hasta cuatro veces por semana en lugar de un intercambio de pan. Esta es una lista para las personas que sencillamente no pueden vivir sin darse un pequeño gusto de vez en cuando.

La lista # 9 es la de intercambio de combinaciones y comidas rápidas (p. 379). Estas no se recomiendan como alimentos saludables, pero le ayudarán a hacer sus propios intercambios al combinarlos.

2. *Elija su nivel de calorías*

Vea nuestro gráfico de «Raciones de la dieta de intercambio» que aparece más adelante para elegir el nivel de calorías que debe consumir. Para bajar de peso la mayoría de las mujeres necesitan no pasar de las 1.000 calorías por día. Casi todos los hombres y las mujeres muy activas pueden adelgazar con 1.200 calorías diarias. Luego lea la columna para ver cuántas raciones de cada lista necesita por día. Por ejemplo, si mira la tabla correspondiente a menos de 1.000 calorías, tiene cuatro intercambios de pan, cuatro de carne, dos de leche, tres de fruta, cantidades ilimitadas de verduras de baja caloría y una de grasa. Esa es su asignación para un período de 24 horas.

Raciones para la dieta de intercambio

Lista de comidas	Nivel de calorías				
	Bajar de peso		Mantener el peso		
	1.000	1.200	1.500	1.800	2.000
Nº 1 -Pan/almidones	4	5	7	9	10
Nº 2 -Carne magra	4	4	4	5	5
Nº 3 -Leche/lácteos	2	2	3	3	3
Nº 4 -Frutas/jugos	2	3	4	5	6
Nº 5 -Verduras/comidas libres	-Al menos 4 o más equivalentes/día-				
Nº 6 -Grasas	1	2	3	5	6

Observación: Si elige elementos bajos en grasa y utiliza los métodos de cocina recomendados en otra parte de este libro,

entonces logrará una dieta, cuya distribución calórica es aproximadamente:

Para bajar de peso		Para mantener el peso
25%	Proteínas	15%
55%	Carbohidratos	60%
20%	Lípidos	25%

3. Diseñe su propio menú

Antes de comenzar a diseñarlos estudie los del capítulo 15,
donde encontrará nueve de 1.000 calorías. Puede seguirlos tal
como los programó la doctora Sneed, pero hay una infinita
combinación de alimentos que puede utilizar, si prefiere elaborar su dieta personal. Hemos provisto un planificador diario de
menús para que usted pueda crear el suyo. (Véase gráfico # 13
en el Apéndice.) Haga varias fotocopias de su planificador de
menú antes de marcar el del libro, para poder usarlo más de
una vez.

Al conformar el suyo asegúrese de distribuir las calorías a lo
largo de todo el día. Algunas personas amontonan sus comidas
en un período, digamos entre cuatro a seis horas a partir de la
tarde hasta el anochecer. Si reparte las calorías a lo largo del
día evitará el cansancio y el hambre, y la tendencia a exagerar
en la próxima comida.

La mayoría de los días necesitará con exactitud la cantidad
aparecida en cada categoría de su lista de raciones de intercambio. Sin embargo, algunas veces podrá excederse un poco en un
área y restringirse en otra. Eso está bien. Nuestros menúes de
ejemplo también lo hacen en ocasiones. Muchos se basan en
recetas que aparecen al final del libro. Si desea hacer una
selección en comidas rápidas o alguna otra cosa que no esté en
el recetario del libro, observe la lista de combinación de alimentos para ver cómo hacerlo.

4. Mantenga un informe exacto

Este programa de dieta no funcionará en absoluto si no anota
todo lo que come y luego controla con nuestra lista de intercambio para asegurarse que el número de porciones en cada
categoría es correcto y no excede los límites para el día. Esto es

esencial, incluso para un experto en nutrición, porque es muy difícil seguir el hilo de todo lo consumido a lo largo del día.

5. Pruébelo, ¡le gustará!

Si ha crecido con malos hábitos de comida como le ocurre a la mayoría de la gente, si cree que hay sólo una forma de preparar la carne y es friéndola, si piensa que las salsas y los caldos espesos son obligatorios para todas las comidas, déle una oportunidad a esta forma ligera de comer.

«A algunos de mis pacientes les gusta de inmediato», dice la doctora Sneed, «pero otros tienen que obligarse a hacerlo les guste o no. En especial las personas acostumbradas a lo que les gustaba de niños y no han podido librarse de los sentimientos protectores equiparados con la comida, como son el amor y la aceptación. Sin embargo, incluso en los casos difíciles, sólo les lleva dos o tres meses cambiar a un nuevo conjunto de hábitos por completo.

»De manera que si su caso no es del tipo *pruébalo, te gustará*, dígase: *Lo probaré, con el tiempo me gustará*. Tal vez no le guste el sabor de la leche al 0,5% ahora pero, pasado un tiempo de no haber otra alternativa, en realidad la preferirá a la leche entera. Paciente tras paciente me relatan la misma historia».

A medida que Bárbara comenzó a usar la dieta de intercambio, el doctor Minirth y el doctor Hemfelt la ayudaron a decir otros adioses: a la dependencia de situaciones y de la gente.

«Ahora está en condiciones de iniciar su diario íntimo del viaje», le dijo el doctor Hemfelt. «Un cuaderno de hojas sueltas es lo apropiado para poder agregarlas y reacomodarlas a su gusto. Titúlelo MI VIAJE A LA RECUPERACIÓN, póngale fecha y fírmelo con orgullo como su autora. Al comienzo ponga los análisis de sus relaciones y la carta escrita a sí misma. Ahora, para este día de viaje, haga una lista de los adioses que dice y una nota de cómo se siente al dar este paso fundamental hacia la recuperación».

Diga adiós a la dependencia de las situaciones

Como hemos recalcado a menudo en este libro, buscamos la recuperación total. De manera que a esta altura, si hay otras dependencias en su vida, cualquier fijación u obsesión insana, incluso las compulsiones suaves socialmente aceptables, como mantener la casa en perfecta limpieza o integrar diez comités de iglesias, es hora de despedirse también de esa conducta.

Pero, si ha reconocido algún problema más serio, como el alcoholismo o la drogadicción, este libro solo no lo resolverá, y le aconsejamos buscar ayuda profesional.

Diga adiós a la dependencia de las relaciones

Encontramos relaciones codependientes en la mayoría de los pacientes que comen compulsivamente. Esta clase de relación es aquella en que las personas son demasiado dependientes unas de otras, y con frecuencia se balancean entre extremos de dependencia e independencia. En nuestro libro *Love is a choice: Recovery for Codependent Relationships* [El amor es una elección: Recuperación de las relaciones codependientes], (Tomas Nelson, 1989), discutimos a fondo la personalidad codependiente y cómo librarse de esa adicción. Si encuentra que la siguiente descripción de una persona codependiente coincide en algo con usted, lo instamos a leer *Love is a Choice*. Pero por ahora sólo enumeramos algunos de los aspectos principales de este tipo de personalidad: Los codependientes

- son adictos a las personas y a las cosas.
- sufren de hambre de amor.
- fueron objeto de abuso pasivo o activo de niños o están ahora en situación abusiva.
- creen que algo de afuera los hará sentir bien interiormente.
- los codependientes pasan de extremos de dependencia a independencia en sus relaciones.
- son altamente variables en su ánimo.
- y sus parejas intercambian roles de víctima, victimario, capacitador y sobreprotector en diversas situaciones de sus relaciones.
- tienen una compulsión a repetir acciones, por ejemplo engullir.

Además de su adicción a las relaciones, la mayoría de los codependientes mostrarán más de una adicción.

Aunque puede ser el resultado de experiencias penosas más adelante en la vida, como la muerte de un familiar o una enfermedad traumática, la mayoría de las codependencias son causadas por el dolor de un abuso en la temprana edad; lo cual pone a la persona en el ciclo adictivo. El abuso activo es relativamente fácil de identificar. Es la transmisión directa de dolor de una persona a otra. Por ejemplo, un esposo que fracasa en su trabajo, vuelve al hogar y patea al gato, grita a su hijo y golpea a su esposa.

El abuso pasivo, que es la causa más frecuente del comer en exceso en forma crónica, es mucho más difícil de identificar. Roberto, un paciente que ahora está en nuestra unidad de desórdenes alimenticios, estaba tremendamente orgulloso de su padre, un general de dos estrellas, un verdadero John Wayne. Pero en terapia de grupo admitió que era frecuente la ausencia de su papá hasta por nueve meses, por lo que envolvió la pena de ese abandono con capas de grasa.

Con frecuencia pedimos a nuestros pacientes pensar en uno de esos letreros de *Ocupado* que vemos en los asientos de los aviones. ¿Puede imaginarse uno de ellos sobre la frente de mamá o papá? ¿Estaban tan ocupados con enfermedades, limpieza, carreras o trabajo de iglesia, al punto que usted se sentía abandonado? ¿Quizás entonces mitigó ese abandono en una pastelería?

Tampoco es difícil identificar el abuso sexual activo. Pero debemos entender que una carencia de besos y abrazos en el hogar puede constituir un abuso sexual pasivo, lo que el niño no se sienta querido. Los tres ingredientes clave que todo niño debe recibir de sus padres para evitar el hambre de amor que lleva a la codependencia son: tiempo, atención y afecto. Si es demasiado tarde para prevenir, debe procurar la curación al decir adiós a las relaciones de codependencia.

La persona que quiere despedirse de esa clase de relaciones debe preguntarse: ¿estoy dispuesto a decir adiós a los extremos en mis relaciones? ¿Quiero lograr el equilibrio? ¿Estoy dispuesto a abandonar roles rígidos? La clave para romper con la codependencia es alcanzar el equilibrio. Lo opuesto a la codependencia no es la independencia, sino una saludable interdependencia. Piense en una balanza oscilante. La dependencia está en un extremo, la independencia en el otro. Si se halla en un extremo, la balanza está fuera de equilibrio y uno está en un estado de codependencia. La posición central equilibrada es la interdependencia. Las personas equilibradas, interdependientes, pueden ser lo suficientemente dependientes como para permitir la vulnerabilidad de la confianza y la genuina intimidad en una relación, y al mismo tiempo ser tan independientes como para tener su propia identidad emocional. No suben ni bajan emocionalmente porque otros lo hagan.

Logre la interdependencia en el matrimonio

Si está casado, tome su diario personal y haga un análisis de su matrimonio. Pregúntese:

1. ¿Cómo compartimos el control? ¿Es dictatorial alguno de los dos? ¿Es uno de los dos siempre sumiso?

2. ¿Cómo compartimos el tiempo? Para esto se puede hacer el gráfico de un pastel y ver cómo repartimos nuestro tiempo. Pida a su pareja hacer lo mismo. ¿Está su tiempo razonablemente dividido entre usted mismo, su familia, su pareja, el trabajo, la iglesia, la recreación? ¿O alguna de estas áreas consume una proporción inadecuada y desplaza a las otras?

3. ¿Cómo compartimos la sexualidad? ¿Tienen los dos en la pareja libertad para iniciar la sexualidad? ¿Ambos se sienten cómodos para dar y recibir gratificación?

4. ¿Cómo compartimos el dinero? ¿Uno de los dos en la pareja controla todo el dinero? ¿Alguno de los dos hace todos las compras? ¿Quién toma todas las decisiones en las adquisiciones importantes?

5. ¿Cómo compartimos la espiritualidad? ¿Alguno de los dos siempre conduce a la familia en la adoración y los asuntos espirituales? ¿Uno de los dos dictamina cómo responderá la familia en las cuestiones religiosas?

Revise sus respuestas y busque distorsiones. Su relación matrimonial, ¿está equilibrada o alguno de los extremos de la balanza está continuamente arriba?

Logre interdependencia en las relaciones padres-hijos

La progresión normal para cortar el cordón y abandonar el nido, como expresa el dicho, sigue un patrón gradual hasta la mitad de los treinta. Por lo general hacia el final de la adolescencia y hasta comienzos de los veinte ocurre la separación domiciliaria. Cuando el hijo se va a estudiar a la universidad o alquila un departamento para soltero o se casa.

Desde comienzos y hasta mitad de los veinte, ocurre la separación económica, cuando el hijo termina sus estudios e inicia un trabajo. El matrimonio, que casi siempre sucede en este período, es el paso principal en la separación de la familia de origen. La próxima decisión importante es el establecimiento en una carrera laboral, de manera que esa parte de la propia identidad viene, no por ser el hijo o la hija de alguien, sino por ser maestro, abogado, mecánico.

Cada uno de estos pasos que por lo general se dan en la década de los veinte, nos preparan intelectualmente para separarnos de nuestras familias de origen. Pero, desde el punto de vista interno la separación emocional no se produce hasta comienzos de los treinta. A esta altura de la adultez, ya debiéramos haber dicho adiós completamente a mamá y papá. Podemos estar de pie por nosotros mismos y no los necesitamos para rescatarnos.

Si ambos miembros en el matrimonio no lo logran éste por lo general se rompe en este punto y uno de la pareja volverá «a casa con mamá», o huirá a una isla tropical con un acompañante más joven, en un desesperado intento por recuperar la época más segura de la adolescencia. De manera que decir adiós a mamá y papá es fundamental para un matrimonio saludable.

También es esencial para una vida espiritual sana. Las personas que siguen colgadas de sus padres no pueden abrazar por completo a Dios como su Padre. Una vez que nos despidamos de papá y mamá, podremos dar una verdadera bienvenida a Dios.

Ginger, la amiga de Bárbara de la reunión del grupo de terapia, descubrió que la raíz de su problema estaba en separarse de sus padres: «Mamá viene de una familia alcohólica. Es la única de los cinco hijos que no lo es, pero es adicta a la comida», contó a Bárbara una noche después de un encuentro del grupo. «Papá tiene accesos de ira, es perfeccionista, uno de esos que piensan en blanco y negro y manipulan a la gente con el temor y la intimidación. Mamá manipula con la culpa. Los quiero muchísimo, pero son gente muy infeliz y debo librarme de ellos. Esos problemas son suyos. Oro por ellos, pero debo entender que no es tarea mía cambiarlos ni arreglarlos.

»He aprendido a experimentar libertad. No ha sido fácil porque tratan de recapturarme. Ahora estoy en un período de hacer largas pausas entre las llamadas por teléfono y las visitas.

»Esto no es sencillo porque viven cerca de mí. Pero a veces resulta más fácil de lo que hubiera imaginado. Desde que tengo memoria, he anhelado un caballo. Por fin tuve la oportunidad de comprar un hermoso ejemplar a un precio en realidad razonable. Tengo treinta y cinco años y gano mi propio dinero, pero temía hasta la muerte lo que dirían mis padres cuando comprara el caballo. Aun así lo hice y, ¿sabes qué?, no se molestaron en absoluto.

»He aprendido varias técnicas para liberarme y reconocer que es correcto no sentirse culpable. He descubierto que mis padres son personas no equilibradas y que debo protegerme de ellos. He aprendido a poner límites. Si estoy en una conversación que me molesta sólo digo, con una voz muy serena: "En realidad no llamé para escuchar esto", y corto. La sola idea de hacerlo me aterrorizaba, pero he aprendido que funciona.

»Un gran adelanto fue hablar de esto con mi hermano mayor. Él me dijo: "Ginger, siempre te has tomado todo este asunto demasiado en serio. Diles a papá y a mamá que se alejen. Sabes que te quieren; así que déjalos que se enojen. No pueden salirse con la suya siempre". Y tiene razón. Pero siempre quise *arreglarlo* todo. Supongo que esa es otra cosa a la cual debo decir adiós: a ser una que lo arregla todo».

Bárbara asintió. Ginger le había dado mucho en qué pensar. Como sus padres habían muerto, no tenía adioses físicos para decir. Pero sí muchos adioses emocionales. Su padre murió en un hospital para alcohólicos cuando ella estaba en el último año de la universidad. Y su madre falleció de neumonía menos de un año después, de modo que había quedado huérfana seis años antes, pero tal vez necesitaba despedirse del dolor de haber crecido con padres disfuncionales, aun cuando pensaba haberles dicho adiós en los funerales.

Logre interdependencia en las relaciones laborales

Una relación de trabajo saludable con su jefe, gerente o supervisor requiere poder tratar con esa persona en situación directa, y no proyectar las sombras de los padres sobre esa figura de autoridad.

Richard vino a nosotros en busca de ayuda por su adicción a comer compulsivamente, no para que lo aconsejáramos sobre su carrera. Pero cuando analizamos sus relaciones con las figuras de autoridad descubrimos que, aunque era un hombre de negocios carismático y sumamente exitoso, había tenido catorce trabajos en casi la misma cantidad de años por sus frecuentes choques con los gerentes de venta.

«Sí, en realidad me han tocado una cuerda de tipejos», dijo. «He sufrido tremendas sacudidas, como la tenida con mi último jefe. Trató de estafarme con mi comisión. Cuando recibí el cheque fui directo al vicepresidente, ¡Vamos, nadie va a sacar la mitad de la comisión del viejo Richard y simplemente decir que fue un error de contabilidad, pensé».

Al analizar las relaciones de Richard con su familia, descubrimos que había crecido con una madre dominante a quien le daban accesos de ira. Su padre era inválido y pasivo. Cuando surgían conflictos en su trabajo, Richard no trataba con su jefe, sino con su madre. Él como cualquiera que crece bajo una figura autoritaria abusiva, sufría hambre de amor. Creía que «no se puede confiar en las figuras de autoridad, pues se aprovechan de uno. Siempre abusan».

Richard debió decir muchos adioses. Tuvo que decir que despedirse de la ilusión de «siempre he tenido mala suerte con mis jefes, son las circunstancias».

También debió decir adiós a su negación del dolor de haber crecido con una madre abusadora. Y decir adiós a esa pena no es fácil porque una vez admitida la presencia del dolor, entonces hay que *sentirlo*. Richard debió sufrirla, lo cual constituye el siguiente paso en el proceso de recuperación: tratar con el dolor. Transitaremos esa senda en el próximo capítulo.

CAPÍTULO
8

Cuarto camino: tratar con el dolor

Aunque Richard era un adulto, se sentó en el consultorio y lloró como un niño. La primera oleada de dolor fue por haber crecido con una madre dominante. Los sollozos apenas habían disminuido cuando lo invadió de nuevo la agonía por no haber conocido jamás un verdadero padre. Por fin levantó la vista, frotándose los ojos. Abrió la boca para hablar y se quebró por el golpe del tercer terrible recuerdo, esta vez mucho más fuerte que las otras, al lamentar la muerte de su padre. Este tratamiento del dolor, que debió haber hecho años antes, salió a la superficie con una intensidad desgarradora, que amenazaba con destruirlo. Y luego, a partir de las frases entrecortadas que nos expresó pudimos ver que toda esa pena lo llevaba a una confusión de recuerdos y esperanzas pérdidas: madre, padre, la abandonada esperanza de encontrar una figura paterna en el trabajo.

Sabíamos muy bien que no debíamos interferir. Richard hacía su propio trabajo, tal vez el más duro que le tocara hacer en su vida. Le alcanzamos unos pañuelos desechables, mantuvimos la sala tranquila y, cuando los sollozos disminuyeron, le ofrecimos una bebida fría. Estaba tan maltrecho como un barco después de soportar una tormenta en el mar, pero ahora sí podría comenzar la verdadera curación.

Hacer un buen trabajo en relación a los adioses lo llevará a experimentar una sensación de pérdida de amor en el pasado;

pero eso le permitirá elaborar el dolor. Este es el paso más duro, pero el más importante, porque exponerse al dolor cortante es como someterse a una cirugía. Entonces puede empezar la verdadera curación.

El doctor Paul Meier dice que el dolor nacido del hambre de amor produce una herida emocional con pus, la cual debe ser punzada con la aguja de la elaboración del dolor. En el interior de las víctimas de hambre de amor están el vacío que intentan llenar con comida y los bolsones de dolor que acumulan presión a medida que comen en un desesperado intento de sofocarlo. Si ese forúnculo no se punza con un tratamiento apropiada la presión puede alcanzar una fuerza explosiva, como en el caso de Adriana que tuvo aquella pelea de toros con el policía.

Si al hacer el análisis de sus relaciones no ha encontrado disfunciones serias en su pasado o en su presente, si su tendencia a comer en exceso es moderada, y no tiene grandes bolsones de dolor, aun así tendrá que trabajar su parte de dolor. Hay pesares naturales por las transiciones normales de la vida: cuando el primer hijo parte para estudiar, las graduaciones, los casamientos y, por supuesto, los funerales. Incluso la persona que «come por placer» debe sufrir el dolor de decir adiós a la comida como amigo. La comida acarreó mucho dolor al que «come por gusto», pero siempre estuvo ahí cada vez que la necesitaba. De modo que debe sufrir esa despedida.

Pero si su dolor es profundo y la presión intensa, puede que éste aflore en explosiones violentas. Si así ocurre, no se asuste. Sepa que eso es bueno. El pus que brota de la herida ahora puede ser reemplazado por tejido sano.

Tal vez requiera ayuda para superar este paso tan difícil. Busque un grupo que lo apoye, como los Obesos Anónimos. (Discutimos los posibles grupo en el capítulo 12.)

Richard avanzó mucho en su proceso de recuperación cuando inició el tratamiento de su dolor en nuestro consultorio, pero sabíamos que la batalla recién comenzaba, por eso le recomendamos buscar un grupo de apoyo. «Los Obesos Anónimos se reúnen todos los viernes en la noche cerca de aquí», le dijimos.

La reacción de Richard fue la típica de alguien que ha tenido dificultades con las figuras de autoridad. «Eh, no necesito reuniones donde se diga al grupo tu peso y te hagan comer apio sentado en una posición yoga. Me juego a que tienen más reglas ustedes, que calorías los helados Bluebell».

Lo instamos a no juzgar algo que no había probado.

Richard se mostró dudoso. «Bueno, voy a ver», dijo.

Como Richard, Bárbara también se resistía a entrar en el proceso de tratamiento del dolor.

—Suena espantoso. Ya me siento miserable y triste. ¿Por qué tengo que procurar sentirme más todavía?

—Si no punza la herida, tapará el tumor con una venda— le dijimos.

—Supongo que sí. Pero tal vez si adelgazo un poco primero, aunque sean cinco kilos para sentirme mejor, entonces podría controlar el asunto del dolor.

—Bárbara —insistimos—, en nuestra experiencia muchas personas que han hecho diversas dietas, trataron una y otra vez de bajar los mismos doce kilos, e intentaron exactamente lo que usted sugiere: sanar sin haber limpiado primero. ¿Confiaría en un dentista que llenara los huecos de sus piezas sin haber eliminado primero las caries?

Sonrió.

—Está bien, entiendo. Pero sería menos doloroso *sin* el torno.

Esa noche Bárbara se sentó en la cama con su diario personal sobre sus rodillas. Al ver la lista de los adioses que había hecho le produjo ira. Se sintió engañada. Había perdido mucho.

- Un padre amoroso. Qué diferente habría sido su vida si hubiera tenido un padre normal y bueno como Gail, la muchacha más popular de su clase.
- Una época de estudiante llena de encanto. Habría aprovechado más sus años de estudiante si no hubiera sido tan dependiente de Calvin, si hubiera podido darse cuenta cómo la usaba.
- Fiestas y vestidos bonitos. Había perdido mucha vida social por su gordura.
- El placer y el consuelo de la comida. Sabía que ya no podía permitírselo.
- Tom. Podrían haber tenido un matrimonio tan bueno.
- Las papas fritas. ¿Qué haría sin ellas?
- Una carrera de éxito. Podría haber seguido estudiando para llegar a ser decoradora de interiores, si su vida no hubiera sido tan desastrosa.

¡No era justo! Golpeó la cama con el puño, luego contuvo un sollozo. El papel se le desdibujó mientras el enojo fue reemplazado por la pena.

Durante los tres días siguientes Bárbara vivió en una montaña rusa emocional. Ahora que comprendía toda la profundidad de su dolor a causa de su padre alcohólico, sus dificultades para relacionarse con los hombres, la pérdida de su carrera y sus asuntos con la comida, se sentía abrumada. Por la mañana se encontraba enfurecida y no se explicaba de dónde venía tanta ira. Por la tarde lloraba. A la mañana siguiente se despertó de nuevo en la negación, al decirse que todo saldría bien si solamente bajaba doce kilos. Y luego, la negación misma desencadenaba ira sobre lo que la obesidad le había costado y volvía a caer en el proceso de la elaboración del dolor.

La mayoría de nuestros pacientes comparten una experiencia similar. Una vez que han entrado en el proceso de la elaboración del dolor las cosas se les tornan confusas. Pueden pensar que elaboran el dolor por su matrimonio, y luego ver que el foco se ha trasladado al matrimonio infeliz de sus padres y después no diferencian cuál es cual. Así atraviesan todos los estadios típicos de la elaboración del dolor.

1. El shock y la negación

Uno entra en este estado inmediatamente después de ocurrir un trauma. Pensemos por ejemplo en la información por televisión sobre un accidente aéreo. Los sobrevivientes se ven tranquilos, serenos, con frecuencia sentados y envueltos en mantas. Están en un estado de shock físico y emocional. Suelen hacer comentarios como «no lo puedo creer», «no puede haber ocurrido esto». Este mecanismo de defensa protector, puesto por Dios, es esencial para la supervivencia humana y permite a las personas superar el momento del desastre.

El período del shock y la negación debe ser relativamente breve y permitir que las personas sigan adelante por las etapas más difíciles de la curación. Sin embargo, la mayoría de las adictas que atendemos han quedado congeladas en el shock y la negación durante años. Esto les ha ocurrido por dos razones: en lo emocional, sencillamente han negado sus sentimientos y han rehusado continuar con el proceso normal; en lo físico, han tranquilizado sus sentimientos con la comida tal como lo hacen los adictos a las drogas.

Este era el caso de Bob Green, el paciente tan gordo que apenas cabía en el sillón reclinable del doctor Hemfelt. El proceso de elaboración del dolor era tan lento, tan absolutamente silenciado con comida y alcohol, que incluso cuando perdió a su hijo, su nuera y su pequeño nieto en un accidente automovilístico, no pudo llorarlos.

Melissa era otra paciente con desorden en las comidas, alimentado por dolor estancado. Había sido la mejor amiga de su padre hasta que murió de repente de un ataque al corazón cuando apenas tenía doce años. Pero su madre no le permitió sufrir el dolor. «Tu padre está en el cielo. Esa fue la voluntad de Dios para él. Está mal llorar». Este mensaje estuvo en su mente durante trece años hasta que se casó con un hombre mucho mayor que ella en un intento por reemplazar a su padre. Cuando descubrió que eso era imposible, comenzó a comer en exceso como una vía de escape, y por fin llegó al consultorio por una severa depresión.

Si usted ha estado congelado en el shock durante muchos años, le llevará tiempo liberar sus emociones y dejarlas salir. Mire otra vez el análisis de sus relaciones, despídase y anote sus emociones en su diario personal. Está bien si todo eso viene poco a poco. Tómese tiempo para descubrir y experimentar todo lo que no ha sentido.

Para salir de la etapa del shock y la negación pedimos a nuestros pacientes hacer una lista de las pérdidas que les ha costado su adicción, como lo hizo Bárbara. A algunos les gusta hacerlo a modo de una lista de compras, pero una de las formas más efectivas para lograr que afloren todos los puntos alojados en el subconsciente es utilizar la técnica de la telaraña.

Tome una hoja de papel. En el centro escriba la palabra PÉRDIDAS y trace un círculo alrededor. Haga una línea corta que salga de él, y escriba la primera pérdida que le venga a la mente, como por ejemplo *actividades*. Circúlelas y anote todas en las cuales le hubiera gustado participar, pero no pudo por su sobrepeso. Trace líneas entre ellas para conectarlas. Una vez escritas todas las que se ha perdido, escoja otra palabra, como por ejemplo, relaciones; anótela a un lado de su palabra central, *pérdidas*, y haga una telaraña de sus pérdidas alrededor de la misma.

No se limite en nada que desee consignar. El llavero favorito perdido en una cafetería de comidas rápidas donde se dio un atracón, es algo tan válido como el ascenso en el trabajo que perdió, porque su jefe creía en el mito de que la gente gorda es ineficiente. Piense en todos los aspectos de su vida: social, físico, emocional y espiritual. Entreteja mientras pueda, hasta que el papel tenga el aspecto de una enorme telaraña.

Una vez que los pacientes ven sus pérdidas en blanco y negro y las tengan por escrito, experimentan un flujo espontáneo de dolor. Pero a veces los pacientes juegan una versión del juego de la ostra con su dolor. Miran una de las pérdidas y la cubren con una concha antes de descubrir otra. Para recuperarse por completo necesitan dejar cada pérdida al descubierto y poder ver el cuadro en su totalidad. Durante toda la adolescencia y al comienzo de su adultez Richard había negado el dolor de crecer con una tirana por madre, y había saboteado su cuerpo con comida y su carrera con ira en una negación prolongada. Lo estimulamos a seguir el proceso de curación iniciado en nuestro consultorio, cuando hizo una telaraña de sus pérdidas. Esta telaraña se asemeja a la próxima gráfica.

2. Ira

Cuando el shock y la negación se descongelan y la aguja punzante llega al bolsón de dolor, brotará la ira. Casi todos los que comen con ansiedad tienen ira, ya sea contra sí mismos o contra otros. Pero en la mayoría de los casos los pacientes son ciegos a su propia amargura. Dirán con calma: «No, no estoy enojado en absoluto».

Hay tres clases de ira. La dirigida hacia afuera, la cual llamamos ira convencional, que conduce a los pacientes a sacudir los puños ante Dios, golpear a su pareja, gritar a sus jefes. La dirigida hacia adentro, a la cual denominamos depresión. Esta tomará una forma más tranquila pues el paciente la enfoca hacia sí mismo. Luego está la ira proyectada. Algunas personas proyectan la que sienten hacia sí mismas y su adicción, a aquellos que las rodean. Podrán negar que el verdadero problema es el descontento causado por la baja autoestima y la ira que les causa su adicción, y decir: «Si al menos mi esposa(o) me prestara más atención, no estaría furiosa con él o ella y

La telaraña de Richard

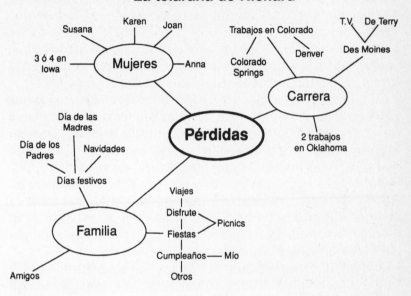

dejaría de comer». También hay una ira legítima, una reacción normal, saludable, ante las circunstancias y las relaciones, que la gente puede expresar por medio de la comida, si no sabe cómo hacerlo de manera saludable.

Ya sea que la ira se vuelque hacia adentro o hacia afuera, sea legítima o proyectada, debe aflorar. La forma más saludable de hacerlo es verbalmente. Si siente ira contra una persona que vive cerca, puede ir a verla y decirle: «Necesito expresar lo que siento respecto a esto». Cuanto más claro pueda expresar sus sentimientos y los motivos para tenerlos, será mejor. Para algunos el escribirlo en un diario personal será suficiente.

En terapia con frecuencia usamos la dramatización. Colocamos dos sillas en el medio de la habitación. El paciente se sienta en una y visualiza al receptor de su enojo como si estuviera sentado en la otra. Entonces expresa todas las viejas heridas y rencores. Hay más libertad para mostrar emociones fuertes en una situación de dramatización que si la persona estuviera en realidad allí. Si la ira necesita manifestarse físicamente a veces le damos al paciente un bate Nerf o le sugerimos fabricar uno de periódicos enrollados, y utilizarlo para darle plena libertad a su furia.

Si su enojo es muy antiguo y la persona ha fallecido o se ha mudado, la técnica de dramatización puede ser muy efectiva; algunos prefieren escribir una carta, la que muchas veces ni se envía por correo.

Para las iras dirigidas hacia adentro, trate de hablarse a sí mismo frente al espejo, háblese como si estuviera sentado en la otra silla, o exprese sus sentimientos en un diario personal.

Richard estuvo enojado la mayor parte de su vida. Sabía que lo estaba con su madre, pero hasta que no comenzó la terapia no notó la relación entre la ira y su actitud belicosa de «a mí nadie me toma por tonto», que le había causado sus repetidos fracasos en las relaciones con otras figuras de autoridad.

Como una expresión más de su enojo había desarrollado un humor sarcástico, mordaz. Podía aniquilar a cualquier persona o situación con una broma hiriente. Esto le procuraba atención y aplausos en una fiesta, pero hacía que las relaciones mantenidas fueran muy incómodas.

Un tercer tipo de escudo que su ira había construido era la imagen de hombre rudo, tipo machote, que asumía con las mujeres. Como tenía una voz suave y era bien parecido a pesar de su exceso de peso, nunca tenía dificultades para conseguir amigas. Pero su actitud de «no tengo intimidad con nadie» en las citas, hacía imposible las relaciones duraderas. Richard se deprimía mucho cada vez que una mujer lo dejaba. Pero sencillamente no podía admitir que necesitaba una mujer en su vida, hasta que ya era demasiado tarde. Entonces se venía abajo la imagen de machote. La partida de Anna fue la peor de todas. Cuando lo dejó casi comenzó a sentir impulsos suicidas. Durante la semana siguiente a su partida, le envió siete docenas de rosas. «No podía creerlo cuando las enumeré. No sé lo que me pasó», nos dijo más tarde.

El escudo de ira que llevaba por su madre debía ser atravesado antes de poder bajar el que se ponía contra otras mujeres.

3. La negociación

Después de la etapa emocionalmente consumidora de la ira, uno experimenta con frecuencia una decepción o la sensación de que lo están vaciando. En este período de calma después de la tormenta es normal que la gente trate de negociar su salida de la situación, lo que llamamos pensar mágicamente. A menudo lo vemos en las víctimas del cáncer que intentar negociar con el quimioterapista una sesión más larga o en padres de niños enfermos terminales que desean hacer tratos con Dios: «Si permites que viva, construiré una capilla en el terreno de la misión». Los adictos a la comida muchas veces buscan negociar su salida de la adicción con una dieta mágica: «Si sigo esta dieta, se acabarán todos mis problemas».

Cuando se vea en esta etapa, sepa que es normal y consuélese con el hecho de que haber llegado aquí es una evidencia de su progreso. Pero resista la tentación de rendirse a los pensamientos mágicos. Renuncie a la idea de que Dios es la lámpara de Aladino. No podemos ganarnos el derecho a la gracia, ni físicamente (al comer toronjas solamente), ni espiritualmente (al negociar con Dios la cura de nuestras adicciones).

En particular los bulímicos y los anoréxicos caen en pensamientos mágicos cuando piensan: «Si adelgazo lo suficiente, seré aceptado». Un ejemplo de cómo esas ideas no tienen raíces en la realidad es la hermosa y exitosa cantante Karen Carpenter quien murió de anorexia porque no se sentía aceptable.

Su autoestima no debe estar basada en nada condicional. Su valor como ser humano debe estar fundado en el hecho de ser criatura de Dios, hecha a su imagen y salvada por su gracia, la cual se nos da libremente en amor. Con esta sólida base podemos seguir adelante y experimentar el verdadero dolor.

Richard descubrió que incluso el ganar en una situación negociable no trae el éxito. Cuando recibió el cheque de su comisión por la mitad del valor que él consideraba su derecho, no lo discutió con su jefe ni fue al departamento contable para ver si era sólo un error matemático. Fue a ver al director de la empresa y empezó a negociar sus derechos. «Bueno, en realidad exigí más de lo que negocié», admitió. «Sí, obtuve el dinero. Gané la batalla de la comisión. Pero la perdí en cuanto a las relaciones. El haber pasado por encima de mi jefe, fue como "quemar mis naves" en la compañía».

4. El verdadero dolor (la tristeza)

Ralph, el que come al estilo montaña rusa, tuvo la experiencia inusitada de elaborar su dolor después de reducir de peso.

Para el mundo exterior Ralph ya había ganado la batalla. Se veía elegante y bien parecido en su nuevo traje hecho a medida. Pero interiormente sabía que su lucha recién comenzaba. El poder mantener su peso era donde siempre había fracasado antes. ¿Habrían sido doce veces? ¿O catorce? Ni siquiera podía recordar. Pero como había adelgazado a pura fuerza de voluntad perfeccionista, no a través de los pasos de recuperación, estaba delgado, pero no victorioso.

Ralph descubrió que debía tratar dos vías de dolor, como la mayoría de nuestros pacientes. Primero estaba el original que lo había iniciado en el ciclo de adicción, de niño: el dolor de tener un padre alcohólico y una madre mentalmente enferma. Como parte de la tarea de enfrentarlo fue a ver a su madre en un hospital para enfermos mentales en Nuevo México. Era su primera visita en muchos años y la primera vez que la veía con completa honestidad, al aceptar el hecho de que ni siquiera sabía quién era él, de que nunca podría vivir una vida normal en el mundo exterior, y de que nunca había tenido una madre, ni la tendría. Cuando volvió al grupo de terapia y lo expresó, no hubo uno que no dejara escapar una lágrima, mientras nos uníamos a Ralph en la elaboración de su dolor original.

Después de esta sesión grupal Ralph pudo seguir adelante y elaborar las pérdidas causadas por ese dolor original. La telaraña esbozada no lo sorprendió. Sabía que había perdido la confianza en sí mismo. No tenía la confianza en el éxito, ni siquiera la esperanza misma de tenerlo. De nuevo comunicó esta percepción al grupo de terapia. «Estoy totalmente asustado», dijo. «Estoy tan triste por la falta de confianza en mí mismo y en el futuro... Es algo terrible tener que comenzar cada día con miedo». Otra vez el grupo acompañó a Ralph y las lágrimas eran catárticas.

Llorar es la expresión más sincera del verdadero dolor. La gente suele decir: «Llorar no soluciona nada». Eso no es verdad. Las lágrimas limpian como si lavaran físicamente las heridas emocionales. Por lo general vemos que esto es mucho más difícil para nuestros pacientes hombres que para las mujeres. A los niños en la sociedad se les enseña que «los varones no lloran». «Sé un hombrecito». Se les ha negado esa descarga sanadora. Cuando intentamos ayudar a los pacientes masculinos en la elaboración de su dolor, con frecuencia es como tratar de obtener una respuesta emocional de parte de *Drácula*. Pero se puede hacer. Incluso cuando nuestras emociones han estado contenidas por años y aparentemente se han olvidado, siguen allí tal como Dios las creó, en espera de la oportunidad para hacer su obra sanadora.

Uno debe sentir dolor por la adicción misma y por las pérdidas derivadas de ella: relaciones, experiencias, éxitos profesionales. Cuando golpean las pérdidas por lo general hay un flujo de lágrimas. Solemos pasar dos o tres días simplemente apoyando y alentando a nuestros pacientes mientras atraviesan esta etapa y los mantenemos seguros a medida que dejan fluir la tristeza.

Por otra parte, es también normal encontrar que el dolor viene en porciones pequeñas. Uno puede pasar la mañana llorando, luego no volver a sentir tristeza durante varias horas o días, hasta que otra herida llega a la superficie y hay que elaborar de nuevo el dolor.

Es importante entender que tal vez debamos reciclar las etapas varias veces. Con frecuencia los pacientes concluirán un período de elaboración del dolor y sentirán que están listos para la aceptación, cuando los azota una nueva oleada de ira. «Debo haber hecho algo mal», nos dicen. Este es un proceso perfectamente normal, a medida que se quitan las capas de tejido cicatrizado, una a una.

Les decimos a los pacientes que piensen que quitan las capas de una cebolla, a medida que tratan de llegar hasta el centro de su dolor. Deben pelar capas de ira, depresión y tristeza. En ocasiones, como descubrió Bárbara, uno debe continuar sacando aunque la tristeza sea seguida de más ira y depresión, y el ciclo se repita hasta que todo el dolor sea elaborado.

También necesita saber que es posible quedarse estancado en algunas de las etapas, como la ira o la depresión. Hemos visto pacientes que entran en pánico y temen volverse locos o quedar deprimidos por el resto de su vida. Sepa que esto puede ocurrir como parte del proceso normal; así que dé los pasos para seguir adelante por sí mismo.

Utilizamos una técnica que llamamos «tirar la moneda». La ira y la tristeza son dos caras de la misma moneda. Si se ha quedado atrapado en la ira, si se encuentra malhumorado y con ánimo desagradable todo el tiempo, busque la tristeza que hay del otro lado de la ira. Concédale una oportunidad para que aflore. Hemos hablado varias veces acerca de sofocar la ira con comida. Es posible que ahora ahogue la tristeza con ira.

O, si parece estar detenido en la tristeza o la depresión, pruebe enojarse. Enrolle un periódico y golpee aquello por lo que se siente triste. Al principio deberá imaginar que ya está en el estado al cual quería llegar, pero pronto la moneda dará un vuelco y comenzará a mejorar.

Aunque Richard entró en el ciclo de elaboración del dolor con un torrente de lágrimas, todavía le quedaban por experimentar otros períodos de tristeza. Una noche en el grupo de terapia otro miembro dijo que acompañó a su padre en los últimos estadios del cáncer. «Lo levanté para llevarlo de la silla a la cama y sentí como si llevara un pajarillo herido».

Las lágrimas comenzaron a rodar por las mejillas de Richard. Al escuchar el relato de otro pudo llorar vicariamente la muerte de su propio padre. El agudo y sarcástico machote se convirtió en un niño que lloraba y sollozaba a medida que afloraban la ternura y el dolor.

5. La aceptación, el perdón y la resolución

La meta definitiva de la elaboración del dolor es lograr la preciosa gema trifacética de la paz. Comenzamos con la aceptación como la primera faceta, porque la aceptación puede ser un acto de la voluntad. Una persona puede decir: «Esta es una situación injusta, dolorosa. Pero la voy a aceptar». A partir de dicha decisión, uno trabaja para lograr el verdadero perdón emocional y espiritual. Y por fin viene la chispa de la resolución: un reconocimiento interior de que este asunto ha terminado: *estoy en paz.*

La aceptación

La oración preferida de muchos pacientes que se recuperan es la Oración por la serenidad, de Reinhold Niebuhr: «Dios, concédeme la serenidad para aceptar las cosas que no puedo cambiar, el valor para cambiar las que puedo y la sabiduría para entender la diferencia». Uno debe elegir aceptar los hechos de la vida pasada. No se los puede cambiar. Negar, olvidar o minimizar esos hechos sería perjudicial. Aceptarlos por lo que son y luego seguir adelante con la vida es aceptación.

El desafío de John Bradshaw a sus oyentes en recuperación es: «¿Puede mirar atrás, a su propia y única vida dada por Dios y decir "Era necesario que fuera de esta manera"?» Si lamenta o lucha con los hechos del pasado, no ha logrado la aceptación. Si puede ver que debía pasar por todo aquello para llegar a ser la persona que es, entonces puede estar en paz.

No es raro escuchar a alguien decir en una reunión de Obesos Anónimos: «Hola, soy Juan. Un agradecido comilón en recuperación». Cuando uno piensa en el sufrimiento del proceso de recuperación, esta parece una afirmación extraña. Pero pronto uno siente una genuina gratitud en los testimonios de las personas recuperadas a medida que cuentan cómo hasta las experiencias dolorosas los han traído a una nueva vida y los han ayudado a ser mejores personas. «Tuve que pasar por todo eso», dicen, «para encontrar a Dios y para desarrollar relaciones saludables en mi vida. Ahora puedo mirar atrás en paz».

El *Gran Libro* de los Alcohólicos Anónimos recalca la importancia de la aceptación diaria. Insta a los lectores a aceptar a todas las personas, lugares, cosas o situaciones que los perturben, como si fueran «exactamente lo que debieran ser en este momento. «Nada», dice, «en absoluto nada ocurre en el mundo de Dios por error... Debo concentrarme no tanto en lo que hace falta cambiar en el mundo, como en lo que hace falta cambiar en mí y en mis actitudes». Hay muchas paradojas en la recuperación y ésta es una de ellas: sólo puedo cambiar las cosas después que las he aceptado.

El perdón

A esta altura siempre advertimos a nuestros pacientes, «No vayan a hacer un paso doble tejano en su trabajo con el dolor. Este paso de baile se ve muy bien pero implica saltar de la negación directamente al perdón, y con ello se saltan varios tiempos en la música que se ejecuta. No debe saltar ninguno de los pasos en su elaboración del dolor. Esto puede ocurrir en especial entre cristianos, que al mirar la lista ven allí el perdón y dicen: «Bueno, por supuesto, es mi deber perdonar. Claro que perdono a mi padre alcohólico».

Este paso doble es bien intencionado, pero provoca un corto-circuito en el proceso de elaboración dado por Dios y deja intacto al hambre de amor. El perdón intelectual y espiritual es importante, pero uno debe recorrer todas las etapas para lograr el perdón emocional. Hay que sentir el dolor, la ira, llorar las pérdidas; luego entonces se puede perdonar con la mente, el espíritu y el corazón.

Nuestro paciente que declaró: «Puedo perdonar, ¡pero no olvidar!», estaba trabado en la ira y no había pasado a la etapa de la tristeza y el dolor; en consecuencia no había logrado perdonar de corazón y no podía encontrar la resolución, lo cual debe ser el resultado final de la elaboración del dolor.

Usamos mucho la expresión «perdonar y olvidar», pero en realidad el perdón no es lo mismo que el olvido. En efecto, nuestro cerebro sencillamente no nos permite olvidar ciertas cosas que están fijadas en sus huellas bioquímicas. Con frecuencia, cuando hablamos de perdonar y olvidar, en realidad practicamos una forma de negación.

El concepto de perdón se basa en una palabra de la Biblia que significa «echar». El concepto del Antiguo Testamento para el perdón se expresaba en un acto que los hebreos llamaban «ceremonia de la víctima propiciatoria». Los sacerdotes coloca-ban sus manos sobre la cabeza del chivo, pasando, en forma figurada, todos los pecados del pueblo al animal. Luego lo echaban al desierto, donde nunca se podría encontrar.

Perdonar es ser capaz de aceptar el agravio como algo que debía ocurrir, y a partir de ahí seguir adelante. Cuando George Santayana dijo: «Quienes no pueden recordar el pasado están condenados a repetirlo», hablaba de la historia del mundo, pero el principio es igualmente cierto para la de cada individuo. Si hacemos las paces con nuestros errores podemos aprender de ellos y seguir adelante hacia una vida mejor.

Hay dos tipos de perdón: el activo y el receptivo. El perdón activo es perdonarse a uno mismo y a los demás. El receptivo es aceptar el perdón de otros a quienes hemos herido, y de Dios. Los doce pasos de los OA, los AA y otros programas similares recalcan la importancia del perdón en sus pasos ocho y nueve, que instan a los miembros a hacer una lista de todas las personas a quienes han causado daño y a enmendarse siempre que sea posible. Esto también es perdón activo, dar los pasos para buscarlo, luego ponerse en actitud de aceptar el perdón y la situación.

Como primer paso para alcanzar la paz que sigue al verdadero perdón, necesita hacer un inventario en su diario personal. Haga tres listas: a quienes necesita perdonar porque lo han herido; cosas por las que necesita perdonarse a sí mismo; y otros cuyo perdón necesita buscar.

Perdonar a otros

Cuando instamos a los pacientes a hacer una lista de todos aquellos a quienes necesitan perdonar por daños que les han causado en el pasado, con frecuencia la respuesta es: «Pero eso es como hacer una lista de las personas a quienes culpo por mi problema. No quiero culpar a otros». Aunque esa es una actitud admirable, debemos comprender que, como lo dice John Bradshaw, «No hay culpables; todos somos responsables». No es cuestión de echar culpas, sino de descubrir lo que ocurrió. Se necesita saber a quién hay que perdonar antes de poder hacerlo.

Richard, que había hecho un excelente trabajo al expresar su dolor y su tristeza en las primeras etapas de la elaboración de su dolor, de repente encontró dificultades para perdonar, de manera que se acercó a discutir el problema con el doctor Meier:

—Bueno, sé a quienes tengo que perdonar, ese no es el problema. Mi madre era una arpía y mi padre un débil. Lo he enfrentado, lo he llorado. Pero eso no cambia las cosas. ¿Cómo voy a perdonar?

El Dr. Meier se inclinó en su silla.

—Recuerda Richard, perdonar no es excusar, ni tolerar, ni justificar, que son las formas usadas muchas veces para tratar de enfrentar un daño que se nos ha hecho. Tampoco es minimizar el dolor. El perdón es un acto de la voluntad, lo mismo que la felicidad es una elección. Decidimos perdonar a otros porque Dios nos perdona nuestros pecados.

Richard meditó unos momentos y luego asintió:

—Sí, eso tiene sentido. Pero algunas personas sencillamente no perdonan. ¿Cómo es eso?

—Por el dolor —dijo el Dr. Meier—. Duele demasiado. También por orgullo. No queremos rebajarnos al nivel del otro. Una tercera razón, la venganza. Sentimos la necesidad entendible de cobrárnosla.

—No perdonar implica tener rencor y esa es una de las cosas más nocivas que podemos hacer. —El doctor Meier abrió su

Biblia y se la extendió a Richard—. Verá en Romanos 12.17-21 un extenso pasaje en el que Pablo advierte contra el guardar rencor. Adelante, léalo en voz alta.

Richard se aclaró la garganta y leyó:

—No paguen a nadie mal por mal. Procuren hacer lo bueno delante de todos. Hasta donde dependa de ustedes, hagan cuanto puedan por vivir en paz con todos. Queridos hermanos, no tomen venganza ustedes mismos, sino dejen que Dios sea quien castigue, porque la Escritura dice: «A mí me corresponde hacer justicia, yo pagaré, dice el Señor». —Richard levantó la cabeza—. Hombre, eso sí que es directo.

—Así es —dijo el doctor—. Perdonar no es igualar. Otra cosa que necesita entender es que el perdón no puede estar condicionado a «si haces tal y tal cosa» o «si nunca más vuelves a hacer tal y tal cosa». Esto es parte de lo que Jesús quería dar a entender cuando dijo que debíamos perdonar setenta veces siete.

—Es un proceso largo... —dijo Richard.

El Dr. Meier asintió.

—El perdón viene lentamente. Pero cuando más entendemos los motivos de otras personas para habernos herido, más podemos perdonar. Por supuesto, el ejemplo máximo es Jesús, colgado en la cruz. Dijo: «Padre, perdónalos porque no saben lo que hacen». Entendió la ignorancia que había provocado lo ocurrido. Con frecuencia se puede experimentar el perdón o elegir perdonar, cuando uno comprende los motivos de la otra persona. Por ejemplo, tal vez alguien tenía tanto temor de perder su trabajo, que mintió acerca de lo ocurrido, haciéndolo quedar mal a usted, en lugar de decir la verdad. Cuando uno comprende eso, casi se puede sentir lástima de la otra persona.

Richard sonrió forzadamente.

—Bueno, tal vez ahora podría. En el pasado, me hubiera vengado haciéndolo pedazos.

—Sí, y tal vez todavía tenga esos impulsos. Pero tendrá la comprensión para controlarlos. Ahora, una cosa más que quiero que veamos es el hecho de que con frecuencia no perdonamos porque creemos que ya lo hemos hecho.

Esta vez el libro que el doctor Meier quería estaba sobre el estante, de modo que cruzó la habitación y volvió con él pasando rápidamente las hojas.

—Ah, aquí está, pensé que podría encontrar el pasaje. Este es un libro de Charles Stanley *Forgiveness* [El perdón]. Dice: «En alguna oportunidad en el pasado se dio cuenta de que le habían hecho un daño. Tal vez habrá admitido que necesitaba perdonar a otros. Hasta puede haber hecho una oración con las palabras "Perdono a _____". Acaso lo hizo con toda intención, sin embargo hay evidencias emocionales y verbales de que hay aún algo que le consume en su interior. Si todavía se siente incómodo ante la proximidad de la persona que lo hirió[...] es probable que no haya encarado completamente la situación».*

—Me gusta hablar sobre el perdón visceral de una persona como algo opuesto al cerebral. El Dr. Stanley usa el ejemplo de cuando se ha tenido una aventura amorosa. Con frecuencia, el cónyuge herido elige con la cabeza perdonar de inmediato, pero a sus entrañas les llevará muchos meses ponerse a la altura de la cabeza.

Richard parecía perplejo.

—De modo que si digo «te perdono» no es suficiente, ¿cómo puede uno saber cuándo ha perdonado?

—¡Una pregunta excelente! —dijo sonriente el doctor—. Si se ha ido la amargura, si puede aceptar a la persona, si se ha restaurado la comunión, si puede elegir hacer el bien a las personas que fueron sus enemigas y amarlas, entonces probablemente haya perdonado.

—Sí —Richard suspiró—. Suena bien. Bueno, veo que aún no he perdonado, pero he avanzado. Al menos ahora quiero perdonar.

Perdonarse a sí mismo

Judy era una perfeccionista que creció en un hogar cristiano de tipo victoriano. A pesar de sus tendencias legalistas, se llevaba bien con su madre y su padre, tenía buenas calificaciones, estudió en una universidad cristiana de renombre y también allí obtuvo buenas calificaciones. En el tercer año desarrolló un patrón de conducta de ir demasiado lejos sexualmente con los muchachos.

---

* Charles Stanley, *Forgiveness* [El perdón], Oliver Nelson, 1987, p. 117.

Judy debería haber admitido su error, haberlo confesado al Señor, elaborado el dolor, aceptado su perdón, haberse perdonado a sí misma y seguir adelante con su vida. Pero como era perfeccionista, alguien que pensaba en blanco y negro, no creía merecer el perdón. Decidió que Dios no podía utilizarla; no valía nada. Para protegerse de la posibilidad de que volviera a ocurrir, subió mucho de peso y siguió así. Nunca se casó y se convirtió en presa de hombres abusadores.

Cuando llegó a nuestra clínica vivía con uno que estaba al borde de la enfermedad mental. Judy tenía magulladuras en los brazos de los golpes que le propinaba él cuando intentaba leer su Biblia. Por fin su familia la persuadió a venir al hospital para ponerse en tratamiento por la depresión que sufría desde hacía quince años. Es lamentable, pero, no es una historia feliz porque no bien Judy comenzó a comprender su problema dejó de asistir al consultorio y volvió con su pareja. Sentía una necesidad tan abrumadora de recibir malos tratos por ese único error, que no podía buscar el perdón.

No se quede estancado en el autocastigo por cosas que necesita perdonarse. Recuerde nuestra técnica de «tirar la moneda» y oblíguese a pasar a la ira o a la tristeza como paso previo al perdón, si no está preparado para perdonarse.

Procurar el perdón de otros

Tendrá que pensar en todos sus vínculos y revisar el análisis de sus relaciones al hacer la lista de las personas a quienes ha causado daño en el pasado, por su conducta compulsiva. Por ejemplo, una madre que ha sido obesa durante muchos años, tal vez deba pedir perdón a sus hijos porque su peso le impedía jugar con ellos, compartir actividades y con frecuencia los hacía sentir avergonzados. Un padre deberá pedir perdón a su familia por el dinero gastado en comer desaforadamente, el que podría haber utilizado para las necesidades familiares. Alguno tendrá que pedir perdón a su pareja por la falta de intimidad emocional y física. Si no sabe en qué ha herido a aquellos que lo rodean, pregúnteselo.

Buscar el perdón de Dios

El poder humano solo no es suficiente para lograr el pleno perdón. Hay un elemento en éste que es divino. No se puede alcanzar sin Dios. El último residuo del dolor a veces es una vergüenza tan profunda, como en el caso de Judy, que hace que la persona piense: «Soy mala. Hay algo que viene mal desde mi nacimiento, aparte del pecado original que es común a toda la humanidad». Los doce pasos de los Alcohólicos Anónimos tratan este problema al instar a las personas que lo tienen, a «Hacer un inventario moral indagando sin temor» su interior, admitir sus errores ante Dios y otros seres humanos y pedirle que les quite sus fallas. Le pedimos que haga lo mismo.

En el Salmo 103.3 el salmista dice que Dios es un Dios de perdón, y David expresa su consuelo en lo que dice el Salmo 32.1: «Feliz el hombre a quien sus culpas y pecados le han sido perdonados por completo». David, que escribía eso a partir de intensos sentimientos de culpa por su pecado con Betsabé y su esposo Urías, pudo expresar la liberación sentida gracias al perdón. El Padrenuestro nos recuerda la doble responsabilidad: 1) experimentar el perdón de Dios y luego, 2) extenderlo a otros.

El antiguo dicho de que «al pie de la cruz se nivelan los terrenos» es en especial aplicable aquí porque a la vista de Dios nadie es menos aceptable que los demás. El pie de la cruz es el único lugar donde todos y cada uno pueden alcanzar la «paz que sobrepasa todo entendimiento».

Cuando Richard llegó al punto de necesitar perdonar a sus padres se quedó estancado. «No puedo hacerlo. No quiero perdonar», nos dijo.

Le dijimos que si se hubiera topado con esta barrera en una etapa anterior en su proceso de recuperación, hubiéramos pensado que era porque no había dicho sus adioses, ni trabajado con su ira o llegado al verdadero dolor. Sin embargo, había seguido todos los pasos preliminares al perdón. De modo que le dijimos que necesitaba encontrar la dimensión espiritual del perdón.

«Entregue este asunto a Dios», le aconsejamos. «Dígale: "No creo que pueda hacerlo. Ni siquiera quiero hacerlo. Lo pongo en tus manos". Haga esa oración todos los días durante una semana. Es perfectamente cierto que con su propia voluntad humana no puede perdonar. Pídale a Dios que le dé la disposición para querer».

Resolución

La resolución es lo opuesto al resentimiento. Éste es ira no resuelta que aún hierve en el interior y produce presión hasta que termina por hacer erupción en un forúnculo. La resolución es la sensación de salud, limpieza y paz que viene de saber que el asunto ha quedado concluido. El problema ha sido resuelto y se puede seguir adelante con confianza.

Si ha transitado la senda de la elaboración del dolor cuidadosa y completamente, ha pasado por el punto más bajo del proceso de curación. Esta catarsis debería dejarlo sintiéndose limpio y fresco, pero un tanto vacío. Esto es normal, porque ha creado un nuevo vacío en el espacio que antes estaba ocupado por el pus emocional. Sin embargo esto no es como el vacío creado por el hambre de amor, que absorberá cualquier cosa en un desesperado intento de llenarse. Se puede llenar este espacio creativamente con experiencias nuevas y relaciones saludables, las que exploraremos en nuestro próximo camino.

Richard descubrió que esto es efectivamente así cuando Dios contestó su oración respecto al perdón. A partir de allí pudo llegar a la resolución y ahora hace verdaderos progresos en cuanto a su compulsividad para comer y a su carrera. Tiene un nuevo empleo y dice que por primera vez no presta atención a los cheques de pago, sino a las relaciones personales. Y se ha propuesto echar raíces. Cuando miró el bosquejo de su telaraña, se dio cuenta de que cada vez que había cambiado de empleo también se había trasladado a una nueva ciudad o estado. «Ahora entiendo que mudarme no cambia nada en mi interior. Voy a quedarme en el mismo sitio, pero voy a ser una nueva persona».

CAPÍTULO
9

Quinto camino: explorar nuevas perspectivas

Usted ha pasado por lo más profundo del procesamiento del dolor. Ahora es el momento de elegir un camino que lo lleve a nuevas perspectivas y experiencias. Hacia arriba y adelante, a la victoria.

Hacer la paz con la imagen de su cuerpo

Hemos visto cómo la gente con desórdenes en la comida no se ve a sí misma como la ven todos los demás. Pero la distorsión no necesita ser tan severa como la de una paciente que no podía reconocer sus propias fotografías en el álbum familiar, o el paciente de ciento treinta y seis kilos que decía: «Sí, necesito perder unos kilos». Debido a los enloquecedores mensajes de tira y afloja de nuestra cultura, pocos norteamericanos tienen una imagen acertada de su cuerpo. El *Times* de Los Ángeles informó recientemente que el 75% de las mujeres entrevistadas en un estudio pensaban que eran gordas, aunque en realidad sólo el 25% lo eran, según los criterios médicos.

Cualquiera sea la distorsión de nuestra imagen, podemos estar de acuerdo con la conclusión de Robert Burn, quien después de observar un piojo en el sombrero de una mujer en la iglesia, dijo:

> «¡Oh, si algún poder nos concediera
> la capacidad de vernos como otros nos ven!»

E incluso, si partiéramos de un concepto realista del tamaño y la forma de nuestro cuerpo, debemos tener conciencia de que por lo general hay un retardo de veintiún días entre un cambio en el cuerpo y la habilidad para revisualizarse uno mismo. Otros podrán decirle que se ve muy bien, la balanza le informará su pérdida de peso, su ropa se verá suelta, pero usted seguirá percibiendo la vieja imagen en el espejo.

Una amiga nuestra pasó un verano en Europa. Durante ese tiempo caminó kilómetros todos los días, con frecuencia en climas rigurosos. Tenía muy poco dinero, de manera que tomaba sólo dos comidas en el día. Cuando llegó de vuelta a casa y descubrió que había bajado diez kilos, se sorprendió mucho: «Bueno, veía que mi cara estaba algo delgada al mirarme en el espejo, pero pensé que era sólo cansancio. Y también observé que la ropa me quedaba holgada, pero pensé que la tela se había estirado».

Los cirujanos plásticos han aprendido este fenómeno de la reacción demorada y con frecuencia piden a sus pacientes ir a una consulta siquiátrica antes, e inmediatamente después de la cirugía plástica; han descubierto que cuando quitan las vendas, los pacientes se siguen viendo a sí mismos igual que antes. El doctor Maxwell Malts, uno de los más conocidos, informó que incluso después de mostrar a los pacientes fotografías anteriores y posteriores a la operación, muchos se enfurecen y le dicen: «¡Usted es un charlatán! ¿Por qué no me arregló la nariz? ¡Lo voy a demandar!»

Sepa que esta demora en la visualización es una parte normal del proceso, y sea paciente con su cerebro y sus ojos, pronto se pondrán a la altura del resto de su cuerpo.

No importa lo que el espejo o las fotografías familiares le digan, usted dígase: *Puedo tener un cuerpo que me guste. Puedo gustar del cuerpo que tengo.*

Tomar nuevas decisiones

Ahora que su programa interno ha sido limpiado de los viejos dolores y temores que tal vez ha alojado durante años, necesita planificar nuevas decisiones acerca de quién es y qué quiere de su vida. Ginger, a quien le gusta estimular a otros, dice: «Hay mucho poder en una determinación si usted logra hacerla y cree que la ha tomado. Salga de la negación y tómela». Agarre su diario personal y haga una lista de las nuevas decisiones que quiere lograr. Repase su lista de perdones para ayudarse a ver nuevos rumbos que le gustaría que tomara su vida.

Nuevas decisiones acerca de usted mismo

Si el dolor que creó su hambre de amor y lo inició en el ciclo de adicción venía desde su infancia, ha pasado muchos años de su vida adulta cargando en su interior un niño herido. Ahora necesitará tomar nuevas decisiones en relación a él. Como lo dijo el poeta Wordsworth: «El niño es el padre en el adulto», y el adulto no puede ser íntegramente sano si el niño, a partir del cual creció (y que permanece en su interior) sigue herido. Tal vez necesite tomar la decisión: *Seré un buen padre para el niño que hay en mí*

No es raro que los pacientes se nieguen a sí mismos el permiso de curarse.

Si siente alguna reticencia en su interior a aceptar la plena salud, tome la determinación de: *Merezco estar sano. Dios quiere que esté sano. Puedo estar sano.*

¿Cómo se ha visto a usted mismo hasta ahora? Si no se ha visto como saludable, confiado y exitoso, necesita tomar nuevas decisiones en estas áreas: *Merezco sentirme bien. Tengo confianza en mis capacidades. Puedo tener éxito.*

Necesita decidir que es una persona digna de ser amada: amada por Dios, amada por su familia, amada por sus amigos, amada por usted mismo.

El primer paso para verse como una persona digna de ser amada y para aceptar el amor de otros, es aceptar el de Dios. Tal vez tenga dificultades en creer en realidad que Él lo ama sin condiciones; bríndele la oportunidad de demostrárselo.

Busque su Biblia y lea acerca del amor de Dios. En el Antiguo Testamento el libro de Oseas muestra este amor expresado en términos humanos: el profeta se casa con la hermosa pero infiel Gomer, y a causa de su amor por ella busca una y otra vez que regrese al hogar, a pesar de sus repetidas infidelidades.

Si se siente indigno del amor de Dios, lea Romanos 5.8, e inserte su propia persona en los espacios: «Pero Dios prueba que _____ ama, en que, cuando _____ todavía era pecador, Cristo murió por _____».

Luego lea las palabras de Juan 3.16, nuevamente inserte su propio nombre: «Pues Dios amó tanto a _____, que dio a su Hijo único, para que _____ que cree en Él no muera, sino que tenga vida eterna». Repita estas frases por la mañana y por la noche durante una semana, para darle a su mente subconsciente tiempo para internalizarlas. La mayoría de las personas han oído decir toda su vida que Jesús murió por los pecados del mundo, pero la experiencia que les cambia la vida llega cuando uno se da cuenta que si hubiera sido la única persona del mundo, Él habría muerto por ella solamente.

Y recuerde, el amor de Dios se ofrece libremente a todos; no tenemos que hacer nada para ganarlo, como por ejemplo ser lo suficientemente buenos. Pero sí tenemos que recibirlo. Debemos abrirnos a recibir la corriente de amor y perdón ofrecida por Dios como un regalo.

Necesita decidir que es una persona valiosa; útil para Dios, con un lugar especial en su esquema del universo; para su familia y sus amigos, con una capacidad única para satisfacer sus necesidades; para usted mismo, con la capacidad de resolver sus propias necesidades.

Nuevas decisiones acerca de la comida

Éstas deben reflejar su nueva comprensión acerca de lo que es la alimentación. Decida: La comida es una fuente de nutrición, no una droga. Ingerir es una fuente de abastecimiento, no un entretenimiento. *Como solamente cuando siento hambre; dejo de hacerlo cuando estoy satisfecho. Tengo sobrado tiempo para comer, de manera que nunca necesito atragantarme.*

En especial si tiene una historia en cuanto a empezar y abandonar dietas, tendrá que hacer nuevas determinaciones acerca de ellas como por ejemplo: *Hacer dieta es darle a mi cuerpo cosas buenas, no significa privarlo de los dulces. Mi dieta es mi amiga.*

Tome nuevas decisiones acerca del rol que cumplirá la comida en su vida de ahora en adelante. El Dr. Frank Minirth se pone a sí mismo y a su hija de doce años, Renee, como ejemplo de personas que limitan la comida a un papel muy limitado en su vida. «Como ambos somos diabéticos y debemos tener cuidado con nuestra dieta, sería muy fácil que nos obsesionáramos con ello», dice. «Pero nos hemos propuesto enriquecer nuestras vidas con más que comida. Nos gustan todas las actividades al aire libre: acampar, nadar, escalar, cabalgar. Renee es una talentosa artista y le gusta dibujar. A todos nos gusta leer y decir a otros lo que leemos. Hacer esto con las cosas espirituales nos enriquece mucho. Cantamos himnos clásicos y decimos versículos bíblicos o algo espiritual cuando estamos sentados a la mesa. Tener todas esas cosas estimulantes en las que pensar, sencillamente no deja tiempo para preocuparse mucho por la comida».

Nuevas decisiones acerca de las relaciones personales

La mayoría de los que comen compulsivamente han estado tan obsesionados por la comida y las dietas, que les queda poco tiempo en su vida para establecer relaciones con otros. Ahora es el momento de decidir ampliarlas, quizás de permitir personas en su vida por primera vez en años.

Para construir puentes para llegar a otros y permitir que lleguen a usted, necesitará tener premisas como: *Quiero que haya otras personas en mi vida. Puedo confiar en otros. He perdonado a todos los que me han traicionado en el pasado. Puedo hacer elecciones correctas en relación a nuevos amigos*

Ahora mismo, Ginger está en proceso de dar este paso. Tomar decisiones sabias en cuanto a sus relaciones le era imposible en el pasado, cuando estaba atrapada en codependencia con sus padres. Ahora que ha dejado de tratar de arreglar sus problemas, ha puesto límites a la medida en que les permitirá invadir su vida, ha llorado por la infelicidad de ellos y la suya propia, y ha dado los primeros pasos tentativos para construir relaciones duraderas.

«No es fácil, claro», dice. «He hecho cosas desastrosas antes, que verdaderamente me cuesta confiar en que las haré bien esta vez, aunque veo que trabajo en base a todo un conjunto nuevo de motivaciones.

»Ni bien terminé la universidad, me casé y estuve cuatro años con un hombre extremadamente violento. Le tenía terror. Salí de mi matrimonio, pero caí de la sartén para meterme al fuego, es decir, volví a mi hogar con mis padres.

»No tardé en darme cuenta que estaba atrapada en un triángulo entre mis dos padres y en comprender que ése no era un buen lugar para mí. Terminé mi posgrado obtuve un trabajo y me mudé por mi cuenta. Estuve sola durante tres años; luego me volví a casar. Ahora comprendo que al hacerlo le decía a Lee: "Rescátame, rescátame". Era un matrimonio totalmente desacertado y no duró mucho tiempo.

»Ahora salgo con un hombre de Nueva Zelanda. No estoy segura de considerarlo un candidato para el matrimonio, pero su perspectiva sobre el asunto del peso es muy refrescante. Habíamos salido durante algunas semanas, siempre preocupada por si estaba lo bastante delgada, cuando una noche no le permití venir de visita porque había comido en exceso y me sentía gorda. Cuando por fin se lo confesé, simplemente se rió. "Pero, tontuela", dijo. "¿Qué es todo ese tremendo problema que tienen ustedes los norteamericanos con el peso? No lo entiendo".

»La principal decisión tomada en cuanto a mis relaciones, es que no necesito hacer amistad ni casarme con otra persona codependiente. Mi terapeuta me explicó que un codependiente es emocionalmente media persona y que tiene un radar interno que lo encamina a otras mitades en un intento de completar una persona.

»Pero la codependencia no suma, divide. Dos medias personas no hacen una completa; sólo un cuarto, porque las enfermedades se multiplican mutuamente. He decidido que soy una persona completa, y si me caso, lo haré con una completa. Y si tenemos niños, tendremos niños completos, saludables».

Al tomar nuevas decisiones acerca de sus relaciones, pregúntese:

- ¿Qué quiero poner en lugar de los problemas en mis relaciones de padre/hijo?

- ¿Qué deseo en lugar de los problemas con mis amistades?
- ¿Qué quiero hacer con los problemas en mi matrimonio?

Cuando se trata de una relación matrimonial, en el Minirth Meier siempre intentamos aconsejar a ambos miembros de la pareja. Cada uno debe responder a las preguntas:

- ¿Qué necesidades tengo que deseo llene mi pareja?
- ¿Qué estoy dispuesto a dar a mi pareja?
- ¿Alguno de los dos necesita más tiempo o atención de parte del otro?
- ¿Alguno de los dos necesita ser más autoritario con el otro?
- ¿Alguno de los dos quiere más sexualidad en la relación?

Bárbara revisó su diario personal repasando los adioses que había dicho y en la hoja de papel que los enfrentaba hizo una lista correspondiente de nuevas decisiones a las que se había propuesto dar la bienvenida. Esta es parte de su lista:

Adiós a las papas fritas.	Consumo sólo comida sana.
Adiós a engullir comida.	Siempre como de una manera relajada y civilizada.
Adiós a excederme para llenar mi hambre de amor.	Lleno mi vida con cosas más satisfactorias que la comida.
Adiós a aislarme.	Merezco tener muchos amigos.
Adiós a odiar a mi padre.	Estoy libre del dolor de mi infancia.
Adiós a formar relaciones con personas que me usan y me abandonan.	Merezco relacionarme con gente que me ayude a crecer.
Adiós a apoyarme en Tom para sentirme bien.	Puedo ser feliz y saludable.
Adiós a un empleo que detesto.	Puedo usar el talento artístico con el que he nacido.
Adiós a culpar a Dios por mi pasado.	Acepto el amor de Dios.

Es importante que los pacientes comprendan que tal vez no reciban todo lo que esperan en sus nuevas relaciones, o al revitalizar las antiguas, pero quizás algunas de sus necesidades se verán satisfechas. La verdadera clave aquí es darse a uno mismo permiso para reconocer las propias necesidades. Permítase expresar en forma verbal lo que quiere recibir y lo que quiere dar.

En un matrimonio en el cual uno de los dos ha comido con compulsión, por lo general hay cierto grado de disfunción sexual. Si su actitud hacia el sexo es básicamente sana, pero tal vez ha perdido el interés sexual en su pareja porque el exceso de peso ha hecho que el sexo sea incómodo, sólo deberá tomar decisiones menores en cuanto a armonizar la relación: *Seré más amante con mi pareja. Estaré más dispuesto a aceptar los acercamientos amorosos de mi pareja.*

Pero si nunca ha visto la sexualidad como un privilegio dado por Dios para lograr lo máximo en su matrimonio, entonces sus decisiones requerirán una revisión mayor y debe comenzar por lo básico: *El sexo está puesto por Dios. Tengo permiso para ser sexual.*

Nuevas decisiones acerca de quién es Dios

Como somos criaturas de Dios, hechos a la imagen del Creador, es necesario tener un concepto válido de Él para poder tener uno válido de nosotros mismos. Es lamentable, pero mucha gente, como nuestro paciente Bill que había sido criado por un padre perfeccionista que tenía ataques de ira, y en consecuencia veía a Dios como un padre castigador y airado, tiene una imagen distorsionada de Él. Necesitan decidir *Dios es mi Padre celestial, quiere abrazarme. Me acepta. Dios entiende todos mis problemas y espera para ayudarme con ellos.*

Bill había trasladado la imagen negativa de su padre terrenal a Dios. Para revertir estas proyecciones a fin de que pudiera verlo como un amante padre, le pedimos que escribiera un perfil de personalidad en su diario personal, describiendo exactamente lo que quisiera de un padre terrenal.

Bill volvió con un bosquejo de un padre cariñoso, compasivo, amante, «pero no blando», agregó Bill. «Me guía, me instruye y me disciplina con amor, pero con firmeza».

«Está muy bien, Bill», le dijimos. «El hombre descrito sería un padre ejemplar. Ahora tome esas mismas características y haga una descripción de su Padre celestial».

Esto fue todo un descubrimiento para él, y lo puede ser para usted. Hemos hallado que los resultados casi siempre están en la línea de las Escrituras: Mi Dios es todopoderoso, mi Dios es compasivo y justo, mi Dios me valora y me anima.

Para que lo ayude a comenzar, lea de nuevo la historia del hijo pródigo en Lucas 15.11-32. Ponga su atención en el padre cuando da la bienvenida, perdona, abraza y acepta al hijo descarriado. Y lea la parábola de la oveja perdida, en Lucas 15.3-7. Observe al buen pastor, que se preocupa, busca y arriesga todo para encontrar a la oveja perdida y llevarla de vuelta al rebaño.

Aprender a hablarse positivamente

Al mirar su lista de nuevas decisiones, debería sentirse contento por la nueva dirección que tomará su vida. Tal vez hasta se encuentre emocionado por todas esas decisiones positivas. Pero quizás comprenda que *Decir que voy a decidir esto es una cosa; creerlo es otra*. La clave para establecer este nuevo sistema de creencias es la repetición. Si ha escuchado mensajes negativos acerca de usted mismo, de parte suya o de otros, durante años, le llevará tiempo incorporar un nuevo mensaje.

También es importante entender la fina línea que hay entre la negación y el hablarse positivamente. Uno no debe usar el hablar de forma positiva hasta haber roto con la negación y haber elaborado el dolor, o la situación se empeorará al enterrar más profundo el problema. Con frecuencia los pacientes preguntan: «¿Cómo es la cosa? ¿Debo enfrentar el dolor o buscar el lado positivo?» Nuestra respuesta es: «Ambos». Uno debe saber si el vaso está a medio llenar o mitad vacío. Elaborar el dolor provocado por la parte vacía; y luego encontrar lo positivo de la parte llena.

A veces le llamamos a esto el síndrome de Mr. Magoo, ese hombre terriblemente corto de vista, que podía pasar de la acera a un charco con barro y decir: «Ah, debo estar en el Riviera. La arena se siente ta-a-a-n bien entre los dedos de mis pies...» Hay que admitir que no se está en el Riviera, pero sienta la arena tibia donde quiera que esté.

Enfrentar la corriente negativa

A veces un mensaje positivo puede desencadenar una corriente de ideas negativas hasta que, como lo expresa el doctor Hemfelt: «Uno siente que trata de contener una avalancha con un escarbadiente».

Si se encuentra con una afluencia de pensamientos negativos cuando intenta creer los nuevos, sepa que es perfectamente normal y no se deje barrer por la oleada negativa. Siga adelante y deje que su mente exprese los pensamientos negativos, pero no se quede con ellos. Sencillamente dígale a su mente: *Gracias por expresar tu opinión, pero no estoy de acuerdo*. Luego continúe y escuche sus mensajes positivos.

A veces durante la terapia hacemos que nuestros pacientes se cambien de silla, a la vez que escuchan los mensajes positivos o negativos. Quizás quiera probar esta técnica en su casa; sólo asegúrese de pasar más tiempo en la silla positiva que en la negativa.

Hablarse a usted mismo frente al espejo como si fuera otra persona, también puede ayudar. Permita que los mensajes negativos vengan de ese alguien extraño que está en el espejo. Luego respóndale, *en voz alta*, con la verdad. Los viejos mensajes pelearán contra usted, a veces darán la impresión de ser el coro de un teatro griego, que trata de desanimarlo. Pero tenga la seguridad de que: la razón por la que patean y chillan tan fuerte es que saben que están muriendo. Este es su último y desesperado intento de seguir en pie. Su nuevo ser, más fuerte, puede superarlos.

En su libro *Las mentiras que creemos* el doctor Chris Thurman tiene otras dos sugerencias que queremos mencionar para enfrentar las mentiras negativas que su mente trata de decirle. Él dice a sus pacientes que escriban los pensamientos negativos surgidos durante el día. Sugiere que al final del mismo escriban una afirmación positiva debajo de cada negativa. Puede utilizarlas al día siguiente para grabar una cinta de autoafirmaciones positivas.

El doctor Thurman llama a otra técnica «Detener el pensamiento». Cuando le asalta un pensamiento negativo, tome de quince a treinta segundos para pensar en él; luego haga un ruido fuerte, como por ejemplo batir las palmas o gritar «¡Alto!», o poner una alarma. Después de repetirlo varias veces, podrá desviar los pensamientos negativos más fácilmente.

Incorporar el programa positivo

Ahora grabará una cinta de casete que utilizará por lo menos una vez por día durante dos a seis semanas para reestructurar el proceso de sus pensamientos, desde un negativismo destructivo, el cual ha sido hasta ahora su patrón normal, a un positivismo constructivo que marcará el tono de su persona totalmente recuperada.

1. Escribir

Repase la lista de nuevas decisiones en su diario personal. Examine las afirmaciones positivas escritas bajo los pensamientos negativos surgidos. Observe cuidadosamente la siguiente lista de autoafirmaciones positivas que hemos compilado, y escoja de veinticinco a treinta y cinco que crea que describen más su vida.

Cuanto más específicas sean las autoafirmaciones, de más ayuda serán. Nombre en detalle su comida desencadenante, como lo hizo Bárbara cuando escribió: «Puedo vivir una vida larga y feliz sin crema de chocolate». O sea, muy claro al referirse al nuevo paso que quiere dar en sus relaciones, como lo hizo Ginger al escribir: «Merezco relacionarme con hombres que estén dispuestos a comprometerse conmigo».

Vuelva a mirar las despedidas que ha hecho para asegurarse de tener algo positivo para llenar el espacio dejado por cada adiós. Si no lo hace, los viejos mensajes negativos volverán a llenar el espacio que ha depurado al elaborar el dolor.

Esta es una tarea «sin barreras». No hay forma en que pueda excederse en su trabajo en esta sección. Exploramos nuevas perspectivas, de manera que asegúrese de haber trepado a la montaña más elevada de los alrededores para tener la visión más clara posible. Una vez que ha detectado desde ese panorama amplio a dónde quiere llegar, tómese el tiempo para acercarse y examinar los lugares especiales hasta el mínimo detalle. Prepare el escenario para el resto de su vida, de manera que hágalo con cuidado, en detalle, hágalo en oración.

Autoafirmaciones positivas

1. Como sólo cuando siento hambre.

2. Le doy a mi cuerpo la comida más nutritiva que puedo.

3. Dejo de comer cuando estoy satisfecho.

4. Siempre mastico completamente la comida.

5. Me tomo todo el tiempo necesario para comer.

6. Resisto con facilidad las presiones sociales para comer.

7. Resisto fácilmente las comidas que son mis desencadenantes.

8. Puedo resistir las situaciones desencadenantes.

9. Nunca como a escondidas.

10. Soy una persona digna de ser amada.

11. Soy una persona útil.

12. Disfruto de sentirme bien.

13. Disfruto de tener buen aspecto.

14. Disfruto cuidando bien de mí.

15. Merezco vivir.

16. Quiero que haya otras personas en mi vida.

17. Puedo disfrutar de las relaciones saludables.

18. Mi cónyuge es mi mejor amigo.

19. Merezco tener éxito en mi carrera.

20. Puedo llegar a la cumbre.

21. Merezco tener salud.

22. Merezco ser sexual.

23. Mi dieta es mi aliada.

24. Mi dieta es una elección que yo mismo hago.

25. Mi dieta es un regalo que me hago.

26. Mi cuerpo es mi amigo.

27. Mi cuerpo es una expresión viva de mi ser.

28. Mi cuerpo es un regalo de Dios.

29. Mi cuerpo es algo sobre lo que tengo control.

30. El sexo es bueno como lo creó Dios.

31. Estoy contento de pertenecer al sexo con que Dios me creó.

32. El niño que hay en mí es un ser precioso.

33. El niño que hay en mí merece que lo ame.

34. El niño que hay en mí merece que lo nutra.

35. Dios me ama.

36. Dios me perdona.

37. Acepto su perdón.

38. Dios me guía.

39. Dios me da las fuerzas para cumplir mis nuevas decisiones.

2. Grabar

Cuando esté satisfecho con su lista significa que ya está preparado para grabarla en un casete. Comience con la grabación de uno o dos minutos de alguna pieza de música favorita, que le resulte motivadora y relajante. Luego, deténgala y, en un tono de voz claro y decidido, lea su primera afirmación. Haga una pausa y vuélvala a leer hasta grabarla cuatro veces. Siga así con el resto de la lista y termine con algunos minutos más de música.

3. Escuchar

Una vez que comience a escuchar su cinta recuerde: las autoafirmaciones funcionarán sólo si hay una prolongada y frecuente repetición, y no como una venda. Cuando nos encaminamos a este paso en su curación, muchos pacientes nos dicen: «Ya he probado eso. Compré todo un equipo de cintas grabadas de autoayuda por treinta y cinco dólares y no me sirvieron de nada».

Hemos descubierto que en el caso de los fracasos que nos informan, no cumplen con las repeticiones correspondientes (escuchan la cinta dos o tres veces en el automóvil camino al trabajo y luego abandonan), o no despejan el espacio interior para dar cabida a los nuevos mensajes al tratar primero con el dolor. Los pensamientos positivos pueden quedar registrados sólo si los negativos han sido borrados.

Aunque a muchas personas les gusta escuchar sus cintas en el automóvil (y éste es un uso eficiente del tiempo), la programación más efectiva ocurre cuando uno está completamente relajado. Esa es una de las razones para grabar una música suave primero. Para mejores resultados escoja un momento en que esté solo, ilumine adecuadamente y a la temperatura de su preferencia, siéntese en una silla cómoda o acuéstese, y cierre los ojos.

Trate de no analizar los mensajes, ni objetarlos. Sólo permítales penetrar en su subconsciente. Si todavía aparecen ideas negativas, apague el grabador y escríbalos. Luego coloque los positivos. Una vez que haya quitado de su mente esos mensajes negativos, está en condiciones de seguir con la cinta.

Tómese tiempo para hacer este ejercicio en forma completa todos los días durante dos semanas, además ponga la cinta cada vez que desee en su automóvil o mientras limpia la casa o se prepara para ir a dormir. Escuche la cinta al menos una vez por día durante unas seis semanas, hasta que se encuentre en completo acuerdo con todas las afirmaciones y ya no interrumpan los pensamientos negativos.

Visualizar el éxito

Mientras escuche su cinta de autoafirmaciones, o en cualquier momento en que piense en el futuro, imagínese en el lugar donde quiere llegar. Visualícese feliz, esbelto, libre, con un traje nuevo, disfrutando de la compañía de sus nuevos amigos, aceptando un nuevo desafío en el trabajo.

En especial cuando sabe que debe enfrentar una situación difícil (como asistir a un banquete donde se servirá su comida desencadenante, o tiene que encontrarse con un antiguo conocido con el que ha tenido una relación traumática, dar una conferencia), prepárese visualizándose a sí mismo(a) en cada paso de la situación. ¿Qué aspecto tendrá? ¿Cómo se pondrá de pie? ¿O se sentará? ¿Qué vestirá? Visualícese sonriendo. ¿Qué dirá? Figúrese disfrutando pequeñas porciones de todo lo del menú excepto la comida que para usted es desencadenante. Imagínese al estrechar con confianza la mano de su antiguo conocido. Figúrese al aceptar los aplausos por su conferencia.

Cuando se encuentre en la situación real, le resultará fácil porque ya lo ha hecho todo antes.

Y a medida que recorra simultáneamente los caminos de su dieta, imagínese delgado y seguro. Pacientes que han perdido diez y hasta cincuenta kilos, afirman que no se sienten como si perdieran parte de sí mismos. Descubren que se encuentran a sí mismos. Se afirma que Miguel Ángel dijo, luego de esculpir a David a partir de un bloque de mármol de Carrara: «Simplemente quité las partes que no eran David». Figúrese su aspecto cuando haya quitado las partes que no son usted, y luego entre en su nueva vida.

Capítulo

10

Sexto camino: confiar en las nuevas instrucciones

«He dedicido que quiero que haya más personas en mi vida», nos dijo Bárbara Jamison. «Quiero tener más confianza. Pero, ¿cómo hago? He sido herida tantas veces en el pasado que no estoy segura de poder confiar en alguien».

Esta es una reacción muy normal. Casi todos nuestros pacientes se sienten así en este punto de su recuperación. De manera que hicimos con Bárbara lo mismo que con otros: Le dimos una tarea específica. «Queremos que comience por confiar en un grupo muy pequeño y muy seguro. Mañana cuando venga al grupo de terapia, queremos que nos diga algo que nunca antes expresó a alguien».

La mirada de temor en el rostro de Bárbara nos dio a entender que sabía lo que debía decir. Y que no sería fácil.

Al día siguiente Bárbara se sentó en el rincón más oscuro de la sala, pero no se resistió cuando le pedimos que pasara adelante y contara lo suyo. Se sentó con las manos cruzadas sobre la falda, mirándolas fijamente. «Siempre fui una niña muy buena. Nunca pensé llegar tan lejos con Calvin. Tampoco fue exactamente que él me forzara. No lo sé... sólo ocurrió. Luego me dejó. Probablemente él también se sintiera culpable. No lo sé».

El hecho de que ninguno de nosotros la avergonzara o le dijera que era una mala persona por este viejo error, fue muy tranquilizador para ella. Alguien le preguntó si había pedido perdón a Dios por eso, y dijo que lo había hecho. Cuando le preguntaron si se había perdonado a sí misma, no estaba muy segura.

Luego sonrió: «Sí, creo que lo he hecho. Ahora». Hizo una pausa. «Sí, lo hice», agregó.

Bárbara había dado todos los pasos: había dicho adiós al dolor por la culpa, en relación a esa experiencia, ya había elaborado ese dolor, y decidido seguir adelante con su vida. Pero la decisión abstracta no era suficiente. Debía empezar a actuar para reforzar la decisión.

Este paso importante de lanzarse y confiar en la gente se puede llevar a cabo con cualquier grupo o persona de apoyo: un familiar o amigo de confianza, un grupo de Obesos Anónimos, un pastor. Pero quienquiera que escoja, no podemos enfatizar lo suficiente lo esencial que es encarar esta acción pública. Se puede enseñar durante veinte años a nadar a una persona, explicarle los principios hidrodinámicos, mostrarle videos de cómo funcionan los músculos, pero mientras el estudiante no entre al agua y tenga una experiencia de primera mano del acto en sí, nunca aprenderá a hacerlo. Hasta que usted no «se eche al agua» y se arriesgue a creer en alguien, nunca aprenderá a confiar.

Tome la lista de las nuevas decisiones hechas al seguir el paso número 5, las que ahora escucha en su cinta de autoafirmaciones y, en una hoja de papel que esté a continuación de la lista, escriba un paso de confianza que pueda dar, para poner en acción la determinación. Algunos de los pasos serán pequeños; otros parecerán tan audaces que le asustará verlos por escrito en el papel; pero debe agregar una acción a cada una de las decisiones tomadas.

Si decide que merece ser saludable, tal vez el paso consista en integrar un grupo de apoyo. Si decide darse suficiente tiempo para comer, tal vez necesite pedirle a su jefe un período más largo para el almuerzo, o poner la alarma más temprano para poder tomar un desayuno satisfactorio y sin apuros. Si la decisión es tener una mejor relación con su compañero de pensión, tal vez el primer paso sea disculparse por las malas actitudes que haya tenido.

Enfrentar riesgos saludables

Hay tres componentes principales para lograr cambios en su vida: decidir, actuar y sentir. Con frecuencia nuestros pacientes hacen que esos tres elementos se persigan unos a otros mentalmente, tratando de saber cuál debería estar primero, como en el dilema del huevo y la gallina: cuando me sienta capaz, enfrentaré la acción; probaré primero la acción, luego decidiré si quiero seguir adelante; no puedo tomar una decisión mientras no me sienta dispuesto a encararla.

Un cambio significativo en la vida debe ser asunto de la mente por encima de todo. Debe tomar la decisión y hacer frente a la acción por fe; el sentimiento vendrá un poco después. Si espera hasta que «lo sienta», seguirá esperando hasta el siglo veintiuno.

Incluso puede dar más de un paso antes de que aparezca el sentimiento. Puede que usted sea como el cadete de la Academia de la Fuerza Aérea, que quiso ser paracaidista. En su primer salto, contó y tiró de la cuerda tal como se lo habían enseñado, pero no abrió los ojos hasta que no se desplegó el paracaídas. En el segundo, logró tener los ojos abiertos. En el tercero, aterrizó con un grito: «¡Me encanta!», y siguió adelante hasta obtener premios y honores en el equipo de Paracaidistas *Wings of Blue* [Alas del cielo]. Usted ha tomado su decisión; ahora cierre los ojos y salte del avión.

La frase que dice: «Pensando solamente no se logran mejores acciones, pero actuando se logran mejores sentimientos», es cierta, porque éstos llegan con retraso.

Sin embargo a esto le llamamos arriesgarse, porque en ocasiones uno puede dar un mal paso. De todas maneras recuerde que son riesgos saludables, que valen la pena intentar, no como el riesgo de la obesidad que con toda seguridad acorta su vida. Si ha dado un paso que provocó un tobillo torcido, comprenda que incluso eso puede tener su aspecto positivo. Si se sienta con una bolsa de hielo en el pie lastimado, verá que un pequeño fracaso no fue el fin del mundo. Un error no equivale a un desastre. Vende el tobillo torcido y salga a intentar enfrentar otro riesgo. Esto es crecimiento.

Asegúrese de enfrentar riesgos saludables en todas las áreas en que ha tomado determinaciones nuevas en el quinto paso:

usted mismo, la comida, las relaciones, Dios. En cuanto a los sentimientos atemorizadores que le dicen que no se arriesgue, dígase siempre, como se les enseña a los que participan de grupos de autoayuda: «Los sentimientos no son hechos». Algunos de nuestros pacientes lo escriben en una tarjeta y la llevan consigo en el bolsillo.

Enriquezca su vida confiando en la comida

Para Bárbara la comida había sido tanto una capa de seguridad como un enemigo. Era algo sin lo cual no podía vivir y, sin embargo, parecía ser la causa de todos sus problemas. Ahora había tomado la decisión de que podría ser su aliada, y estaba siguiendo la dieta de intercambio de la doctora Sneed. Intelectualmente sabía que podía confiar en que la comida no la traicionaría. Pero en el aspecto emocional esto ya era más difícil. Le costaba tanto confiar en ella que en lugar de ir al supermercado, al que consideraba la máxima confrontación con la comida, se fue al cine. Eligió *Indiana Jones y la Última Cruzada* porque una película de aventuras podría hacerle olvidar los alimentos. Seguir a Indiana Jones en su búsqueda de la Copa Santa le resultó muy emocionante, porque desde la infancia le habían gustado las historias del Rey Arturo.

Pero en la escena final, cuando Indiana tenía que dar un paso sobre el precipicio, a lo que parecía una muerte segura, su mente volvió de un salto al problema de la comida. ¿Podría dar un paso de fe como ese? ¿Podría pisar en el vacío y confiar en la comida como había hecho Indiana en las indicaciones de su padre? Estaba tan sobrecogida por la imagen del puente que se iba formando bajo los pies de Indiana, que no se pudo concentrar en el final de la película. En cuanto llegó a casa telefoneó a Ginger. «No sé qué hacer. Tengo que dar el primer paso, pero no sé si podré».

Fue un maravilloso alivio hablar con alguien que en realidad entendiera. Ginger estuvo de acuerdo: «Mujer, ¡sí sabré cómo te sientes! La cosa más difícil que jamás me haya tocado hacer fue asistir a una fiesta de reapertura de la escuela, justo después de comenzar mi dieta. Sabía que todas las demás maestras comerían "nachos con guacamole y crema agria", y no estaba segura de poder aguantarlo. Si no hubiera sabido que mi jefe estaría observándome, quizás no habría asistido. Pero, ¿sabes qué? Los tallos de apio son de veras ricos. Y nunca me hubiera fijado en el recipiente con requesón si no estuviera haciendo dieta».

«¿Te acuerdas de Ralph?» preguntó Ginger a Bárbara. «Creo que lo escuchaste hablar en una reunión del grupo de apoyo... Sí, el rubio. Una vez dijo que cuando ingresó en los Alcohólicos Anónimos le explicaron que debía aprender a confiar en la ausencia del alcohol. Pensaba que jamás podría asistir a otra reunión de negocios si no bebía. Cuando su jefe le informó que debía asistir, descubrió que muchas personas allí no bebían en absoluto, y que un sector del mostrador estaba repleto de bebidas sin alcohol, incluso algunas eran dietéticas.

»Escucha, Bárbara, necesitas confiar en que puedes asistir a una fiesta y pasarlo bien sin comer, o comiendo frugalmente».

Bárbara colgó y sacó del cesto de papeles la nota dejada por debajo de la puerta esa mañana. La administración de los departamentos donde vivía había organizado una fiesta alrededor de la piscina esa noche, para los inquilinos de los departamentos. Estiró la nota para leer hasta el último renglón. «Traiga su casete de música preferida y un plato de bocadillos».

¿Tallos de apio y una crema de queso cottage? pensó. *Bueno, esta puede ser una oportunidad para probar la receta de la doctora Sneed de Chips de tortilla horneada con salsa. No sonaba tan mal, después de todo.* Y siempre podría correr de vuelta a su apartamento si la fiesta no le convenía. Además, no se vería tan fuera de lugar con su vestido amplio al estilo turco, por tratarse de una fiesta en la piscina.

Incluso decidió comprar el casete de la banda sonora de Indiana Jones y la Última Cruzada para llevar a manera de contribución musical. Nadie tenía por qué saber que el paso que daba era tan difícil como el de Indiana.

A la noche siguiente la temperatura estaba perfecta y los farolitos encendidos alrededor de la piscina se mecían con la suave brisa cuando Bárbara, forzando una luminosa sonrisa, se unió a sus vecinos. Por fortuna la muchacha que vivía del otro lado de la entrada fue una de las primeras personas que vio, porque Bárbara no conocía a casi nadie en todo el complejo de apartamentos.

«Hola, Bárbara. Te presento a Mary Sue», la llamó su vecina.

Una hora después, Bárbara decidió por fin acercarse a la mesa del refrigerio para probar algunas de las espléndidas frutas que veía comer a otras personas. Durante todo ese tiempo había conversado, reído y disfrutado a plenitud por haber conocido a la gente que vivía a su alrededor. En ese momento el encargado de la música puso su casete de Indiana Jones. Se percató de que el puente se había ido formando bajo sus pies y ni siquiera lo había notado. Se había divertido en la fiesta sin tener que comer. No necesitaba de la comida para animarse. Lo había pasado mucho mejor al prestar atención a la gente, que si hubiera pensado sólo en la comida, y se sentía más libre para hablar, reírse y moverse cuando no estaba limitada por tener un plato en las manos o alimentos en la boca.

De modo que, para empezar, como Bárbara, usted debe aprender a confiar en la ausencia de la comida en su vida. Luego, sobre todo si ha estado bajo una dieta líquida o una muy rigurosa de bajas calorías, debe aprender a confiar en la presencia de los alimentos. A medida que se acerca a su peso óptimo y a la etapa del mantenimiento en su recuperación, comenzará lo que llamamos «realimentación» en la clínica, enseñarle a hacer elecciones sabias en relación a la comida. Es una etapa muy difícil para muchos pacientes, pues son personas que para comer son blanco o negro. Pueden morirse de hambre o atiborrarse, pero la idea de comer en la zona gris, donde deben hacer elecciones sabias, controladas, les asusta. Decida que puede seleccionar alimentos sanos para usted. Puede comer frugalmente y no volver a caer en lo de hartarse. Dé el primer paso escogiendo un canapé de apio.

Disfrute sus experiencias nuevas en cuanto a la comida. Deléitese con el sabor de aquellas bajas en grasa y con mucha fibra, que ha elegido. Diviértase al experimentar con las nuevas recetas de este libro y con otras de bajas calorías que encuentre en revistas o consiga con amigos. Trate de adaptar las antiguas recetas favoritas de su familia a este nuevo método de cocinar bajo en grasas y en azúcar, y alto en sabor y satisfacciones. Disfrute al ir a diferentes restaurantes o al elegir los platos livianos en el menú.

Pero sobre todo, disfrute felicitándose a usted mismo a medida que ejerza su nuevo control sobre la comida. Este sentimiento de poder que viene de determinar qué comerá puede ser en realidad emocionante. El regular día a día su comida y descubrir que ya no necesita excederse, es en sí misma una nueva experiencia. Como aquel alcohólico del grupo de AA que dice: «¡Qué bien! Pasaron 30 días, después 60, y ahora hace seis meses que no bebo. ¡Es increíble! Antes de esto pensé que nunca podría dejar de hacerlo. Ahora he tenido esta fantástica experiencia de cumplir las decisiones que tomé».

Algunos de nuestros pacientes encuentran entretenido y útil recompensarse a sí mismos con una bufanda o una corbata o alguna otra cosa cada mes o cada seis semanas que se han mantenido con la dieta. Si le gusta esa idea de celebrar así su aniversario, hágalo. Pero la mejor gratificación es comprobar el poder que uno tiene.

Enriquezca su vida confiando en experiencias más allá de la comida.

La mayoría de las personas que comen en exceso han estado tan centradas en eso que consumen todas sus experiencias. Han cortado con todos y con toda otra cosa en su vida. Ahora es el momento de comenzar a poner las cosas de nuevo en orden: conocer amigos, revitalizar viejas relaciones, avanzar en su carrera, iniciar algún hobby o deporte, dedicarse a la búsqueda espiritual o intelectual.

Joanne era una eterna estudiante, extremadamente gorda. Había obtenido su licenciatura en psicología y trabajaba en su doctorado. Cuando iba por el noveno año de trabajo para este título, sus profesores le advirtieron que, si no terminaba, se verían obligados a dejarla fuera del programa. El problema era que a Joanne le aterraban las nuevas experiencias. Estaba tan excedida de peso que pensaba que no podría hacer ninguna otra cosa salvo estudiar. Sabía que, aunque era una mujer muy inteligente, nunca sería contratada en una clínica psiquiátrica ni despertaría confianza en sus pacientes en la práctica privada.

Vea el gráfico de la torta, en el capítulo 7, sobre cómo emplea su tiempo. ¿Es aún una descripción acertada de su vida? Si no, haga un gráfico nuevo. ¿Qué áreas observa que necesita ampliar? ¿Hay algunos puntos que debieran estar allí y no están? Por ejemplo, ¿ha hecho tiempo para los ejercicios diarios? ¿Es el domingo el único día en que dedica tiempo a Dios, o tiene un momento diario de estudio bíblico y devoción? ¿Y respecto a la relajación, a conversar un rato con su pareja, a leer una novela? ¿Las cosas en las que se ocupa le resultan satisfactorias, o necesita hacer algunos cambios?

Al mirar el gráfico, Bárbara también vio que las partes más incompletas de su vida eran la gente y la carrera. El tiempo dedicado al trabajo en la tienda por departamentos no era una carrera. Solamente el utilizar el don artístico dado por Dios significaría una carrera satisfactoria. Ella sabía que sus habilidades estaban oxidadas y que su confianza vacilaba. Para reconstruir ambas decidió que el primer paso sería iniciar un curso de diseño en una escuela de la comunidad situado a pocos kilómetros de su casa. Se sentó frente al teléfono. Había tomado una determinación. Ahora debía actuar. Respiró hondo y llamó a la oficina de la escuela para pedir un programa de materias y un formulario de inscripción.

Lo siguiente sería más difícil todavía, pero el haber hecho ya la parte más fácil le dio ánimos. No había hablado con Tom desde que iniciara todo este proceso de recuperación. Ni siquiera sabía en realidad qué posibilidades de sobrevivir tenía su matrimonio, pero eso era lo que quería. Si él hablara con ella y aceptara ir a las consultas con los médicos de la clínica, seguro podrían lograrlo.

Explore nuevas experiencias con la gente

El llamar a Tom era el paso más difícil que Bárbara jamás había tenido que dar. *Gracias a Dios, probé primero con el asunto de la comida*, pensó. Eso le había parecido muy duro en aquel momento, pero ahora se daba cuenta que no era nada en comparación con llamar a su alejado esposo. El puente había estado allí cuando dio el paso en el precipicio al asistir a esa fiesta. Con seguridad estaría aquí ahora.

Tomó el teléfono y discó el número de la oficina de Tom. Oró para que no estuviera. Los vendedores pasan muy poco tiempo en sus oficinas. Con suerte podría postergar este asunto unos días más.

Pero estaba. «Tom, habla Bárbara. Este... ¿Cómo estás?»

Él no parecía mucho más seguro que ella. «Estoy bien. ¿Cómo estás tú?»

El «¿cómo estás? estoy bien», podría seguir eternamente. Respiró hondo y se lanzó. «Tom, llamé para decirte que he cambiado. He hecho muchos cambios en mi vida, y...» Aquí se quedó sin aliento. «... Y... Tom, ¿podríamos reunirnos y hablar de esto?»

Tom acordó ir esa noche después del trabajo. Bueno, el puente se había movido bastante, pero al menos no se cayó en el precipicio.

Aunque él era la persona más importante que Bárbara tenía en su vida, no era la única en el mundo, y no tenía sentido estar sentada allí esperando y preocupándose en cuanto a la noche. Llamó a Mary Sue, a quien había conocido en la fiesta. «Hola, soy Bárbara, del apartamento de arriba. Acabo de preparar un poco de té helado. ¿Quieres venir a ayudarme a tomarlo?»

Una vez que ha tomado la decisión de permitir a otras personas en su vida y da el primer paso de confiar en alguien cercano, son posibles las nuevas relaciones. Sin embargo, la mayoría de nuestros pacientes encuentran que, como Bárbara, deben hacer un esfuerzo en lograr que suceda. El mejor lugar para empezar es con su diario íntimo. Revise el análisis de sus relaciones. ¿Con qué viejos amigos y miembros de la familia ha perdido el contacto? ¿Qué relaciones rotas le gustaría restablecer? Ahora piense en su vida diaria. Figúrese la gente que lo rodea en el trabajo, en la iglesia, en su club de dieta. ¿La muchacha en el escritorio frente al suyo en la oficina, se ve bonita? ¿Alguna vez le ha dicho algo más que un simple saludo? ¿Y qué del nuevo matrimonio en la iglesia, que puede estar sintiéndose más solo que usted?

Aunque llamar a un viejo amigo o a un nuevo conocido y decir: «Ven a tomar una taza de té» o, «Vayamos a ver una película», pueda ser una buena idea, piense en otras posibilidades. Reviva el arte de escribir cartas como una de las habilidades de comunicación, que le permitiría construir puentes con la gente. El hacer cartas se consideraba un valioso arte en los siglos XVIII y XIX, pero hoy en día está prácticamente perdido. La conversación, otro extraordinario arte de épocas más tranquilas, también que está muriendo, en especial para las personas que comen en exceso, quienes se han aislado durante mucho tiempo. Con frecuencia informan que se sienten como adolescentes en su primera cita cuando tratan de entablar conversación en una fiesta. Hay varias maneras sencillas de superar este problema: Primero, recuerde que el mejor conversador es el que sabe escuchar. Pregúnteles a las personas acerca de ellas mismas, y luego *escuche*. Pensarán que usted es brillante. Segundo, es importante interesarse en una variedad de cosas. Lea los periódicos y vea los noticieros por TV para poder comentar los sucesos del momento; desarrolle un hobby poco común del que pueda contar a otros. Tercero, esté dispuesto a hacer una pocas tareas adicionales. Nuestra amiga, la que sin saberlo bajó diez kilos en un viaje a Europa, tuvo oportunidad de tomar el té con una descendiente de Carlos II. «No había estado allí por mucho tiempo», dijo, «cuando me di cuenta que aquella mujer había memorizado mi itinerario y mis cartas más recientes para poder hablar conmigo sobre mis propios intereses. No pude dejar de preguntarme cuántos anfitriones de esos programas de entrevistas norteamericanos (a quienes se les paga para informarse acerca de sus invitados) hubieran tenido ese tipo de cortesía hacia ellos».

Explorar nuevas posibilidades en la carrera

¿Está preparado para iniciar su carrera, como Bárbara, o dispuesto a tomar alguna nueva responsabilidad o aceptar un ascenso? Puede sentir una maravillosa confianza en sí mismo y en su vida.

Pero puede que usted sea como Ralph, quien descubrió que este paso le resultaba muy difícil. A pesar de la absoluta confianza que habían depositado en él sus jefes, Ralph tenía tan poca en sí mismo, que salía y comía en exceso cada vez que se avecinaba un ascenso. Ahora, en la etapa de mantenimiento de su recuperación, trabaja para crear confianza en sí mismo.

El primer paso de Ralph fue reconocer su temor ante su grupo de apoyo. El segundo llegó esa misma noche, al poder escuchar los comentarios positivos sobre él sin discutirlos. Tal vez no los creía emocionalmente, pero los escuchó en su mente. El tercero fue cuando pudo volver a informar a su grupo: «Todavía tengo temores en mi trabajo, pero puedo aceptar que merezco el empleo. Aunque sigo asustado, hago una gran labor».

Su triunfo más reciente fue aceptar un ascenso que le ofrecían sin lanzarse después a comer en exceso. En su nueva posición evalúa a otros empleados, de manera que ahora está de acuerdo con la valoración de su trabajo por parte de sus superiores, y la responsabilidad de convertirse él mismo en una figura de autoridad.

La mayoría de las personas, no importa lo tranquilas y exitosas que parezcan, se sienten a veces inseguras. Si en el pasado han fracasado por haber permitido que las antiguas dudas saboteen su éxito, comprenda que ahora la situación es diferente porque ya ha elaborado el dolor. Dé el primer paso, manténgase firme, y espere a que los sentimientos de confianza lo alcancen. Recuerde, sólo puede lograr el éxito que usted mismo se permita.

Explore entretenimientos y hobbies

Al explorar las posibilidades para la recreación y los hobbies en la vida nueva y más rica a la cual su recuperación lo conduce, tal vez desee realizar una investigación largamente soñada. ¿Qué ha querido hacer siempre pero se ha visto impedido por su peso u otros temores? Si pudiera ser una figura deportiva, del pasado o de la actualidad, ¿quién sería? Si pudiera tener éxito en cualquier campo de las artes, ¿cuál elegiría? Si en realidad tuviera el tiempo y los fondos ilimitados, ¿qué haría con ellos? ¿A dónde iría?

Lamentablemente no podemos decirle: «Adelante, hágalo». Pero esas respuestas al menos serán claves para descubrir los nuevos intereses que le resulten satisfactorios. Si siempre ha soñado con ser un Maradona, consulte el catálogo deportivo de su localidad para ver si hay algún equipo de fútbol en el que pueda participar, llame a la sede del club local para ver si necesitan jugadores, compre una entrada para asistir a los partidos del club durante toda la temporada, o suscríbase a una revista deportiva o de salud. Si siempre ha soñado con tocar en la Sinfónica de la Provincia, llame a una tienda de música local para averiguar sobre maestros de música particulares o clases para adultos que suelen ofrecer firmas como Yamaha o Suzuki, o haga una lista de sus compositores o sinfonías preferidas, y luego comience a formar su colección de casetes o discos compactos. O explore las posibilidades de su radio local y grabe sus programas favoritos si se dan cuando está en el trabajo, o compre un billete para toda la temporada de conciertos. Las posibilidades son ilimitadas. Permita que su imaginación vuele, pero no se quede ahí: *haga* algo para que al menos una pequeña parte de sus deseos se conviertan en realidad.

¿Dónde ha querido viajar siempre? ¿Australia? ¿El Tibet? ¿Las Islas Canarias? Contacte una agencia de viajes y empiece a reunir material. Vaya a la biblioteca y busque libros sobre viajes. Inicie un fondo con lo ahorrado en comida.

O bien, en lugar de preguntarse «¿Qué es lo que siempre he querido hacer?», plantéese «¿Qué es lo que siempre he temido u odiado hacer a causa de mi peso o por miedo a fracasar?» Ahora que está camino a la recuperación, incluso esas actividades le serán posibles. Tal vez se conviertan en cosas que quiera iniciar voluntariamente, como esquiar o hacer algo diferente si las circunstancias lo exigieran, como volar.

Y, por fin, mire lo que ya hace y pregúntese cómo puede expandir sus antiguos intereses. Si siempre le ha gustado leer, pídale a su bibliotecario que le recomiende un autor o un título nuevo. Participe en un grupo de discusión literaria. Considere la posibilidad de hacer notas bibliográficas para su iglesia o para el periódico del club.

Una noche Bárbara y Ginger estaban sentadas en su grupo de apoyo cuando Ralph contó las nuevas instrucciones que estaba siguiendo para enriquecer su vida. «Una de las mejores cosas de adelgazar es tener esta nueva energía. En eso trabajo ahora, en tratar de encontrar tareas saludables en que emplear mi tiempo. Por supuesto, los ejercicios son la clave para bajar más de peso. Me cuido en lo que como también, pero hago ejercicios para quemar lo ingerido. Jugar al frontón es mi deporte preferido. Es bueno porque se puede practicar todo el año, pero lo ideal sería algún ejercicio aeróbico».

Bárbara estaba confundida. La doctora Sneed había incluido el frontón entre los ejercicios aeróbicos. Levantó la mano. «¿Quieres decir que no se sientan a tomarse el pulso después de jugar al frontón?»

Ralph sonrió. «Exacto. No controlamos el ritmo cardíaco, hay demasiadas interrupciones y reinicios. Debe ser un ejercicio continuo para llamarlo aeróbico. Bueno, seamos sinceros, lo sería si hubiera dos jugadores muy buenos. Pero no se tiene ese lujo cada vez que uno va a jugar. Simplemente juego con cualquiera que esté allí y por lo general no están a mi altura».

Hizo una pausa y bajó la vista. «Perdón si suena presuntuoso; Juego mucho, de manera que tengo bastante habilidad. Pero voy a ser de verdad honesto. Es una lección valiosa en cuanto a la autoestima. Si uno siempre gana o pierde siempre, podría ser un golpe para el ego en cualquiera de los dos casos. Es una línea muy delgada. De manera que lucho para tratar sólo de pasarlo bien, de jugar por la salud, no necesariamente para ganar. Ese es un beneficio de los ejercicios que no aparece en ningún cuadro de consumo calórico.

Áreas especiales en las que deben confiar quienes están en recuperación

En la clínica ayudamos a miles de personas que se recuperan de cualquier adicción conocida, a aprender a confiar de nuevo. En el transcurso hemos descubierto que hay tres áreas de confianza que son únicas para quienes se restablecen de la compulsión a comer:

1. Es necesario comenzar a confiar en que está bien ser sexual después de adelgazar. Muchas personas que hacen dieta se sorprenden al descubrir que de repente la sexualidad forma parte de su vida. Mientras su almohadilla de grasa los protegía de tales consideraciones, le prestaban muy poca atención al asunto. De pronto, detectan que atraen la atención del sexo opuesto y sienten que responden con interés. Esto por lo general es perturbador al comienzo. Si las autoafirmaciones positivas hechas no incluyen la decisión de que «Merezco ser sexual», agréguela ahora, junto con «Puedo confiar en mi cuerpo», y «Puedo aceptar el interés sexual por parte de mi cónyuge». Elija un primer paso para poner en práctica estas determinaciones ¿Tal vez la compra de un camisón nuevo, o un traje de baño?

2. Puede confiar en su nueva imagen física. Hemos hablado acerca del retardo entre el cambio físico y la percepción mental. Pero esa tardanza se compensa luego. Cuando eso ocurra, se verá como un ser nuevo en su espejo. Sus ojos no le juegan una mala pasada. Es su nueva figura. Decida confiar en ella. Dé pasos para disfrutarla. Cómprese un traje o un vestido. Camine con determinación.

3. Ahora puede confiar en los cumplidos. Esta es un área difícil para cualquiera. A los niños se les debería enseñar a decir

gracias sin agachar la cabeza. Una persona puede encontrarse inesperadamente en cualquier área de la vida tratando de evitar un halago con la casi supersticiosa idea de *¿Y si la próxima vez me sale mal?* Esto es en especial duro para quienes comen con compulsión que han pasado años escondiéndose de bromas sarcásticas sobre la gordura y dejando de lado cumplidos merecidos, por la falta de autoestima. Asígnese el ejercicio de aceptar los cumplidos en lugar de minimizarlos, no importa sobre qué cosa lo alaben. Si esto le resulta muy difícil, pruebe hacer un poco de dramatización: diga en voz alta «Ese vestido es bonito». (No responda: «Lo obtuve en una liquidación de ofertas».) Mírese al espejo. Sonría y diga: «Gracias. Me alegro que te guste».

Diga: «Hiciste muy buen trabajo con ese informe». Responda: «Gracias. Aprecio su estímulo». (No diga: «En realidad fue un trabajo de equipo. No merezco esa calificación».)

Amigos que han pasado seis meses en Francia dicen que una de las costumbres a las que más les costó habituarse fue a la respuesta ante los cumplidos. Uno jamás lo acepta en Francia. La respuesta correcta es «No por favor, no, no». Sin embargo, en Norteamérica, esa no es señal de buenos modales humildes, sino de inseguridad y búsqueda de más cumplidos. A menos que proyecte un largo viaje a Europa, aprenda a confiar en los halagos que recibe y diga un simple y directo «Gracias».

Explore una nueva relación con Dios

Este es un buen momento para encontrar un hogar en la iglesia. Ore pidiendo dirección en cuanto a esta importante decisión, pida recomendaciones a amigos de confianza y tome tiempo para visitar diversas iglesias más de una vez, a fin de encontrar la que en realidad satisfaga sus necesidades espirituales. Busque una iglesia que se centre en la Biblia, donde se honre a Jesucristo y donde se sienta cálidamente bienvenido. Luego seleccione un pequeño grupo dentro de ella donde pueda recibir alimento especial: una clase de Escuela Dominical, un grupo de estudio bíblico, la fraternidad de damas, la de hombres o un pequeño grupo de apoyo.

Además ensaye formas de hacer más significativo su tiempo devocional. Por lo general se nos dice que tengamos un *tiempo* especial a lo largo del día para pasarlo con Dios. Pero no escuchamos con la misma frecuencia algo sobre la importancia de tener un *lugar* especial. Y sin embargo, muchos de nuestros pacientes han encontrado en eso la clave para una vida de crecimiento devocional. Uno de ellos nos dijo: «Siempre tuve esa idea romántica de tomar mi Biblia e irme a leerla bajo un sauce, o de sentarme con ella frente a la casa de leña en el invierno. El problema fue que nunca podía llegarme hasta el sauce, y que cuando tenía el fuego encendido, los niños ya estaban de regreso de la escuela. Por fin puse mi Biblia y cuaderno de notas junto al sillón de mi dormitorio, y voy allí cuando los niños se van a las clases. En esto radica toda la diferencia».

Explore nuevo material devocional también: diferentes traducciones de la Biblia, libros de oración, lecturas devocionales diarias, grandes himnos de fe y música cristiana moderna; poesías, y otros escritos de autores modernos y del pasado, como Wesley o C. S. Lewis. Uno de los preferidos, en especial entre los pacientes masculinos, es el libro de Oswald Chambers, *En pos de lo supremo*.

Tal vez le resulte muy interesante encontrar alguna de las obras devocionales escritas sobre todo para pacientes en fase de recuperación. Muchas personas opinan que la serie de Meditaciones de Hazelden les resulta útil.*

A medida que explore todas las posibilidades mientras avanza por este camino de enriquecimiento, tome como modelo y guía a Cristo, que «seguía creciendo en cuerpo y mente, y gozaba del favor de Dios y de los hombres».

---

* Para obtener un catálogo del material devocional de Hazelden, escriba a: *Educational Material*, Pleasant Valley Road, P.O. Box 176, Center City, Minnesota 55012-0176, y pida el *Recovery Resource*, un catálogo de inspiración e información sobre la «Tradición de los doce pasos».

Capítulo

11

Séptimo camino: elegir nuevos guías

Este es el paso que por lo general denominamos «reparentalizar». Es un proceso normal para toda persona, sea que haya dejado el hogar en el curso regular de los acontecimientos, o que lo haga recién ahora emocionalmente. El rol nutritivo que por lo habitual juegan los padres debe ser reemplazado en dos sentidos. Necesita aprender a caminar solo, a nutrirse a sí mismo, y necesita elegir compañeros que lo nutran.

Sea un buen padre para usted mismo

Aunque el proceso de reparentalización es para todos, es más difícil para quien proviene de un hogar disfuncional, porque carece de los modelos necesarios del rol. Si sus padres no le enseñaron cómo ser un buen padre, debe aprender por sí mismo qué hacen los buenos padres y cómo lo hacen. Aquí nos tomamos el tiempo para mencionar sólo cuatro áreas principales en las que necesitará aprender a ser su propio padre.

Los buenos padres crean confianza

Debe crear confianza en sí mismo. Lo ha hecho mediante el uso de las autoafirmaciones positivas. Ha construido su confianza al dar los primeros pasos para ejecutar sus nuevas decisiones. A medida que tenga éxito con su dieta, su confianza crecerá. Pero tenga mucho cuidado de no volver a caer en los viejos roles. En algún momento de la crianza de los propios hijos, todos eventualmente cometemos algunos de los errores que habíamos prometido no hacer como les pasó con nosotros a nuestros padres: «Me había prometido no usar nunca ese tono de voz con mis hijos». «Decidí no insultar así a mis hijos». «Dije que jamás utilizaría esa excusa».

Sobre todo asegúrese de no avergonzarse a sí mismo. Lo último que necesita es vergüenza o crítica, en especial si tiene una recaída en su dieta. La persona que se nutre a sí misma dice: «Esta vez fallé. Pero veo dónde cometí el error. La próxima vez lo haré mejor».

Nunca se diga a sí mismo que es malo o débil. Vea atrás en su diario personal y observe hasta dónde ha llegado. Mire cuánto tiempo ha permanecido con su dieta. Tenga en cuenta todo el trabajo que ha realizado en las relaciones y el progreso en su carrera. Sólo una persona valiente y dedicada pudo haber llegado hasta aquí. Puede lograr la recuperación total.

Los buenos padres disciplinan

Éstos lo hacen en una manera firme y amorosa, que enseña a sus hijos buenos hábitos y cómo discernir entre el bien y el mal. Si ha crecido en una familia donde la disciplina era excesiva y rígida o, si por el contrario, era demasiado tolerante o inexistente, no sabrá cómo disciplinarse a sí mismo. Hemos descubierto que las personas que comen con compulsión son muy estrictas en su autodisciplina.

Cualquiera sea el lado del dilema sobre la disciplina en que se encuentre, busque a otro que esté en el mismo caso y establezcan una responsabilidad mutua. Ese otro podría ser un patrocinador de los Obesos Anónimos, alguien de su grupo de terapia, o cualquier amigo que también esté a dieta. Al comienzo es probable que quiera contactar con esa persona todos los días; al menos por teléfono. Permita que su compañero de dieta sepa cómo va con su empeño, cómo se siente, qué ejercicio tiene programado para ese día, qué piensa comer. Expresarlo verbalmente a otro es una manera de hacer más real el compromiso.

Pero lo que es más importante, permita al otro que lo confronte si es necesario. Si necesita pasar más tiempo haciendo ejercicios, o aumentando la distancia de su caminata diaria, o si permite que se cuelen en su dieta demasiados carbohidratos refinados, su compañero necesita saberlo. No elija a nadie que pueda avergonzarlo o gritarle, lo que es un riesgo muy posible si sus padres lo hicieron con usted, sino alguien que sepa señalarle esas cosas con amor.

Los padres dan amor, calor y seguridad, pero el verdadero amor no es una aceptación estúpida de todo lo que hace la otra persona. El verdadero amor está dispuesto a confrontar con honestidad las cosas cuando es por el bien de la persona amada.

Los buenos padres nutren con alimento y abrigo

Al seguir adelante con su dieta y atender a nuestros consejos de nutrición, aprende a nutrirse con comida sana. El sólo saber que hace el bien para su cuerpo ya es alentador. Felicítese por ser un buen padre en esta área.

Los padres también proveen de techo y ropa. Dé una mirada a su alrededor en la habitación, departamento o casa. ¿Es un *hogar*? ¿Un lugar cálido donde las personas pueden crecer física, emocional y espiritualmente? ¿O se parece más a una habitación de hotel que no refleja nada de la personalidad del dueño? Bárbara se había negado este importante aspecto de nutrición porque trataba de bloquear el dolor que sentía por haber abandonado su sueño de convertirse en una decoradora de interiores. Cuando dio el primer paso para reconstruir esta parte de su vida, usó muchas técnicas aprendidas en su clase de diseño, en su departamento, y descubrió que un ambiente bello y creativo podía nutrirla mejor que las papas fritas.

Revise su guardarropas. Cuanto más se aproxime a su peso ideal, más orgulloso se sentirá de su aspecto y más importante será vestirse de manera que permita ver su nuevo éxito. Busque alguien que le ayude a ver qué colores y estilos son mejores para usted. Haga rehacer sus trajes preferidos. Deshágase de las camisas y corbatas que siempre detestó y regálese algunas nuevas en las tallas que ahora le van bien y en los colores que le gustan.

Ralph dijo que cambiar su guardarropas lo motivó en su programa de recuperación. «Cuando perdí tanto peso que el sólo ajustarme el cinturón no bastaba para sostenerme los pantalones, decidí arreglar toda mi ropa. Como había sido un verdadero "yo-yo", tenía ropa de todos las tallas en mi escaparate. Pero decidí que jamás volvería a usar los grandes. Me deshice de todas esas piezas enormes, de igual forma ningún sastre podría sacar provecho de eso, pero algunos de mis trajes de cuando pesaba sólo siete kilos extra eran realmente lindos. Tengo uno italiano, a rayas azules, que bien merece el sobrepeso que requiere usarlo. De manera que puse todo mi vestuario a la misma medida, mi talla definitiva».

Los buenos padres proveen buenos modelos de roles sexuales

Es probable que no haya otra área de la experiencia y del funcionamiento humano, en la que las personas tengan más culpas falsas y vergüenzas innecesarias que en la sexualidad. Como la verdadera intimidad requiere una completa flexibilidad, éste puede ser un aspecto atemorizante y misterioso para cualquiera, pero mucho más para quien proviene de un hogar disfuncional.

Todos pasamos nuestras dos primeras décadas de vida en una clase intensiva de educación sexual: el matrimonio de nuestros padres. Si hemos aprendido un acercamiento sano y bueno a la sexualidad, a partir de nuestros padres-maestros, desarrollar nuestra propia sexualidad no será tan difícil. Pero si nuestros primeros maestros no fueron adecuados, debemos encontrar modelos sanos para esta área de nuestra vida.

Christine probablemente haya tenido el enfoque más creativo a este problema que cualquier otro a quien hayamos aconsejado. En las etapas iniciales de su recuperación, se dio a sí misma permiso para asumir su sexualidad y tomó la decisión de crear relaciones sanas con los hombres. Pero al tratar de dar un primer paso, descubrió que no tenía la menor idea de cómo hacerlo. No sabía en qué consistía una relación saludable, qué se sentía, ni qué se hacía. De manera que determinó abandonar su clase para solteros de la iglesia, donde no había modelos que pudieran responder a esas preguntas.

Pidió a varias personas que la orientaran en cuanto a la clase más centrada en la familia que hubiera en su iglesia. Luego se acercó a la clase y les dijo: «Quiero observarlos. Crecí sin ningún modelo para un buen matrimonio. Quiero ser parte de esta clase para ver cómo son los buenos matrimonios». La parte difícil de la autonutrición no es extraer las disfunciones; a esta altura de su viaje de recuperación indudablemente ha identificado y enfrentado la mayoría de ellas. El desafío consiste en llenar el vacío con modelos saludables.

En el pasado su peso puede haber actuado como amortiguador contra el tener que tratar los asuntos de la intimidad. Con frecuencia en la terapia de grupo pedimos a dos pacientes que se pongan de pie y les decimos que se imaginen que ambos tienen enormes almohadas de pluma atadas sobre su abdomen. «Ahora acérquense y traten de abrazarse», les ordenamos. Esto siempre implica un momento de risas mientras los dos intentan acomodarse en una posición en la que puedan rodearse mutuamente con los brazos.

Si está casado, por supuesto, querrá lograr una intimidad sexual satisfactoria recíproca con su cónyuge, pero más profunda aún será la intimidad emocional que puede obtener. Uno puede realizar el acto sexual de forma mecánica, pero la verdadera intimidad emocional requiere una completa apertura que viene de la confianza construida por una nutrición sana.

El doctor Hemfelt habló con Bárbara y Tom acerca de cómo lograr esta relación en su matrimonio.

—¿Pueden hablarse con honestidad acerca de sus sentimientos? La intimidad emocional es una avenida de doble vía. Es necesario poder expresar los propios sentimientos y aceptar las expresiones del otro. Procuren el libre intercambio emocional en su relación. —Bárbara asintió, pero miraba al doctor en lugar de Tom.

El doctor continuó:

—La confianza mutua es también un elemento esencial de la intimidad emocional. A veces hacemos que nuestros pacientes hagan una caminata de confianza. Uno de ellos tiene los ojos cerrados y otro lo guía por el hospital, los corredores, arriba y abajo por las escaleras, a los balcones. Bárbara, Tom, quiero que ambos cierren los ojos ahora mismo y se imaginen ser el que tiene los ojos cubiertos en una caminata de confianza con el otro. Piensen en lo que sentirían. ¿Confiarían en que su pareja los guía bien? ¿Qué les resulta más difícil, subir o bajar las escaleras? Bien, casi llegan a la cafetería. Si su guía dice: «Abre la boca», ¿confiaría en que le dará un bocado de algo bueno? Recuerden, es todo por fe; no pueden ver nada en absoluto. Piensen en eso.

Bárbara y Tom abrieron los ojos, parpadeando. Bárbara rió:

—Me encantaron las fresas, Tom, pero olvidaste quitarle el tallo.

—¿No podrías haber encontrado algo más original que una galletita para darme? Estaba horriblemente seca —dijo Tom sonriendo.

Los ojos del doctor Hemfelt chispearon.

—¡Excelente! Veo que captaron el espíritu del asunto. Ahora quiero que cada uno piense en su vida emocional. ¿Pueden ser transparentes y flexibles el uno con el otro y a la vez poner límites? Es un asunto de equilibrio. Necesitan ser abiertos por completo el uno con el otro para expresar y recibir sentimientos, como dijimos antes, pero también deben poder decir, necesito estar un tiempo solo. Tom, si invita a Bárbara a pasear al parque y ella se siente presionada, debe poder decir: «Necesito estar sola un rato».

—Tal vez necesite eso algún día —interrumpió Bárbara—, pero no ahora. No me puedo imaginar queriendo estar *sin* Tom.

—Bueno, eso es algo lindo —repuso el doctor—. Lo que importa no es estar solos; sino la libertad para expresar cómo se sienten en realidad. Ahora, una buena manera de juzgar la intimidad emocional en su matrimonio es por la cantidad de contacto físico que tienen. ¿Todavía se toman de la mano como cuando comenzaban a salir juntos? ¿Se sientan abrazados cuando miran la TV? ¿Se acurrucan en cama en una cálida intimidad que no tiene nada que ver con el acto sexual? Estas son buenas indicaciones de la intimidad emocional.

»Y hay una cosa más que quiero enfatizar. El orar juntos es una de las mejores maneras de lograr intimidad emocional en su matrimonio, y los conducirá al nivel más elevado de todos: la intimidad espiritual.

Permitir que otros lo nutran

Si ya ha dicho adiós a las heridas por haber crecido sin padres nutridores y ha elaborado esa pérdida, ahora está en condiciones de encontrar otras personas que pueden ser amantes figuras paternas para usted. Su padre sustituto deberá llegar a pertenecer al cuadro total de su vida, porque en un sentido, esta persona trabajará en dos planos. Su padre sustituto llenará las lagunas emocionales e intelectuales que le han quedado de la infancia, y al mismo tiempo necesitará darle nutrición actual al sostenerle la mano en el camino de la recuperación. Un patrocinador de los Obesos Anónimos, un sicólogo o su pastor, pueden ser buenos padres sustitutos provisionales, para ayudarlo a transitar este proceso de reparentalización.

Pero también querrá comenzar a crear relaciones afectivas con un círculo más amplio de personas que lo nutrirán. Aquellas que tienden a la codependencia suelen elegir personas a las que pueden cuidar o controlar. Ese tipo de relación unilateral no es lo que buscamos ahora. La relación interdependiente saludable será cálida, cómoda y mutuamente nutridora. De manera que al elegir padres sustitutos, asegúrese de escoger gente genuinamente nutridoras. Tenga cuidado con el antiguo radar codependiente que quiere repetir los viejos patrones. Dígase a sí mismo: *«Puedo hacer una elección sabia».*

Ahora que ha recorrido casi las dos terceras partes del camino en su dieta, es hora de sacar el foco de su vida de la comida y ponerlo de nuevo en las relaciones interpersonales. Para ayudarse a hacerlo, haga otro análisis de las mismas. Pero esta vez haga un análisis actualizado, enfoque no el pasado, sino el presente y lo que espera lograr en el futuro.

Aunque puede ser tentador leer este cuestionario corto y responder mentalmente las preguntas, es importante tomarse un tiempo y hacer el esfuerzo de escribir respuestas completas en su diario personal, expresando lo que en verdad piensa y permitiendo aflorar a la superficie las ideas de su subconsciente. Un pensamiento que se pone por escrito es un compromiso mucho más fuerte.

1. Analice sus amistades. Pregúntese: ¿Tengo buenos amigos? ¿Permito que otras personas me nutran emocionalmente? Si no tengo gente nutridora a mi alrededor, ¿qué puedo hacer para encontrarla?

2. Analice su relación consigo mismo. ¿Cuido físicamente de mí? ¿Soy un buen padre para mí? ¿Me nutro emocional y espiritualmente?

3. Haga un inventario de sus relaciones familiares. Aquí no se trata, como en el original, de su familia de origen, sino de la

familia con la que vive ahora. ¿Cómo son mis relaciones con mi esposo(a), con mi compañero de pensión? ¿Cómo me relaciono con mis hijos?

4. Revise su relación con Dios. ¿Veo a Dios como un Padre celestial amante y solícito? ¿Siento que me acerco a Él? ¿Aprendo a confiar en Dios como mi guía diario?

Una relación es como la cuenta en un banco. Si siempre doy, firmo cheques todo el tiempo, sin ningún ingreso para mi reserva emocional, entonces voy a llegar a la bancarrota emocional. A eso le llamamos desgaste, depresión o hambre de amor. Uno debe trabajar para construir relaciones nutridoras que mantendrán la solvencia de la cuenta del banco emocional.

Descubrir la capacidad para nutrir a otros

Cuando Polly logró por fin recuperarse de sus múltiples adicciones, ella y su esposo se dedicaron de todo corazón a llevar a cabo sus planes de iniciar una familia. Tendrían dos, tal vez tres niños. Como el dinero no era un problema, comenzaron de inmediato a decorar el cuarto de los niños y a reunir lo mejor en cuanto a juguetes didácticos. Pero Polly no quedaba embarazada. Se sometieron a estudios genéticos. A cirugía en las trompas de falopio. Fueron a otro estado para realizar una fertilización *in vitro*. Gastaron miles de dólares, y Polly soportó algunos procedimientos médicos extremadamente dolorosos, en un desesperado intento por tener los niños con que soñaban. Pero nada funcionó.

De manera que adoptaron una criatura. Irónicamente, como ocurre con tanta frecuencia, Polly quedó entonces embarazada. Y diez meses después del nacimiento de ese niño, volvió a quedar embarazada. De repente, Polly se encontró con que era madre de tres niños de menos de cinco años. Era la realización de sus sueños, salvo por una cosa: Polly no sabía cómo ser madre. Hija de un padre alcohólico y de una madre fría y distante, Polly nunca había recibido nutrición, y no sabía cómo nutrir a sus propios hijos. Ahora asiste todas las semanas a un sicólogo infantil, participa de una clase para padres y tiene una niñera quien la ayuda a aprender a alimentar emocionalmente a sus hijos.

Ser nutrido es una de las necesidades humanas básicas. A su vez, el deseo de nutrir a otros es igualmente básico. La preocupación por los gatos y los perros que manifiestan las parejas sin hijos es un ejemplo de ello. Una vez que ha llegado a ser un buen padre para sí mismo y ha encontrado a otros que lo nutran en ese sentido, el paso siguiente es dar lo recibido. Conviértase en un buen amigo nutridor para otros. Y recuerde aplicar los principios saludables aprendidos: sea tolerante y ayude, pero no avergüence ni sea crítico en exceso; no se ignore a sí mismo, y tampoco a los demás.

Cuando aconsejamos a parejas *de ascendencia económica* que han decidido no tener hijos, nuestra respuesta es: «Bien, si han considerado honestamente su vida desde todos los ángulos, es una determinación válida. Pero ahora deben decidir para quién van a ser padres en lugar de serlo para sus hijos». La gente que no tiene hijos necesita alguien a quien cuidar: los niños de otras personas, ancianos, enfermos. Explore los grupos de voluntarios en su comunidad o en su iglesia, que pueden necesitar ayuda, como los Exploradores o las Guías, etc.

Si ya tiene niños propios, es el momento de revitalizar su estilo de padre. Tal vez no haya sido abusivo, pero si se recupera de alguna compulsión hay cambios en el hecho de haber estado tanto tiempo atrapado en sus propios problemas, que ahora necesita dar a sus hijos más atención.

Y siempre recuerde que corre el riesgo de repetir los abusos de sus padres con usted mismo y con sus hijos. Hoy en día se generaliza el reconocimiento de que los abusadores de sus hijos fueron también hijos de padres abusadores. Pero el problema no tiene por qué ser tan grave. ¿Fue criado por un padre excesivamente crítico? Su tendencia será convertirse en auto-perfeccionista y luego criticar demasiado a sus propios hijos. *Hay* que romper el círculo. Puede salirse del mismo ahora con decisiones y acciones nuevas y conscientes sobre cómo será padre para usted mismo y luego para otros.

Confiar en Dios como su padre definitivo

Dios, que nos creó, nos conoce mejor que nosotros mismos y en consecuencia puede hacer una mejor tarea en cuanto a nutrirnos que cualquier otro, si nos abrimos ante Él. Por el momento, transitar el camino de la recuperación puede ser muy atemorizante, en especial cuando comprendemos haber dejado en realidad

204 *Hambre de amor*

el hogar y que debemos convertirnos en nuestros propios padres. Pero no tenemos por qué andar solos por este camino.

Bárbara había transitado un largo camino con la actitud de: «Supongo que hay algo como un Dios por ahí en algún lugar. Pero no necesito sus reglas interfiriendo en mi vida» de años anteriores. Ahora se daba cuenta que la ira y la rebelión proyectada en Dios era en realidad por tener un padre alcohólico y por los hombres que habían abusado de ella y la abandonaron. Ahora comprendía que el legalismo encontrado en la universidad era el fruto de reglas humanas distorsionadas, no de la personalidad de un Padre amante y sabio que la había creado y quería guiarla con su amor.

Y había comenzado a pasar un tiempo tranquilo todos los días con su libro devocional preferido; le gustaba la forma en que estaba todo escrito en primera persona, como si Dios le hablara directamente a ella, y cuando dijo algo acerca de «ambos», lo aplicó a ella y Tom. Había asistido desde hacía un tiempo a la iglesia, y el último domingo Tom la había acompañado. Ya que podía palpar el progreso desde tantas direcciones, ¿por qué sentía un vacío allí? ¿Por qué se sentía tan cansada de luchar?

Dejó a un lado su diario personal y tomó la Biblia. Había estado estudiando el libro de Mateo e iba por el capítulo 11 versículo 28, «Vengan a mí todos ustedes los que están cansados de sus trabajos y cargas, y yo los haré descansar». Eso era lo que quería, descanso de las antiguas heridas, descanso de la lucha de hacerlo todo por sí misma, descanso de su miedo al futuro. Y ahora, al pensar en ello, vio el escalón que le faltaba. Todo su crecimiento espiritual había sido intelectual. Sabía que el amante Padre había sacrificado a su Hijo para proveer vida abundante, pero ella en realidad no lo había experimentado, no era algo que hubiera vivido con el corazón. Hacía todo lo que se le decía, pero no había entregado ninguna carga a Dios. Era como en la universidad: tratar de cumplir las reglas con su propio esfuerzo. Necesitaba que Dios llevara la carga en su lugar. Necesitaba que fuera su Padre definitivo. «Sí, Señor, aquí vengo, necesito tu amor y tu ayuda. Necesito que seas el Padre que nunca tuve».

Bárbara no sabía cuánto tiempo había pasado allí, sintiéndose acompañada y en paz. Pero cuando se levantó fue con una nueva seguridad. El futuro era seguro porque tenía un Padre celestial que la guiaría.

Capítulo

12

Octavo camino: participe de una sociedad de caminantes

Los niños de un hogar extremadamente disfuncional por lo general son sacados de allí por el Estado y puestos en un hogar adoptivo donde puedan recibir la nutrición que necesitan. En nuestro camino anterior apuntamos a la reparentalización: aprender a ser el propio padre y encontrar una o dos personas especiales que puedan hacer de padres sustitutos. Ahora está en condiciones de formar una familia ampliada. Nos gusta pensar en esto como integrar una sociedad de caminantes de las que existen en Inglaterra, cuyos miembros caminan juntos por los senderos a fin de mantenerlos despejados para otros.

Ser responsables

Al comienzo de la lucha de Ralph para recuperarse de sus muchas adicciones descubrió que sin la ayuda de sus compañeros de caminata el camino de la salud no estaría abierto para él. Como atacaba sus adicciones de una manera que parecía amenazar su vida, Ralph se integró primero a Alcohólicos

Anónimos para que lo ayudaran a enfrentar su dependencia a las drogas y al alcohol. En cuanto descubrió la naturaleza codependiente de su problema y sus raíces en el alcoholismo de su padre, ingresó a los Hijos Adultos de Alcohólicos (HAA). Ha estado libre de las drogas y el alcohol desde hace tres años, pero aún asiste a esos grupos y ha aceptado una posición de servicio en la sucursal local de los AA.

Además de las clases de nutrición que son parte de su programa dietético, Ralph viene a nuestro consultorio y a las sesiones de terapia colectiva, al grupo al que habló en el primer capítulo. Pocas personas se comprometen con tanta intensidad a su recuperación y, felizmente, la mayoría de las personas no requieren un apoyo tan grande como el que necesita alguien con las múltiples adicciones de Ralph.

Pero es optimista en cuanto a los resultados. «Me lancé de lleno a mi nueva familia ampliada. Nunca había tenido una y la había buscado toda mi vida. No la encontré entre los compañeros de la Marina; ni en la banda de motociclistas; ni en mi desequilibrado matrimonio. Pero en estos grupos de autoayuda encontré un compañerismo de veras alentador donde fui aceptado tal cual era. Nadie jamás me condenó por algo que hubiera hecho o dicho. Siempre entendían. Y cuando pedí ayuda, incluso corrección, la tuve.

»Les dije que quería ser responsable. Les expliqué con exactitud cómo planeaba controlar mi peso. Dije: "Voy a venir todas las semanas; trataré de informarles siempre. Si no lo hago, quiero que me pregunten cómo ando y que me confronten si me ven retroceder al viejo patrón".

»Si siento que me salgo de mi dieta, necesito poder contar con ustedes y decirles: "No quiero que me avergüencen, ni me juzguen, ni me condenen, pero tengo que poder decirles lo que ocurre con mi programa de alimentación. Sé que no pueden obligarme a cumplirlo, pero pueden hacerme responsable de ello. Quiero venir todas las semanas y contarles cómo anda mi vida".

»¿Y qué puedo decirles? Lo hice, y ellos también, y funcionó». Luego hizo una pausa y se sonrojó a la vez que esbozaba una tímida sonrisa. «Y conocí a Sally en los Obesos Anónimos. Ya saben, nunca antes había podido acercarme realmente a una persona. Cada vez que salía con alguna mujer, de inmediato tenía que comenzar a salir con dos más por lo menos para protegerme contra la intimidad emocional. Pero con Sally es distinto. Es la única que necesito».

Al elegir un grupo de apoyo, recomendamos una agenda variada, como lo haría su consejero en inversiones. Primero necesitará un grupo de apoyo específico en cuanto a la comida. Éste con probabilidad tenga un control semanal de peso, y puede que hablen mucho sobre el peso y la nutrición. Será un equipo sobre todo educativo y posiblemente se ajuste a una dieta prescrita. Luego aconsejamos un grupo que se ocupe sólo del apoyo emocional. El grupo de terapia general, uno pequeño en su iglesia, y otro en Obesos Anónimos (OA) o de Hijos Adultos de Alcohólicos (HAA) pueden cumplir esta función. Cualquiera de ellos se centrará en la dinámica espiritual y emocional. Luego, cuando se sienta libre para expandirse, puede querer participar de un grupo puramente recreativo, como un club para realizar algún hobby. Uno que enfoque su atención en la actividad física, como un club de ejercicios aeróbicos o uno de golf que cumplirá dos funciones: proveer apoyo social y ayuda en el programa de ejercicios.

Ralph quería que su grupo de apoyo lo hiciera responsable. Lo hicieron, y funcionó. Pero la responsabilidad final no consiste en serlo ante un grupo sino ante uno mismo. En un grupo de apoyo nadie lo confrontará ni lo interrogará a menos que haya dado permiso expreso para que lo hagan. Sin embargo, sí le aportarán modelos de roles de sinceridad y honestidad. Reunión tras reunión, oirá a las personas hablar con franqueza acerca de dónde funcionan sus programas de comida y dónde fallan. Eventualmente este modelo prenderá en usted, y querrá expresarlo a sus amigos y deseará ser responsable ante compañeros que pueden ser honestos sin condenar.

Estar dispuesto a comprometerse

Betty Jo era una madre de tres hijos, inteligente y ocupada, que progresaba en su programa de recuperación, pero no podíamos convencerla de participar en un grupo de apoyo. Cada vez que sacábamos a relucir el tema, mostraba con su agenda en verdad saturada: trabajo a tiempo completo, una clase de cuatro horas y una familia que consumía el resto disponible. La primavera pasada terminó su curso de estudios, una hija se casó y un hijo se mudó a otro estado para trabajar. Cuando envió al hijo menor a un campamento de verano, le dijimos: «Bien, Mary Jo. Ahora no tiene ninguna excusa válida. Intégrese a un grupo de autoayuda».

Nos miró unos segundos. «Tienen razón. No tengo ninguna. Pero, ¿saben?, nunca me he dado permiso para participar de un grupo de apoyo. Supongo que nunca me lo he dado para recuperarme del todo». Betty Jo tuvo que sacar su mapa de ruta bien gastado y volver sobre algunos de los puntos antes de poder darse permiso para comprometerse con un grupo de apoyo.

Escuchamos todas las excusas posibles: consume demasiado tiempo; es muy problemático; es muy lejos; estoy muy cansada cuando salgo del trabajo; es muy caro; tendría que conseguir una niñera; es aburrido...

Ginger estuvo así durante varios años. «Asistía a un grupo de apoyo específico para la dieta. Se interesaba en lo que uno puede hacer para cuidar de sí mismo en situaciones difíciles para la dieta, cómo emplear las vacaciones, cosas así. Era muy educativo, pero no recibía ayuda para los asuntos familiares. Estaba muy bien para esa función, pero una persona necesita algo más también.

»Sin mi grupo de terapia hubiera seguido en el de dieta para toda la vida, estrictamente la prescrita por ellos, demasiado temerosa de probar torta de chocolate, ni una vez por año, porque eso implicaría violar el programa, y estaría asustada de la posibilidad de descontrolarme... Y si perdiera el control ¡quién sabe qué podría ocurrir! Nunca hubiera podido ajustarme a un programa de mantenimiento. Bajaba mis diez kilos y me sentía tan emocionada que por eso salía y lo echaba todo a perder.

»De modo que por fin le permití a mi terapeuta convencerme de asistir a una reunión de autoayuda. Descubrí que era muy, muy útil. Hubo ocasiones en que escuchaba a esa gente hablar y pensaba *Esto es aburrido. ¿Qué hago aquí?* Pero más adelante en la semana aplicaba algo de lo escuchado en la reunión y me daba cuenta de que funcionaba. En esas reuniones uno adquiere herramientas para enfrentar situaciones, y en realidad funcionan».

Ser parte del grupo

La llamada de Bárbara a Tom había tenido mucho más éxito del que soñaba. Sí, todavía la tenía en cuenta. Estaba dispuesto a volver a probar. Y aunque, con cierta resistencia, participaba de las consultas en el Minirth-Meier. Ahora su vida estaba de verdad encarrilada. ¡Podría lograr cualquier cosa! Hasta que Tom efectivamente se mudó de nuevo a casa.

Cuando pasó el primer impacto emotivo, Tom alabó su nuevo aspecto, admiró los cambios en la decoración, quiso su viejo sillón de vuelta en su acostumbrado rincón. Además volvió a su antiguo patrón de adicción al trabajo, y Bárbara se encontró sola en el departamento mientras Tom laboraba. No entendió lo que le sucedía hasta que se dirigió hacia la puerta con la idea de ir a comprar papas fritas.

La puerta del dormitorio no estaba con llave para su eventual protección, como sucedía en su infancia. Tom estaba ocupado tranquilamente con un archivo de papeles, no emborrachándose con una botella de whisky. Pero sus sentimientos de temor, aislamiento y abandono eran iguales a los que experimentaba de niña. Y su reacción emocional de volverse hacia la comida para nutrirse era la misma.

Pero su reacción intelectual no era similar, porque esta vez había transitado los caminos de la recuperación. Comprendió lo que pasaba. Y supo que necesitaba más ayuda. A la mañana siguiente buscó en la guía telefónica el número y se puso en contacto con los HAA. Aquella gente recorría su mismo camino y podía ayudarla a seguir adelante.

Incluso una persona con una relación familiar muy amorosa necesitará la compañía de caminantes que hayan transitado por los mismos caminos que ella. Con mucha frecuencia un miembro de la pareja que quiere ser de ayuda, pero no comprende, ofrecerá ya sea negación o condenación a quien hace dieta y quiere compartir su problema. Con la idea equivocada de que si se niega algo se irá, por lo general dicen: «No, no te preocupes. ¡Vas muy bien!» O, en un intento de hacer al otro volver al camino por medio de la vergüenza, puede que digan: «Más vale que te esfuerces. ¡No querrás echarlo todo a perder otra vez!»

Incluso si un matrimonio amoroso suple sus otras necesidades emocionales, en esta etapa de su recuperación necesitará un grupo de compañeros que no niegue su dolor ni lo juzgue duramente. Las personas de su familia inmediata están por un lado demasiado cerca de su problema por vivir con usted, y por otro, muy lejos porque no han experimentado la misma adicción.

Bárbara nos informó de su casi inexpresable alivio cuando entró a la sala de reunión de los HAA. «Todos los que estaban allí han pasado por lo mismo que yo. Toda la vergüenza y la culpa, la sensación de ser un tipo raro, se fueron de inmediato», nos dijo. Muchos hijos adultos de familias disfuncionales dicen que después de sufrir durante años bajo la carga de su «aislamiento terminal», de repente se hallaron en una sala con otras veinte personas que podían decir «Yo también» a cada una de sus experiencias.

Ser amado

Casi cualquier grupo de autoayuda, y con seguridad todos los incluidos en los doce pasos como los AA, HAA, OA, trabajan con los mismos principios organizacionales: no hay membresía formal, nada de cuotas, ni dietas prescritas. Los asistentes no dan su nombre completo. Cuando algunos pacientes oyen esto, en especial aquellos acostumbrados a ideas más rígidas, preguntan: «¿Cómo puede funcionar algo tan libre?»

Funciona, porque el amor incondicional funciona. El legalismo no lo hace. Médicos de años de experiencia en el campo de la recuperación dicen con frecuencia algo como: «Cuando uno resume todo lo que ocurre en el proceso de recuperación, el principio fundamental es que las personas pueden volver a la salud emocional por medio del amor». Para que eso suceda, el paciente debe estar rodeado de personas amables.

Bárbara, que había asistido fielmente a las sesiones de terapia de grupo en la clínica, se sintió sorprendida por la atmósfera informal en la reunión de HAA a la cual fue. Y más todavía cuando encontró a Ginger allí.

—No sabía que tenías un padre alcohólico, —dijo, al sentarse en una silla al lado de su amiga.

—No lo tuve —repuso Ginger—. Mi padre tenía accesos de ira, pero viene a ser lo mismo. Podía enfurecerse sin haber bebido. La adrenalina es una droga mucho más fuerte que el mismo alcohol.

—Tal vez mi situación fue más fácil entonces, —dijo Bárbara con una amarga sonrisa—. Al menos estaba advertida. Le llevaba un tiempo a papá entrar en una de sus furias por la bebida, de manera que podía escaparme por la ventana antes de que se pusiera demasiado terrible.

La reunión dio comienzo, por eso Bárbara bajó la voz hasta un susurro.

—Pero, ¿funcionan estas reuniones?

Ginger asintió.

—Funcionan, y muy bien. Lo primero que te enseñan es que eres una persona perfectamente digna de amor, con un problema en la comida, no con alguna rareza. Lo siguiente que aprendes es que si no puedes hacer algo solo, lo puedes en conjunto. Lo más difícil que jamás tuve que hacer fue venir a este grupo y admitir haberlo echado todo a perder. Pero entonces descubrí que los demás también lo habían hecho. Eso me ayudó a enfrentar la culpa y la vergüenza. Todos dicen: «Está bien, hemos fracasado, pero esto es lo que vamos a hacer, y lo haremos juntos». No te puedo decir cuántas veces eso me ha salvado del retroceso total.

Luego volvieron su atención al frente. Uno del grupo presentaba a su padre alcohólico recuperado. «Hoy es el cumpleaños de papá. Celebra cuatro años de sobriedad, por eso le pedí que viniera a la reunión junto con su padrino de los AA, para que pudiéramos festejar juntos».

La melodía del «Cumpleaños feliz» y entusiastas aplausos dieron la bienvenida a la visita de cabello canoso quien contó un poco acerca de su recuperación por medio de los AA y luego presentó a su propio invitado, un hombre de barba de unos treinta años. «Él es Gordon, mi padrino en los AA. Y quiero contarles que me salvó la vida. Me enseñó lo que es una familia. ¿Pueden creer que yo tenía cuarenta y nueve años y era padre de tres hijos, y no sabía cómo debía funcionar una familia? Gordon me lo enseñó. Ha sido una fuente de apoyo, nutrición y disciplina para mí. Me mostró lo que es el amor incondicional».

Gordon se puso de pie, y ambos se abrazaron.

El amor incondicional es la cualidad que decimos a nuestros pacientes que busquen primero, cuando eligen un padrino. El amor incondicional ama aun cuando la persona amada necesite ser disciplinada, ser desafiada o necesite que se le diga: «No».

Elija un padrino que no sea demasiado duro ni demasiado complaciente. Uno que diga: «Haz un alto y piensa en esto. ¿En realidad quieres comerte esa golosina? Y si es así, ¿estás dispuesto a trotar una hora extra esta noche para quemar las calorías?»

A muchos grupos de autoayuda se los conoce por el programa de los Doce Pasos, porque enfatizan seguirlos hacia la recuperación, formulados primero por los Alcohólicos Anónimos en 1939. Si vive en un pueblo pequeño o una zona rural donde no hay asociaciones de autoayuda específicas para personas que comen con compulsión, recomendamos que asista a la reunión abierta del grupo de AA más próximo a su hogar y aplique las técnicas de control a la adicción del alcohol a su problema con la comida.

Aunque hay numerosas organizaciones de los doce pasos, las que se centran más en las áreas que serán de ayuda a los que comen demasiado son: OA (Obesos Anónimos), Al-Anon (para esposos(as), amigos y compañeros de trabajo de alcohólicos), HAA (Hijos Adultos de Alcohólicos). Un grupo nuevo, más específico surgido a partir de los Al-Anon, y que nuestros pacientes de cualquier tipo de familia disfuncional encuentran de mucha ayuda es EA (Emotivos Anónimos), y CODA (Codependientes Anónimos). También hay programas de doce pasos con un énfasis cristiano como el *Overcomers Outreach* [Fraternidad de vencedores] (2290 W. Whittier Blvd., Suite D, La Habra, CA 90631), y *Overcomers: Victory over Addiction Through Christ* [Vencedores: Victoria sobre la adicción por medio de Cristo] (Overcomers Center, 4905 N. 96 St., Omaha, NE 68134).

Si escoge un programa de doce pasos, no los confunda con nuestros diez caminos; los doce pasos pueden integrarse con nuestros diez caminos. Pero aquellos no sustituyen por completo a los últimos, que son más amplios.

Su iglesia y los pequeños grupos dentro de la misma pueden proveer excelentes fuentes de apoyo tanto emocional como espiritual. Muchas iglesias ahora ofrecen programas de autoayuda para una diversidad de necesidades, y algunas tienen encuentros para hacer ejercicios de los que podrá disfrutar. Mire alrededor en su comunidad para ver lo que brindan otras aparte de la suya, porque el encontrar ayuda de grupo en otra iglesia, en muchos casos no implica cambio de membresía y puede extender su red de apoyo.

Como la familia es el grupo principal, y hemos visto la importancia de reparentalizar, tal vez necesite que otra lo «adopte», para hacerlo participar de salidas al campo, almuerzos conmemorativos, cumpleaños y otras actividades menos formales. Muchas iglesias y clubes tienen programas organizados para que las familias «adopten» estudiantes universitarios de otras provincias, solteros y ancianos, y también puede surgir algún arreglo de esta naturaleza en forma espontánea, si usted acepta esa posibilidad. En definitiva, las relaciones con su familia ampliada debieran ser su más rica fuente de apoyo. Elimine cada síntoma de codependencia que pueda surgir, e inste con cariño a los miembros de su familia que pudieran necesitarlo, a que integren grupos como CODA o HAA.

Por último, una vez que ha encontrado apoyo a través de ese tipo de grupos, está en condiciones de ayudar a otros. De esta forma podrá consolidar mucho de lo aprendido al enseñarlo a otros, y ayudar a su propia recuperación al dejar de enfocar su vida en sí mismo para ocuparse de otros.

Éxitos del apoyo

Bárbara nos informó de su entusiasmo luego de su primera reunión de HAA, y luego se reclinó en su silla con una mirada perpleja. «Así es que pasé una noche fantástica, y sin embargo aún me pregunto cómo es posible: quiero decir, tengo un trabajo nuevo que es un verdadero compromiso, y Tom y yo tratamos de salir adelante juntos, pero hay sólo veinticuatro horas en el día. Incluso si decido que vale la pena, ¿cómo puedo estar segura de haber elegido el grupo correcto cuando hay tantos otros?»

El dilema de Bárbara es típico de muchos de nuestros pacientes. Tal vez usted también se haga las mismas preguntas. Hemos compilado una lista de doce funciones que un buen grupo de apoyo debe cumplir. Comprender lo que debe hacer un grupo puede contribuir a que comprenda la importancia de hacer un lugar para ello en su ocupada vida y lo proveerá de una lista de control para que evalúe cualquiera que quizás

considere. Tal vez no hay ninguno que cumpla los doce propó-
sitos y es por eso que recomendamos buscar un conjunto de por
lo menos tres agrupaciones para tener apoyo en asuntos específicos de comida, emocional y enriquecimiento recreativo.

1. Los grupos de apoyo proveen un antídoto contra la vergüenza, al ofrecer amor incondicional. Bárbara ya había experimentado la función más importante de ellos cuando perdió
su sentimiento de «aislamiento terminal».

2. La comunión de un grupo de apoyo rompe el aislamiento.
Esto es importante porque la persona atrapada en una adicción
se ha aislado, ya sea físicamente, al evitar la compañía, o en lo
emocional por sentirse sola en medio de una multitud. La
conciencia de la necesidad de salir de su enclaustramiento
cuando Tom volvió a su trabajo fue lo que llevó a Bárbara a la
reunión. Allí, el encontrar a Ginger y a otros que compartían
sus experiencias, rompió con su soledad.

3. Un grupo de autoapoyo estimula de manera continua.
Alfred Adler, uno de los fundadores de la siquiatría moderna,
rompió con Sigmund Freud por este tema del estímulo. Adler
sostenía que la mayoría de las personas no están verdaderamente enfermas; sólo están desalentadas. Alfred Adler vio el estímulo como la clave de la sicoterapia.

4. Un grupo de apoyo provee de una verdadera familia
sustituta. El relato del alcohólico recuperado y su padrino,
Gordon, fue sólo una de las historias de familias que Bárbara
escuchó esa noche. Como resultado, comenzó a pensar en
Ginger en el rol de la hermana que nunca tuvo.

5. Un grupo de apoyo inculca responsabilidad. Como advirtió Ginger a Bárbara, el tener que hacer frente a las consecuencias y decirle a toda una sala llena de gente que uno ha fallado,
es increíblemente duro. Pero la ayuda para la recuperación que
viene después hace que valga la pena.

6. Los grupos de apoyo y camaradería proveen una iglesia
en el más amplio sentido, al cumplir con la definición de Cristo
de que «donde dos o tres se reúnen en mi nombre, allí estoy yo
en medio de ellos» (Mateo 18.20). A veces el éxito de esa
dinámica de grupo desconcierta incluso a los terapeutas, quienes
dicen: «No sabemos por qué funciona un grupo, pero lo hace».

7. Los grupos de apoyo dan ayuda práctica e información.
Aunque la gente que asiste a los Obesos Anónimos es encaminada

en un plan personal de comidas, la organización no prescribe una dieta fija. En cada reunión se escucha a otros dar testimonio de lo que ha funcionado bien con ellos y consejos sobre cómo controlar una ansiedad repentina a las tres de la madrugada.

8. Los grupos de apoyo proveen una visión representativa de las situaciones. Incluso alguien que elige sentarse al fondo y no participar activamente en una reunión se verá afectado por los sentimientos y las experiencias de los demás. Esto está en perfecto acuerdo con Romanos 12.15, que nos insta a «alegrarnos con los que están alegres y llorar con los que lloran». Al transitar el proceso del dolor con otro podemos llorar por nuestras propias pérdidas. O, al conocer las alegrías de otros, nos sentimos impulsados a contar las nuestras.

9. Los grupos de autoayuda brindan nuevos ritos positivos. Mucho del comer es ritualista. El hecho de que Bárbara se volviera a las papas fritas cada vez que su padre bebía comenzó como una necesidad de nutrición, pero pronto se convirtió en un ritual. Comía cuando su padre bebía, fuese por sentir o no necesidad en ese momento. Esos viejos hábitos que lo llevan a uno a comer con compulsión son negativos. Asistir a las reuniones y participar en las actividades de grupo también puede ser un ritual. Pero éstos son positivos puesto que enseñan pasos sanadores y reemplazan a los viejos hábitos negativos.

10. Los grupos de autoayuda recuerdan continuamente que la comida no lo es todo. Una persona que lucha sola para dominar la comida y la dieta puede quedar agobiada. Las reuniones de grupo la obligan a mirar más allá de los alimentos de manera constante. Aunque los encuentros de OA brindan consejos específicos y útiles en cuanto a la dieta, uno por lo general escucha mucho más acerca de las emociones y las relaciones, que son el corazón del asunto. Cuando Bárbara estuvo en casa y en cama esa noche después de la reunión, fue que cayó en la cuenta de no haber escuchado nada en absoluto acerca de comer, sin embargo la compulsión que la llevó a asistir a la reunión se había disipado por completo.

11. Las relaciones de apoyo proveen un foro continuo para la elaboración del dolor, la cual, como vimos en el cuarto camino, es el meollo del proceso de curación. Como la vida es un constante proceso de cambios, y muchos de ellos son desagradables, cierto grado normal de elaboración del dolor es

LOS DOCE PASOS

Adaptado para personas que comen en exceso compulsivamente

Primer paso

Admitimos que éramos impotentes en cuanto a nuestra compulsión a comer, que nuestras vidas se habían tornado incontrolables.

Segundo paso

Hemos comprendido que un poder superior a nosotros mismos puede devolvernos la salud.

Tercer paso

Hemos tomado la decisión de poner nuestra voluntad y nuestra vida a disposición de Dios, tal como lo percibimos.

Cuarto paso

Hemos hecho una aguda y audaz introspección moral de nosotros mismos.

Quinto paso

Admitimos ante Dios, ante nosotros mismos y ante otros seres humanos, la verdadera naturaleza de nuestros errores.

Sexto paso

Estuvimos totalmente dispuestos a que Dios nos libre de todos esos defectos de carácter.

Séptimo paso

Humildemente le hemos pedido que nos quite nuestros defectos.

Octavo paso

Hicimos una lista de todas las personas a las que hemos ofendido y estuvimos dispuestos a enmendar.

Noveno paso

Hicimos enmiendas directas con tales personas siempre que fue posible, excepto cuando el hacerlo significaría herirlas a ellas o a otros.

Décimo paso

Hemos continuado haciendo una introspección personal y, cuando estuvimos equivocados, lo hemos admitido inmediatamente.

Onceavo paso

Hemos buscado por medio de la oración y la meditación mejorar nuestra relación consciente con Dios, orando sólo para conocer su voluntad para nosotros y tener el poder para cumplirla.

Doceavo paso

Al experimentar un despertar espiritual como resultado de estos pasos, hemos intentado transmitir este mensaje a otras personas que comen en exceso, y de practicar estos principios en todos nuestros asuntos.

algo que no podemos dejar por completo atrás si somos plena y saludablemente humanos. Escuchar cómo otros expresan su dolor desata nuestro propio proceso y prosigue la curación, tal como la muerte de una mascota o la pérdida de un amigo, requieren nuevo tratamiento del dolor.

12. Los grupos de apoyo nos recuerdan poner a la gente en lugar de la comida. El hambre de amor trata de reemplazar a las personas por alimentos. A lo largo de todo nuestro viaje hacia la recuperación hemos trabajado para desarrollar nuevos hábitos a fin de revertir el viejo orden. Si uno está solo, aburrido, deprimido, situaciones que en días anteriores con seguridad hubieran llevado a comer en exceso, y se es miembro de un grupo, fácilmente se puede encontrar alguien con quien hablar o hacer algo, en lugar de volver a la comida.

Nuestro amigo, que hace poco regresó de caminar un mes por los senderos en Inglaterra dijo: «Fue una de las experiencias más hermosas de mi vida, pero jamás hubiera podido realizarla solo. Incluso el bulto más liviano puede volverse terriblemente pesado si no hay alguien que lo releve a uno de vez en cuando. Y aunque preparé con cuidado mi equipaje, olvidé algunas cosas que tuve que pedir prestadas. No importa cuán bello sea el paisaje, cuánto disfrute uno de las flores silvestres y las ovejas recién nacidas, a veces uno se cansa *tanto* que hace falta tener alguien al lado que lo haga reír. Y además está el asunto de interpretar los mapas. Yo no tengo sentido de orientación. Si nuestro grupo no hubiera contado con un buen guía, todavía estaría deambulando por ahí, demasiado perdido hasta para pedir indicaciones».

Había otra persona con quien Bárbara quería compartir su caminata. Tom había aceptado con pocas ganas ver a los médicos de la clínica «porque quizás puedan ayudarla», pero había reconocido que no tenía intenciones de cambiar cosas en su propia conducta. Sin embargo, a pesar de la reticencia de su esposo, Bárbara entró al consultorio muy esperanzada. Como los médicos la habían ayudado tanto, seguro que podrían enderezar a Tom también, y entonces todo estaría perfecto. Pero las primeras sesiones parecieron revivir antiguas disputas más que encaminarse hacia la total recuperación.

—¡Si supiera al menos lo duro que trabajo! —Tom pronunció esto en forma mecánica, pero controlada. Si pudieras sacar tu dieta de la mente lo suficiente como para pensar en mi trabajo...

—¡Ahí vamos otra vez! —le devolvió Bárbara— *Tú* trabajo, *tú* empleo. ¿Alguna vez has pensado que si pasaras un poco más de tiempo conmigo no sería tan difícil la dieta?

—Bueno, mira, si vas a echarme la culpa...

—Un momento, —interrumpió el doctor Hemfelt—. Veo que ambos tienen preocupaciones. Pero intentemos darle otro curso a la conversación. En lugar de acusarse mutuamente, hablemos de lo que cada cual puede hacer para contribuir a la relación, para poder ir en la misma dirección.

Hubo silencio en el consultorio por unos momentos. Por fin Bárbara suspiró.

—Está bien. Veo que no debería concentrarme en tratar de arreglar a Tom. Debo intentar arreglarme yo misma. Y sé que mi recuperación no depende de lo que haga Tom. —Se volvió hacia él—. Esa reunión de ventas a la cual quieres que asista el jueves... Voy a ir al encuentro del mediodía de los HAA, para poder acompañarte por la noche.

Los hombros cuadrados de Tom se aflojaron.

—Está bien. Eso es fantástico. En cuanto a mi partido de golf del sábado por la tarde con los médicos... pienso que podría comenzar a darte lecciones los sábados por la mañana. Cuando sepas lo suficiente puedes venir con nosotros... Es decir, cuando los médicos traigan a sus esposas.

Bárbara y Tom intercambiaron sonrisas cautelosas.

Capítulo

13

Noveno camino: mantenga la victoria

Usted se ha mantenido en la huella. Ha experimentado la cumbre. Ha visto el panorama desde allí. Pero la mayoría de los alpinistas le dirá que el regreso es la parte más peligrosa del viaje. Ahora está en condiciones de volver a la normalidad. Eso no significa regresar a los viejos tiempos, pues sería rodar abajo por la pendiente. Significa retornar lenta y seguramente a la vida normal que siempre pensó que podría tener. Bárbara expresó esa meta para todos los que hacen dieta cuando dijo: «Es un verdadero sueño pensar en la posibilidad de llegar al peso adecuado con el que me sienta bien y quedarme allí. No puedo imaginar cómo será».

Recicle sus pasos

¿Alguna vez ha jugado a «Pasar el paquete» en un cumpleaños? Uno se sienta en círculo y pasa un paquete envuelto en papel de regalo alrededor del mismo mientras suena una música. Cuando ésta se detiene, la persona con el paquete debe quitar el envoltorio para encontrar un premio y un castigo, como por ejemplo ponerse de pie en el centro del círculo y cantar una canción tonta. Luego de haber cumplido, el jugador puede recibir el premio, un bonito lápiz, por ejemplo. Entonces se reinicia la música y el paquete sigue dando vueltas hasta que aquella se detiene, y alguien quita el siguiente envoltorio.

Algunas veces sentirá como que juega a «pasar el paquete» cuando sigue la vía del mantenimiento, porque habrá muchas ocasiones en que sentirá la necesidad de quitar otra capa de su conducta obsesivo-compulsiva, y descubrirá que debe volver y reciclar los pasos ya dados.

Tal vez esté cerca del final de su dieta (ya tiene bajo control su peso) y de repente, ahora que el asunto del peso ya no es lo más importante, piensa un poco más en la familia en que creció, y se da cuenta de que *Caramba, necesito volver y reandar los caminos tres y cuatro. Quiero decir adiós a mamá y papá, y elaborar un poco más de dolor.* La clave para dar lugar a la curación y para seguir adelante con la sanidad es el dolor. A medida que afloren asuntos viejos no resueltos, necesitará procesarlos para llegar al perdón y a la resolución y deberá enfrentar de nuevo el dolor. Deje salir sus temores y frustraciones diarias; no permita que se amontonen. La necesidad de reciclar los pasos de la elaboración del dolor puede surgir por algo tan minúsculo como un embotellamiento de tráfico en la autopista, o como por algo tan grande como la muerte de un familiar.

El octavo camino, el de participar de un grupo de apoyo, es otro punto que probablemente requiera atención especial; tal vez descubra que debe forzarse un poco para mantener relaciones saludables. Durante el período de mayor dolor, los pacientes buscan el compañerismo, pero la satisfacción que acompaña al éxito tiende a hacernos aflojar. Si de repente se siente inclinado un poco a relajarse, si ve que su asistencia a las reuniones del grupo de apoyo disminuye, oblíguese un poco. Para no perder de vista esta parte importante de su vida, haga un nuevo análisis de sus relaciones cada cierto tiempo.

Comprenda que esta necesidad repetida de quitar las capas, no es un retroceso ni un fracaso. Una vez que haya llevado a cabo el castigo, podrá quedarse con el premio que está en el paquete.

Comprométase con el mantenimiento diario

A veces las primeras etapas de la recuperación son las más fáciles. Aunque el camino por delante es largo, está toda la emoción de prepararse para un viaje, que puede ser alentadora;

y habrá un continuo apoyo de parte del terapeuta, del padrino y otros guías. Pero siempre se sufre una decepción al final de un viaje, y puede instalarse una sensación de pánico cuando de repente nos encontramos preparados para volver al mundo real.

El grado de intensidad con que uno necesita trabajar en el mantenimiento diario varía con la personalidad de cada paciente y la severidad de la adicción. Pero todas las personas que se recuperan necesitan incorporar en su rutina cotidiana estos siete puntos de control, tanto como el personal de mantenimiento de aviación debe cumplir con todos los puntos de su lista de control de aviones, previo a cada vuelo:

1. Tómese tiempo para la oración y la lectura devocional diarias. Asegúrese de poner en manos de Dios el asunto de la comida para ese día y mencione de manera explícita sus preocupaciones como un almuerzo o una fiesta a los que tiene intenciones de asistir. Cuando Bárbara conversó con nosotros sobre este tema, le dijimos: «Ahora que entra en la etapa del mantenimiento, haga oraciones sencillas, como un niño que habla con su amante padre. Tendrá sobrado tiempo para preocuparse por los asuntos teológicos cuando esté completamente recuperada».

2. Mantenga el contacto con una persona de apoyo fuera de su familia, a la cual pueda llamar diariamente si lo requiere. No una que quiera arreglarlo como si usted estuviera roto, sino alguien con quien pueda tener comunión por unos minutos: hablar del tiempo o de la suerte de su equipo favorito de fútbol, si no siente necesidad de discutir algún asunto de comida.

3. Asegúrese de que su agenda diaria o semanal incluya un tiempo de compañerismo, como un grupo de autoayuda o un estudio bíblico colectivo.

4. Asegúrese de que su programa diario incluya actividad física.

5. Si en realidad lucha, haga un análisis cada día de sus relaciones. Cada noche mire al día transcurrido y pregúntese: ¿He tenido buenas relaciones? ¿Hay alguien a quien le expresé mis pensamientos y sentimientos? ¿He hecho algo por ayudar a otros?

6. Tenga un plan diario estructurado (a menos que sea en exceso obsesivo-compulsivo y deba aflojar en esto), en especial si lucha con la depresión o tiene un tipo de trabajo variable que requiere de su propia dirección, como es el caso de los trabajos

domésticos o cualquier otro sin relación de dependencia. Controle su día. Asegúrese de que la vida no es algo que le ocurre por accidente.

Bárbara descubrió que le resultaba fácil organizar su tiempo en las primeras horas del día. Estaba entusiasmada por terminar su trabajo para la escuela, de modo que se despertaba con la alarma del reloj y de inmediato se duchaba, con la mente llena de diseños interesantes para las paredes o bocetos de adornos que podría presentar al profesor. El problema empezaba a las 6 de la tarde, cuando regresaba a casa una hora antes que Tom. Su primer impulso, al que por lo general seguía, era quitarse el calzado y arrojarse en el sofá. El siguiente, contra el que tenía que luchar, era precipitarse al refrigerador. Para cuando Tom llegara, cansado y hambriento, Bárbara sabía que debía tener preparada alguna cena nutritiva; pero a esa hora estaba demasiado hambrienta para cocinar o había sucumbido al deseo de comer un bocado y en consecuencia no tenía apetito y no podía soportar la idea de cocinar.

Discutió este problema con Sharon Sneed. La doctora le recomendó planificar un bocadillo que comería justo antes de volver a casa o al llegar. «Algo caliente será satisfactorio y tranquilizador después de un día duro. Pruebe una taza de sopa de pollo, o té con leche descremada. Luego agregue algo pesado, como un trozo de pan o una galleta de harina integral. Si eso no es suficiente, podría incluir una porción reducida de yogur descremado».

Como la vuelta a casa después de la escuela siempre resultaba atormentadora para los nervios, Bárbara decidió hacerse una taza de té fuerte en la cocina de la escuela. Cuando Tom llegó a casa esa noche, el aroma de la pechuga de pollo al horno con salsa de frambuesa (ver recetario), hizo que su ceño fruncido se convirtiera en una sonrisa. «¿Qué ha pasado? ¿Faltaste a la escuela?»

Bárbara agitó la cuchara de madera mientras decía: «No, terminé el diseño de la vidriera y escribí un ensayo sobre restauración de muebles. Luego tomé una taza de té y un par de galletas, y aquí estoy».

Todo el día había sido sumamente bueno para Bárbara, pero cuando Tom se ofreció a preparar la mesa, la sorpresa fue casi demasiado para ella.

7. Asegúrese de tener un plan de comida para el día. Si hace una dieta estructurada, revísela. Si no, haga su propia y cuidadosa selección. Siempre comentamos con nuestros pacientes acerca de esta selección.

Elija sabiamente su comida

Su cuerpo, lo mismo que su mente, ha transitado por un proceso educativo al recorrer estos caminos hacia la recuperación. Los animales nacen con instintos dados por Dios para saber qué es bueno para ellos. Uno no ve animales gordos en la naturaleza; sólo los alimentados por el hombre con comidas altas en grasas o en azúcar deberán ser sometidos a dieta. Muchos nutricionistas creen que lo mismo pasaría con los seres humanos si no ofreciéramos a nuestros niños comidas con mucho azúcar y sal desde la infancia, y la sociedad no insistiera de continuo con el mensaje de «¡Come! ¡Come! ¡Come!», varias horas diarias, por televisión. Aun cuando sus instintos naturales de salud hayan sido corrompidos por años de alimentarse inadecuadamente, la sabiduría con que su cuerpo ha nacido está todavía allí.

Ahora que su vida y sus apetitos están de nuevo en equilibrio, puede ponerse en contacto con los verdaderos mensajes enviados por su cuerpo. Puede confiar en él para saber si en realidad tiene hambre. Aprenda a comer *sólo* cuando tiene hambre. No importa lo que diga el reloj. Ni lo que haga el resto de su familia. Una madre de cuatro niños que practica esto nos dijo: «Claro, debo alimentar a mi familia puntualmente, e incluso cocinar aunque yo no tenga hambre. Pero lo hago porque entiendo la importancia de nutrirlos bien. Y me siento a la mesa con ellos, y hablamos acerca de lo que hicimos en el día. Pero si no tengo apetito, por lo general eso ocurre, tomo unos pocos bocados de carne o verduras y una taza de té con leche descremada. Ahora que he aprendido a comer sólo si tengo hambre, creo que me sentiría enferma al obligarme a hacerlo porque mi esposo o mis hijos sí desean comer».

Algunos nutricionistas que creen en la teoría de «la naturaleza incorruptible» en cuanto a la comida, afirman que si a los niños se los dejara por completo libres para elegir lo que quieren comer, luego de un tiempo seleccionarían dietas perfectamente balanceadas para sí mismos. Ya sea cierto o no (y es casi imposible probarlo científicamente), es verdad que una vez que uno pone bajo control las comidas desencadenantes, el cuerpo avisa si quiere una manzana roja jugosa o una tostada crocante de pan de harina integral. Poco a poco podrá establecer estas líneas de comunicación. Primero hace falta tiempo y tranquilidad para pensar. Las personas obligadas a tomar decisiones apresuradas en restaurantes repletos, con el mozo de pie a su lado, por lo general harán elecciones inadecuadas.

Cuando sienta verdadero hambre, piense en lo escogido para ese día de los grupos básicos de comida. ¿Qué falta en su dieta? ¿Necesita otra fruta o una verdura? ¿Su porción de alimentos proteínicos fue menor que lo acostumbrado? Piense en las comidas sanas con las que ya ha provisto su despensa, e imagínese comiendo algo de eso. ¿Qué lo haría sentirse de verdad satisfecho?

Por supuesto, no siempre se puede hacer una elección de comida sobre esta base. Hay que hacer las compras por adelantado, preparar platos con antelación, y aun así todo su plan puede venirse abajo por tener que comer en la casa de algún amigo.

Entrene su paladar para sentir la satisfacción de los ingredientes con mucho sabor, en lugar de mucha grasa. Aprenda a disfrutar de su pescado con salsa de malta inglesa al vinagre, en lugar de estofarlo en salsa tártara. Aumente el sabor de su sandwich de pavo con mostaza Dijon en lugar de untarlo con mayonesa. O descubra qué bien sabe una papa horneada con yogur natural descremado, y nunca volverá a tentarse de agregarle crema agria. Hay una teoría de que comemos por el sabor, y que cuando este anhelo se ve satisfecho, también lo estará nuestro apetito. Como la grasa es lo menos sabroso de los grupos de alimentos, no es de sorprender que deba comerlos en exceso para sentirse lleno.

Coma lentamente

Tómese el tiempo necesario para sentir satisfacción con su comida. Hágalo despacio, lo cual es una de las mejores técnicas para reducir el consumo de comida y mantener el peso perdido. La doctora Sneed dice: «Los europeos piensan que somos en realidad torpes, por la forma en que nos atragantamos en veinte minutos. En Europa se toman tiempo para disfrutar de sus comidas, incluso cuando significa cerrar la tienda o la biblioteca por una hora al mediodía, o dejar la oficina más temprano por la noche. Después de la comida, que puede ser algo muy sencillo, con servilletas de lino y un florero sobre la mesa, con frecuencia disfrutan de una taza de café o dan un paseo con un amigo antes de volver, renovados, a su trabajo. Me temo que nos merecemos las úlceras que nos hemos provocado».

Una de nuestras pacientes descubrió que el masticar lento era una clave tan importante para su programa de mantenimiento, que arregló con su jefe para tomarse una hora y media para el almuerzo, y reponer el tiempo al no hacer las pausas de la mañana y de la tarde para el café, que de todos modos no necesitaba. Al amanecer ponía su comida en recipientes de plástico, pero llevaba también un plato de loza floreado y cubiertos de plata. «Si dedico el doble de tiempo a la misma cantidad de comida, me siento doblemente satisfecha», dijo riendo. «No lo sé, tendrán que descubrir el porqué. Nunca he sido buena para las matemáticas».

Muchos de nuestros consejos en relación a comer despacio vienen de Amy Vanderbilt y de la señora Manners, no de algún libro de dietas, y trabajan bien para la salud lo mismo que para la buena educación:

Tienda la mesa en forma estéticamente agradable.
Disfrute de una música relajante como fondo a la hora de comer.
Sírvase porciones pequeñas.
Tome bocados pequeños.
Deje descansar el tenedor entre bocado y bocado.
Mastique por completo cada bocado.
Nunca hable con la boca llena.
Límpiese la boca con su servilleta antes de beber un trago.
Tome tiempo para charlar agradablemente con todos en la mesa.
Evite las controversias en la mesa.

Recuerde que a la mente le lleva veintiún minutos recibir el mensaje de «no tengo hambre» después que el alimento ha llegado al estómago. Para poder determinar si ha ingerido lo suficiente o no, pruebe la práctica europea de comer la ensalada después del plato principal, o termine con una fruta y queso.

A medida que desarrolla el hábito de comer despacio, tal vez quiera emplear técnicas como por ejemplo usar la mano izquierda, o palillos chinos, que lo obligarán a hacerlo más lento o preparar un plato de ensalada de modo que las porciones reducidas parezcan grandes. Después de algunas semanas se habrá establecido su nuevo hábito, y esos trucos artificiales serán innecesarios.

Manténgase activo

Las dos caras de la moneda del mantenimiento son: reducir la comida e incrementar el resto de su vida. El estar físicamente activo puede ser tan importante como lo es su dieta para el mantenimiento de su peso. Además de los ejercicios específicos incorporados a su agenda diaria, hágase el hábito de ser más activo físicamente en todo sentido. Trepe las escaleras en lugar de utilizar el ascensor para llegar a la oficina. Elija un espacio en el fondo del área de estacionamiento del centro comercial. Muévase rápido en todo lo que haga para aumentar su nivel de actividad.

Se ha comprometido con un cambio de estilo de vida en este viaje a la total recuperación. Moverse más y más rápido, disfrutar más son elementos esenciales en este estilo de vida. Y recuerde, ¡el comer no cuenta como actividad física!

Aprenda a relajarse

Pero trabajamos con una moneda de muchas caras, porque la otra del ejercicio es la relajación. Ahora deberá aprender nuevas técnicas para relajarse, en especial si antes usaba el azúcar como sedante y la comida en general como tranquilizante.

En nuestro libro *Worry-Free Living* [Vivir libre de preocupaciones] (Minirth, Meier, Hawkins. Thomas Nelson, Nashville, TN, 1989) discutimos diversas técnicas para tratar con la tensión y las ansiedades. Algunas de ellas son sobre todo útiles para personas que se recuperan de comer en exceso.

1. *Relajación progresiva*. Acuéstese de espaldas en un lugar cómodo: una cama, el sofá o el piso. Cierre los ojos. Inhale profundamente. Libere despacio el aire. Repita el ciclo tres veces más. Ahora tense los músculos de las piernas. Sostenga.

Relájese. Tense los músculos de la cadera y el abdomen. Sostenga. Relájese. Continúe hacia arriba hasta relajar los músculos de la cara y el cuero cabelludo.

Ahora, cuente hacia atrás desde cinco, visualícese relajándose más y más a fondo. Algunos de nuestros pacientes se imaginan flotando hacia arriba en un colchón de nubes; otros prefieren verse hundiéndose en una gruesa cama de plumas. De cualquier manera, dígase: *Cinco, me relajo más y más en cada parte de mi cuerpo. Cuatro. Me hundo más y más en total relajación. Me siento ta-a-a-n bien.* Continúe hasta el *Uno. Estoy totalmente relajado.*

Este sería un momento excelente para pasar sus cintas grabadas con autoafirmaciones positivas, pues su mente es muy receptiva en el estado relajado. O tal vez prefiera permitir aflorar a su subconsciente, si busca una solución creativa a algún problema en el trabajo. O quizás desee sencillamente soñar un poco. Incluso cuando sólo tenga tiempo para una breve siesta, se despertará descansado porque se ha relajado a fondo.

2. *Ponga límites a las preocupaciones.* Si es usted una persona que «se preocupa mucho», tal vez lo esté todo el día en cómo mantener el peso logrado y de no salirse del camino de la recuperación. Si eso ocurre, trátelo de una manera similar a como lo hizo con los pensamientos negativos en el proceso de las autoafirmaciones positivas. Dése un período de diez minutos una o dos veces por día en que pueda sentarse y hacer un buen trabajo con la preocupación. Cuando surjan durante el día anótelas y resérvelas para su sesión de preocupaciones, y dígase como Scarlett O'Hara: «Pensaré en ello mañana».

Los empresarios a veces desarrollan un «guión para lo peor» y otro «para lo mejor» cuando consideran un nuevo negocio. Trate de imaginar lo peor que pueda pasar, luego lo mejor. Es probable que la realidad esté en el centro. Luego, en el momento de preocuparse, trate de usar el tiempo en forma creativa. No le dé vueltas y vueltas a las condicionales de tipo «y si...»; tome la ofensiva y trate de pensar en formas de controlar la situación si ocurriera lo peor. Escribir un Plan B en su diario personal liberará su mente de esa inquietud.

3. *Haga alguna otra cosa.* Los sicólogos le llaman a esto conducta competitiva, pero en realidad es lo que hacían nuestras

Sólo por hoy

(Tengo una opción)

1. SÓLO POR HOY trataré de vivir este día sin enfrentar de una vez todo el problema de mi vida. Puedo hacer algo en este momento que me aterraría si supiera que tengo que seguir haciéndolo el resto de la vida.

2. SÓLO POR HOY trataré de estar contento, sabiendo que mi felicidad no depende de lo que otros digan, ni de lo que ocurra a mi alrededor. La felicidad es el resultado de estar en paz conmigo mismo.

3. SÓLO POR HOY intentaré ajustarme a lo que es la realidad, y no forzar todo para adaptarlo a mis deseos. Aceptaré mi familia, mis amigos, mi trabajo, mis circunstancias, como son.

4. SÓLO POR HOY cuidaré mi salud física; voy a ejercitar mi mente; voy a leer algo espiritual.

5. SÓLO POR HOY voy a hacer un favor a alguien sin que nadie lo sepa, y si se entera, no importa. Haré al menos una cosa que no quiero hacer, y voy a realizar algún pequeño acto de amor por mi vecino.

6. SÓLO POR HOY trataré de salir de donde estoy y ser amable con alguien que encuentre; voy a ser agradable, a tener el mejor aspecto que pueda, a vestirme en forma apropiada, a hablar suave, a actuar cortésmente,

a no hacer ninguna crítica, a no culpar a nadie y a no tratar de mejorar o controlar a nadie que no sea a mí mismo.

7. SÓLO POR HOY voy a tener un programa. Tal vez no lo siga exactamente, pero lo voy a tener. Me voy a librar de dos plagas, el apuro y la indecisión.

8. SÓLO POR HOY dejaré de decir: «Si tuviera tiempo». Nunca voy a «encontrar tiempo» para nada. Si quiero tiempo, debo buscarlo.

9. SÓLO POR HOY voy a pasar un tiempo tranquilo de meditación en el que pensaré en Dios, en mí mismo y en mi prójimo. Me voy a relajar y buscar la verdad.

10. SÓLO POR HOY no voy a tener miedo. Particularmente no temeré ser feliz, disfrutar lo que es bueno, lo que es bello y lo que es amable en la vida.

11. SÓLO POR HOY me aceptaré a mí mismo y cumpliré con lo mejor de mis posibilidades.

12. SÓLO POR HOY elijo creer que puedo vivir de esa forma.

¡LA ELECCIÓN ES MÍA!

madres cuando nos decían «Vete a hacer alguna otra cosa». A veces indicamos a los pacientes obsesionados por preocupaciones repetitivas, que en su diario personal anoten lo que hacen cuando comienza la ansiedad, y describan todos los síntomas del ataque. El hacerlo puede contribuir con una visión distinta y también proveer de una conducta competitiva, el acto de escribir les da otra cosa para hacer. Salir a dar una vuelta o una sesión de ejercicios aeróbicos puede provocar el mismo efecto si nuestra agenda lo permite.

Practique el mantenimiento emocional

Emotivos Anónimos —uno de los grupos de autoayuda que siguen los doce pasos— que hemos recomendado como grupo de apoyo a nuestros pacientes, tiene un credo el cual enfatiza la importancia de vivir un día por vez, estar contentos y estables por ese día. Con el permiso de la Agrupación Internacional de Emotivos Anónimos, compartimos estas sugerencias diarias con usted y le sugerimos las lea cada mañana durante dos semanas, y luego las mantenga a mano para recordarlas siempre que necesite refrescar la memoria.

Manténgase en contacto con Dios

En muchos grupos de autoayuda se habla de un programa de mantenimiento diario. Muchas personas admiten todos los días que son impotentes ante la comida y ponen ese problema en manos de Cristo. Algunos en nuestro programa de recuperación pueden necesitar volver al primer camino cada día y decir: «Reconozco que soy adicto a la comida. No la puedo controlar por mí mismo. La pongo en manos de Cristo».

El onceavo de los doce pasos es en particular apropiado para la etapa de mantenimiento de su jornada: «Hemos buscado por medio de la oración y la meditación en las Escrituras mejorar nuestro contacto consciente con Cristo, al orar sólo para conocer su voluntad y tener el poder de cumplirla». Este fue el caso de Ralph.

Él ha crecido espiritualmente al usar el programa de los doce pasos. «Trabajar con los doce pasos fue mi primera introducción al concepto de vida espiritual. Poco después de comenzar mi recuperación me entregué personalmente a Cristo. Ahora oro todas las mañanas. Cuando decidí recuperarme de la compulsión a comer, oré por mi tendencia a hacerlo en exceso. Luego aprendí a ampliarla y llevar mi vida espiritual más lejos. Ahora la llevo al trabajo. Oré para ser honesto en el trabajo, para superar la sensación de ser un farsante. Hace poco he orado por otros también, por gente del trabajo necesitados de ayuda. Es emocionante sentir que uno está creciendo».

Cuando les decimos a algunos pacientes que necesitan un programa de mantenimiento diario, dicen: «Un momento. Si tengo que hacer esto todos los días, significa que no estoy sano y que Cristo no me ha quitado el problema». Uno debe comprender que Dios sana de diferentes maneras. Hay raros casos de intervención milagrosa en que una persona es tocada por Dios y una adicción como la comida o las drogas sencillamente parece evaporarse. Sin embargo, con mucha más frecuencia Dios sana por medio de un lento proceso educativo. Nos permite transitar los pasos de la sanidad. Cuando pacientes como Ralph suben y bajan y se desilusionan porque no han experimentado una cura espontánea, les decimos: «Bueno, tal vez le ha tocado la mejor cura. Dios le ha permitido abrirse paso por las etapas de la sanidad. Ahora la comprende y se entiende a usted mismo, y puede utilizar este conocimiento para ayudar a otros».

CAPÍTULO
14

Décimo camino: enfrentar la recaída

La emoción sentida por Bárbara cuando la balanza bajó a 62 kilos le duró dos días. Había esperado que durara el resto de la vida. Pero esa misma noche discutió con Tom, nada muy serio, pero lo suficiente como para opacar su alegría. Al día siguiente no le fue tan bien como había esperado en el exámen final en su curso de diseño. La tercera mañana se despertó con un atemorizante deseo de comer. No un simple deseo de un saludable desayuno y de salir después a su trabajo, sino un ansia de comer, comer y comer, hasta que las presiones de su nueva vida desaparecieran, al menos por un tiempo.

Con el mismo tipo de pánico ciego con que un nadador que se ahoga trataría de alcanzar un salvavidas, Bárbara llamó al doctor Hemfelt.

—Quiero comer. Realmente *comer*. Estoy asustada, no sé qué hacer.

—Ahora, Bárbara, quiero que se siente allí mismo donde está y respire hondo. ¿Tiene una silla al lado del teléfono? —El solo escuchar la voz serena y profunda del doctor Hemfelt la tranquilizó.

—Sí, estoy bien. —Bárbara se sentó, hizo como se le indicó. Después de respirar profundo varias veces, se sintió un poco mareada, pero algo más calmada.

—¿Ha desayunado ya, Bárbara?

—No, había planeado desayunar avena con jugo de naranja y café antes de salir a buscar un trabajo.

—Eso está perfecto. Coma lo que tenía planeado; luego venga a verme. He cancelado un turno, de modo que puedo verla a las diez.

Dos horas más tarde Bárbara se sentó en la silla verde del doctor Hemfelt.

—Enfrentar las recaídas es parte de su programa de recuperación, Bárbara. Implica en realidad luchar contra el miedo. Todo el mundo siempre tiene que hacerlo en algún nivel: miedo a grandes cosas como la muerte o la enfermedad; miedo a pequeñas cosas como quemar el asado o conocer gente nueva; miedo de uno mismo, de otros. El primer paso para alejar el pánico es saber que es normal. Sólo saber que es posible una recaída, es su primera línea de defensa contra ella.

»Al trabajar en sus sendas hacia la recuperación hemos desactivado la mayoría de las minas que podrían haberla arrojado a un gran atracón en los días pasados, pero el temor es una emoción humana normal. No queremos eliminarla, sólo enseñarle cómo enfrentarla. Para poder hacerle frente a la recaída, necesita saber qué la puede producir, conocer las señales de advertencia y dominar los diez pasos reparadores».

Sepa lo que puede producir una recaída

Mensajes avergonzantes por parte de otros

Algunas veces los pacientes tienen personas en el sistema de apoyo que los rodea, que no ayudan tanto ni son tan sanos como debieran ser. Aunque Tom había comenzado a ver a un terapeuta, estaba lejos de haberse recuperado de su adicción compulsiva al trabajo, y en consecuencia proyectaba muchos de sus problemas en Bárbara antes de que ella estuviera lo suficientemente firme como para poder tratarlos.

Jared es otro ejemplo de esto. Una noche en la reunión de su grupo de apoyo expresó algunas dificultades que tenía para perdonar a sus padres y hermano mayor quienes lo humillaron de niño. Había pasado la etapa de la ira en su elaboración del y superado la tristeza. Dijo a su grupo que todavía no en condiciones de tomar la decisión de aceptar lo ocurrido en su pasado y perdonar a los responsables. Pero sabía que eso era lo siguiente y estaba ansioso por poder lograrlo. Pidió las oraciones y el apoyo de ellos mientras trabajaba en eso.

Después de la reunión dos jóvenes nuevos se acercaron a él en la sala. «Te escuchamos. Quiero decir realmente que de veras *te escuchamos*. Hemos conversado y hemos tenido el mismo tipo de infancia horrible. Mi padre me humillaba siempre. Nunca me sentí bueno en algo. Jamás hubo algo que estuviera suficientemente bien».

El otro continuó. «Así es. Sólo que en mi caso eran mi hermana y mi madre. ¿Y sabes qué? No creemos que *tengas* que perdonar a esa gente. Te trataron como basura y arruinaron tu vida. ¿Por qué perdonarlos?»

Por fortuna Jared estaba lo suficientemente firme como para hacer caso omiso de ese mensaje negativo luego de conversarlo con nosotros. Pero podría haberle provocado un serio retroceso.

Toda dieta, todo programa de recuperación, como toda otra cosa en la vida, tiene sus mesetas y sus valles. A veces una persona de veras lucha con una dieta, o sufre por antiguas o recientes penas, pasa por uno de esos períodos de dolor en que extraña la comida como un tranquilizante o un amortiguador. Siente que, *quisiera hacer esto, pero ahora no me resulta atractivo en absoluto.* Y justo en ese momento de sensatez la pareja o un amigo cercano puede pasar por allí y decir: «Tómate un descanso, te lo mereces. Ya has bajado mucho de peso. Vive un poco».

Los Johnson vinieron a nosotros para una evaluación. Ed bebía mucho, pero no estaban seguros que fuera en realidad alcohólico, y no estaban dispuestos a encarar el programa de los Alcohólicos Anónimos, a menos que tuvieran la seguridad de que era necesario. Indicamos que, como parte de la evaluación, Ed debía tratar de pasar dos semanas sin beber un trago. Luego debía volver e informarnos.

Al cabo de dos semanas, un abatido matrimonio se sentó frente a nosotros.

—¿Y bien? ¿Cómo anduvo? —preguntamos.

Alice fue quien respondió.

—Bueno, doctor, Ed estuvo diez días sin tomar un trago, tal como le indicaron. Ni una gota. Pero no pude soportar al verlo sufrir. Era demasiado para él, de modo que le traje una botella.

La culpa autoimpuesta puede causar una recaída

Con frecuencia los mensajes son menos evidentes que los recibidos por Jared y Ed Johnson. Muchas veces hasta son imaginados por el paciente. ¿Recuerda cuando Ginger se negó a ver a su amigo de Nueva Zelandia porque había comido en exceso y se imaginaba que él pensaría que se veía gorda? «Fui grosera con él por teléfono», recordaba. «Y todo lo que dijo con ese tono suyo maravillosamente correcto fue: "Bueno, sé buena con el perro". Por supuesto resultó que él nunca había pensado en mi peso y con seguridad nunca hubiera notado las porciones extra de pollo que me comí. Pero estaba tan avergonzada por haber perdido el control que me sentía como un globo desinflado».

Además los mensajes ni siquiera necesitan estar relacionados con la comida. Bárbara se imaginaba que la gente se reiría a sus espaldas porque no había obtenido un Excelente en su examen. Volvieron a invadirla los mensajes negativos recibidos en su infancia: «Los dibujos de Bárbara parecen de jardín de infantes». «Nunca será artista». «Bárbara no podrá lograrlo. ¿Por qué sigue *intentando*?» El hecho de que en medio del fervor de estudiar para sus exámenes finales no se tomara tiempo para escuchar su cinta grabada de autoafirmaciones positivas durante dos semanas, había contribuido a preparar el camino para esta oleada de mensajes negativos.

Pensar en forma perfeccionista puede causar una recaída

El mayor peligro en esta etapa no es el daño cometido a la dieta por dos o tres porciones de pollo, ni siquiera de una torta de chocolate. El verdadero peligro es arrojar al bebé junto con el agua de la bañera. Este es un peligro sobre todo para los que piensan en forma perfeccionista, o en blanco y negro, quienes se dirán a sí mismos: *Bueno, lo arruiné todo. Si no puedo hacerlo bien, es mejor que deje de intentar, que siga adelante y me coma los dos kilos de helado. Ya sabía que nunca podría adelgazar.*

Cuando esa vergüenza y esa culpa entran en acción de nuevo, uno está otra vez en el ciclo de adicción. En lugar de que la vergüenza nos ayude a volver al programa, nos baja la autoestima y vuelve a traer el hambre de amor, impulsándonos hacia abajo, a un nuevo atracón.

Desafiamos a todos nuestros pacientes a comprometerse con su dieta y a encarar un compromiso de por vida con el mantenimiento de su peso. Pero también les advertimos que no se conviertan excesivamente perfeccionistas. Esto implica en verdad aprender a caminar sobre una cuerda de equilibrio. Por un lado, hace falta aferrarse al programa de mantenimiento para siempre. Por el otro, es necesario comprender que no es inacostumbrado ni terrible pasarse en ocasiones de los límites. Aprenda a tener equilibrio entre los peligros de una recaída y los del perfeccionismo.

Conozca las señales de advertencia de una recaída

Antes de que Bárbara abandonara el consultorio del doctor Hemfelt, éste también le había sugerido que le podía ser de utilidad llamar a Ralph, a quien conociera en la terapia de grupo de la clínica. «Ralph es un "experto" en recaídas», había dicho el doctor. «Las ha experimentado muchas, muchas veces, y ahora hace un buen trabajo para evitarlas. Él le puede dar algunos consejos de primera mano si los necesita».

Durante varios días su visita al médico la ayudó a seguir adelante, pero el martes siguiente Bárbara se despertó preocupada por no haber tenido noticias de su solicitud de trabajo todavía, y sintió un deseo compulsivo de aliviar su preocupación con unos panqueques. Llamó a Ralph.

Ralph rió cuando oyó lo que el doctor había dicho de él.

—¿Así que me llamó "experto" en recaídas? Así es. Pero algo que me ha ayudado a dominarlas esta vez es saber cómo reconocer las señales de advertencia.

—¿Como tener antojo de panqueques, quieres decir? —Ralph volvió a reír.

—Bueno, esa es una, pero lo mejor es interceptar la recaída antes de llegar a las ansias de comer. Esa es la última trinchera, y es mucho más difícil ganar la batalla en ese punto. Una causa importante de recaídas es volver a la negación. Si me despierto una mañana diciéndome «En realidad no pesaba tanto», sé que debo volver y enfrentar la verdad y salir de la negación, o voy a terminar «pesando tanto» otra vez. Escucha con atención los mensajes que te das. Si escuchas: «No soy en verdad compulsiva» o «Mis relaciones no eran tan problemáticas», estás a punto de volver a la negación y eso puede desencadenar una gran recaída.

—¡Ah! —La voz de Bárbara reflejó la luz que se había hecho en su mente—. Ahora veo. He estado tan centrada en este asunto del trabajo, que me decía: «Si consigo el empleo, todo estará bien», cuando en realidad, el trabajo sería fantástico, pero en el fondo no tiene nada que ver con mi conducta compulsiva. Gracias Ralph.

—Me alegro de poder ayudarte. Llama cuando quieras. Y suerte con tu trabajo.

Ahora Bárbara se sintió muy satisfecha con un tazón de *fibra uno* junto con un durazno fresco, que comió antes de llamar al jefe de personal para averiguar acerca de su solicitud. Más tarde repasó las otras señales de advertencia a las que el doctor le había dicho que estuviera atenta.

1. ¿Tiene conciencia de estar amontonando ira y cocinando lentamente un resentimiento? Si de repente se da cuenta que se siente molesto o enojado día tras día, y ni siquiera sabe con qué o con quién lo está, tenga cuidado. Hay algo ahí en el centro de sus emociones que no ha tocado todavía o de lo que no ha tomado conciencia, o hay un nuevo dolor en su vida al que no ha enfrentado.

2. ¿Se descubre tratando de racionalizar su fuga de la dieta? Si se dice: «No tengo problemas con la comida». «No pesaba *tanto*». «Puedo hacerlo a mi manera». «Esta dieta me provoca dolor en las piernas». «El hacer dieta mina mis energías». Tenga cuidado. Esta puede ser otra forma de negación, y deberá regresar todo el camino hasta la primera senda y romper con ella.

3. ¿Se aisla o aleja de su red de apoyo? Tal vez al comienzo de su programa de recuperación visitaba a su terapeuta semanalmente, asistía a los OA diariamente y a un estudio bíblico dos veces por semana. Ahora mira atrás a los últimos 14 días y se da cuenta que ha encontrado excusas para cancelar su sesión de terapia, no ha participado de una reunión de OA en 10 días y sólo ha ido una vez a los estudios bíblicos y no ha completado la lección correspondiente. Tenga cuidado. El desconectarse de los grupos de apoyo es una importante señal de peligro.

4. ¿Se descubre sintiendo excesiva preocupación por la comida? Si se encuentra obsesionado por lo que come o no

come, si dedica mucho tiempo a pensar en sus antiguos restaurantes preferidos, o si comienza a leer libros de recetas como si fueran novelas, tenga cuidado. Se acerca al borde de una recaída.

5. ¿Está aumentando de peso? El peso de todas las personas fluctúa por lo normal dentro de un espectro que no pasa de los cinco kilos. Las mujeres son en particular conscientes de esto al aproximarse su ciclo menstrual. Pero si su peso ha subido más de cinco kilos y se queda allí, tenga cuidado. Come demasiado, ingiere cosas inadecuadas o no hace el ejercicio suficiente.

Conozca los pasos reparadores

En otra llamada telefónica Ralph dijo a Bárbara algo que le gustó tanto que le pidió que lo repitiera para poder escribirlo: «Una recaída no significa el fin de todo el programa. Recuerda, la clave es el equilibrio: no te des permiso para recaer; pero no te condenes a ti misma si sucede».

Si se pierde en el bosque, la cosa más dañina que puede hacer es entrar en pánico. Si de repente descubre que ha perdido el camino en el programa de recuperación, no entre en pánico; con calma, siga nuestros diez pasos reparadores que lo llevarán de nuevo a la seguridad de la huella bien marcada.

1. Reconozca de inmediato que ha recaído, ante sí mismo, ante otra persona y ante Dios. Ha logrado una gran victoria al comienzo al romper con la negación. No vuelva ahora a la negación por no reconocer el problema. Ginger dice: «Una vez que salí de la negación, no quería volver a negar. La honestidad es algo maravilloso y liberador. La negación es esclavizante: es como estar preso, y no quiero volver a eso».

Si se recupera de una cirugía mayor y de repente comenzara a sangrar, no buscaría el equipo de primeros auxilios; lo primero que haría es llegarse hasta el teléfono. Haga lo mismo ahora. Llame a su padrino, a su terapeuta o a su pastor. Busque ayuda. Y busque a Dios en oración. Muchos pacientes dejan de orar en esta etapa sin siquiera notarlo. Este es el momento en que el apoyo de sus oraciones necesita ser más firme.

2. Ahora hable de su problema con su grupo de apoyo. La respuesta típica es quedarse en casa sin asistir a las reuniones si las cosas no andan bien. Esto es precisamente lo que no debe

hacer. Cuando se siente más débil es cuando más necesita la fuerza de su grupo. Sin embargo, algunos pacientes aunque continúan con él, dejan de comunicarse. Esta es también una forma de aislamiento. El secreto lleva a la vergüenza, y la vergüenza es lo que mantiene activo todo el ciclo de adicción.

3. Perdónese. Sea compasivo consigo mismo; sea un amigo para usted mismo. Un amigo no persigue, ni castiga, ni condena, ni avergüenza. Un amigo perdona, acepta, anima y ayuda. Dígase: *Esto es normal. Esto es humano. Lo acepto. Lo voy a enfrentar.*

4. Apóyese a usted mismo. Esto implica ir un paso más allá que el perdón, al afirmar los progresos logrados. Vuelva atrás en su diario personal y observe los kilos bajados, las reuniones a las que ha asistido, los caminos transitados con éxito. Agregue algunas autoafirmaciones positivas: afirmo mi cuerpo. Disfruto al cuidar de mi cuerpo. Afirmo mi derecho a la salud.

Cuando uno se pierde en el bosque, carece de perspectiva. Una recaída implica no poder ver el bosque a causa de un árbol. No ponga la atención en el pino gigantesco que tiene al frente como si tuviera que treparlo. Mire hacia atrás, hacia los bosques, praderas y desiertos que ha pasado en su recuperación. Mire hacia adelante la hermosa campiña que transitará a medida que continúe su recuperación.

5. Ponga una señal. Una de las indicaciones más frustrantes que puede encontrar un caminante es «doble a la derecha en el granero de los Martins». ¿Cuál es el granero de los Martins? Pero una de las mayores seguridades consiste en encontrar una señal, un canto rodado de granito, grande, con las indicaciones talladas en él. Levante un hito y haga un inventario minucioso en su diario personal del progreso logrado. Escriba en detalle sus avances en cada área de su vida: emocional, intelectual, física, relacional y espiritual.

En el Antiguo Testamento, Samuel levantó una piedra para marcar la derrota de los filisteos. La llamó Ebenezer, «la piedra de la ayuda», y sirvió como un recordatorio para el pueblo de Israel de que «hasta aquí nos ha guiado el Señor». Mire atrás a sus «ebenezeres», y dígase: «Hasta aquí me ha guiado el Señor». Luego mire hacia adelante, y dígase «Y me continuará guiando».

6. Ahora necesita hacer un inventario de los asuntos emocionales y de relación que lo llevaron a la recaída. Aunque el

síntoma es el deseo de darse un atracón, la recaída misma tiene por lo general muy poco que ver con la comida. Haga un análisis de su vida emocional y relacional en los últimos quince días. Algunos pacientes han informado que esto es una experiencia que les abre los ojos. Las recaídas parecen surgir sin esperarlo, con un deseo inexplicable, abrumador, de COMER. Pero, en realidad, debe haber comenzado de modo gradual para acumularse tensiones y desilusiones. Ralph nos dijo una vez después de una recaída: «Estuve enojado durante tres semanas. Disgustado con mi novia, con mi jefe, conmigo mismo. Mientras esa ira se levantaba dentro de mí, no me percaté de ello. No es de sorprender que por fin salí y ordené tres grandes pizzas. Tuve que regresar todo el camino y elaborar el dolor por haber perdido ese largo informe en computación, antes de que pudiera dominar de nuevo el asunto de mi comida».

Una vez que ha escrito su análisis retrospectivo, necesita decirlo a otros. Llame a su persona más allegada del grupo de apoyo y léaselo. Escuchar sus propias palabras en voz alta le dará perspectiva, y la visión del que lo ha escuchado ampliará la suya.

7. Tome nuevas decisiones en cuanto a cambios en sus relaciones y en su programa de comidas. La respuesta típica de los pacientes a una recaída es volverse más rígidos en su dieta y en su estilo de vida. En lugar de someterse usted mismo a un castigo a la drástica reducción de su consumo calórico, haga lo mejor que pueda por mantener una dieta saludable y restringida en calorías.

Use de forma constructiva su tendencia a la recaída, al redefinir y restablecer nuevos límites. En el capítulo anterior hablamos de mantenerse en contacto con su propio cuerpo. Su inclinación a recaer puede indicarle que no ha escuchado con cuidado a su propio cuerpo. Puede haber bajado de peso demasiado rápido o demasiado lento. Su cuerpo puede carecer de algún nutriente que escasea en su dieta.

Con frecuencia el mensaje de la experiencia no es de nivel nutricional sino emocional. Sus sentimientos pueden rebelarse. Tal vez ha trotado parte del camino en lugar de caminar. Ahora necesita volver y andar más pausado, y cuidar de cualquier asunto inconcluso.

Ralph dijo que esta era una de las principales razones de sus repetidas recaídas. «El segundo camino, de comer para el éxito, no lo hice trotando sino corriendo. Cuando me decidí a bajar de peso, sencillamente dejaba de comer y duplicaba mi programa de ejercicios. Eso garantiza bajar de peso *rápido*, pero en ninguna medida permite aprender a comer en forma sensata. Mientras no asistí a esa clase con la doctora Sneed, no sabía nada sobre grasas ni carbohidratos. Podía distinguir una torta de chocolate de una de manzana, pero no mucho más. He debido andar muy despacio el camino de comer bien, y aprender el asunto desde la base. Sin embargo, ahora me encanta. Me estoy convirtiendo en un buen cocinero».

O tal vez se rebela contra su dieta. Hemos hablado antes sobre el aspecto emocional de la comida. Tal vez alguna parte de su dieta no suple una necesidad emocional. Tuvimos un paciente que se deprimía si su dieta no contenía cierta proporción de grasa. Como una dieta saludable varía entre un 20 y un 30 % de grasa, esto le permitía hacer ajustes que se adecuaran a sus necesidades. Hable de esto con su médico, nutricionista o padrino en relación a la comida.

8. Vuelva a comprometerse con un plan de recuperación revitalizado. Su recaída puede ser sencillamente una reacción contra el aburrimiento. Incluso para los pacientes sometidos a un programa tan restringido como lo es una dieta líquida, se puede evitar el aburrimiento. En la clínica tenemos un libro de recetas que no ofrecemos de entrada a aquellos con dieta líquida. Pero cuando se han mantenido en el programa durante algunas semanas y amenaza el aburrimiento, les mostramos cómo agregar variedad a su dieta líquida por medio de elementos como gelatinas de bajas calorías y batidos dietéticos.

Después de seis meses de exitoso mantenimiento, Ralph vino a nosotros con la cara larga.

—No sé, doctor. Se supone que soy un «experto», pero me temo que la ansiedad por recaer esta vez es mayor.

—¿Qué ha hecho últimamente para evitar el aburrimiento? —le preguntamos.

—Bueno, he preparado todas las recetas de la doctora Sneed varias veces, de manera que compré un nuevo libro de cocina de bajas calorías, y eso me ayudó por un tiempo. Luego comencé a experimentar por mi cuenta, revisé los estantes de especias y provisiones en la tienda de comestibles, y la sección gastronómica. Las cebollas en vinagre son exquisitas, y la mostaza de estragón Dijon puede cambiar de forma increíble al sabor de un sandwich de pavo. Pero... —hizo una pausa y se encogió de hombros— sigo aburrido.

Elogiamos los esfuerzos culinarios de Ralph, pero le dijimos que sospechábamos que esta vez el problema estaba en otra parte. De modo que le dimos un cuestionario de análisis de crecimiento para que llevara a casa y lo estudiara. Le sugerimos hacer lo mismo si se siente aburrido en cualquier aspecto de su vida.

¿Qué hago para desarrollarme físicamente? ¿Tengo un buen programa de ejercicios? ¿Necesito un nuevo corte de cabello o programa para el cuidado de mi piel?

¿Qué hago para crecer intelectualmente? ¿He leído un buen libro? ¿He tenido alguna discusión estimulante con amigos sobre temas de importancia? ¿Necesito hacer un curso sobre un tema del que quisiera saber más?

¿Qué hago para crecer en mi carrera? ¿Hay avances sobre los que debiera solicitar información? ¿Hay algún seminario al que debería asistir? ¿Qué literatura relacionada con mi profesión debería leer?

¿Qué hago para crecer espiritualmente? ¿Tengo un tiempo devocional diario? ¿Necesito alguna literatura devocional nueva? ¿He encontrado una iglesia que me ayuda a crecer espiritualmente? Mi grupo de estudio bíblico, ¿satisface mis necesidades, o debo buscar algo más?

El impulso a abandonar todo el asunto, que por lo general acompaña a una recaída, es en realidad una señal para hacer exactamente lo opuesto: darle un tono más emocionante, proponerse nuevos desafíos.

9. Busque formas especiales para ser agradable con usted mismo. No es para recompensarse por la recaída, sino para darse la nutrición especial que requiere en estos momentos. Una paciente nuestra se somete a masajes profesionales cuando lucha contra una recaída. Otra, que no tiene relación de dependencia en su trabajo, se da permiso para dormir hasta las diez y disfrutar una taza de té en la cama. Estos son ejemplos excelentes, porque la tensión y el cansancio pueden ser factores importantes para desencadenar una recaída.

Una parte importante de la recuperación es aprender a ser el mejor amigo de uno mismo. Este es el momento para mostrarse como un buen amigo para sí mismo, al ser en particular agradable con su persona. El mensaje de una recaída es: «Hay algo que falta». Es tarea suya descubrir qué es.

10. Busque una relación más profunda con Dios. En cualquier adicción, el riesgo más nocivo de una recaída es la tendencia a alejarse de Él, porque los antiguos sentimientos de vergüenza y culpa entran en juego. Esta inclinación es tan antigua como el Jardín del Edén, donde Adán y Eva se escondieron de Dios luego de haber pecado.

Cuando Ralph volvió con su análisis de crecimiento, reconoció a regañadientes que esa era un área problemática de su vida. «Había andado muy bien y crecía espiritualmente, pero ahora me doy cuenta que en los últimos tiempos me alejaba de Dios».

Le dijimos que la amargura o una ira prolongada, por lo general están en la raíz del deseo de distanciarse de Dios. «A veces los pacientes sienten como si hubieran "puesto este asunto en manos de Dios, pero Él se desentendió"».

«Así es. Así es como me sentía. Pero no me daba cuenta. Creo que estaba enojado con Dios cuando sentí el deseo de recaer».

«Eso es correcto», dijimos. «Esos sentimientos son subconscientes, pero para volver a una relación íntima hace falta dar pasos sistemáticos, conscientes. Primero, recuerde las historias bíblicas que ha oído acerca de quienes fueron a Jesús. Llame a su pastor o maestro de Escuela Dominical y haga una lista. Observe que la mayoría de esas personas estaban enfermas o sufrían o estaban preocupadas. Ahora, ubíquese en ese grupo. Dígase, *Dios quiere que esté cerca de Él tal como toda esa gente en la Biblia*. Luego vaya a Él en oración y dígaselo».

Tal vez usted, como Ralph, necesita volver a proveerse de la fuerza espiritual sobre la que se basa toda su recuperación. Esta es la única fuente que nunca falla, el único lugar donde jamás será condenado ni malentendido. Cristo, que fue tentado en todo como nosotros, conoce nuestra debilidad. Él sabe, no simplemente por su conocimiento omnisciente del universo; lo sabe desde su experiencia personal como ser humano, que ha vivido en la tierra y experimentado todas nuestras flaquezas durante treinta y tres años. Ha prometido ser nuestra ayuda permanente para el tiempo de dificultades. Pero debemos buscarlo. Él nunca se entrometerá donde no se lo ha invitado. De modo que busque en oración, meditación y lectura de la Biblia la fuente definitiva de fuerza del universo, que también es su fuente de fuerza más cercana e íntima.

Bárbara logró reconocer los motivos de su recaída cuando el doctor Hemfelt le explicó la situación. De regreso en su hogar, volvió a pensar en ellos. La desilusión en relación a su examen era sólo una parte, la punta del iceberg. Por debajo de eso estaba el temor a entrar en serio en el mercado laboral, y no en un simple trabajo como el de antes, sino en el soñado desde siempre. Ahora sus sueños estaban encaminados. Necesitaba decirse a sí misma que tenía buena calificación para comenzar en una mueblería local. Era una labor que podría hacer y disfrutarla. Le iría bien en la entrevista. Pero aun así no era el único trabajo en el mundo. Si este no resultaba, habría otros. Seguiría siendo una persona valiosa, apreciada. Así como su valor no dependía de la lectura de la balanza esa mañana, tampoco dependía de ese trabajo ni de cualquier otro que solicitara.

Veamos todo lo que ya había logrado. Cada día ella y Tom se acercaban a la intimidad emocional en su matrimonio de la que hablaba el doctor Hemfelt. Había terminado su curso y estaba preparada para poner en práctica su capacidad artística. Había llegado a su peso ideal y disfrutaba a plenitud de su nuevo aspecto atractivo y estilo de vida activo. Bárbara quería trabajar tanto en los pasos para evitar una recaída como lo había hecho en los caminos de la recuperación.

Esperamos que lo mismo ocurra con usted. Al transitar estas sendas con Ralph, Bárbara y sus amigos, ha ingresado en su propia recuperación. Le decimos, como lo haríamos con cualquier paciente que ya no necesita de nuestra atención, ¡felicitaciones! Felicitaciones por haber podido reconocer su problema, felicitaciones por salir de la negación y decidirse a leer este libro, y felicitaciones por caminar por nuestros caminos hacia la recuperación, todo el trayecto hasta el final del viaje.

Y aún así, este no es el final en absoluto. En realidad es apenas el comienzo. Sabemos que suena raro para un paciente que ha pasado semanas, meses, e incluso años en recuperación, que se le diga que esto es apenas el inicio, pero también es emocionante descubrir que ahora tiene por delante años de crecimiento emocional, espiritual y relacional. Éste continuará por el resto de su vida, a medida que use nuestros pasos para el desarrollo personal.

Recuerde lo que dijo Ralph a su grupo de terapia en el capítulo 1: «Poner la vida en orden, alcanzar la recuperación: es duro, pero vale la pena. Si en realidad creen que merecen ser sanos y felices, entonces con el esfuerzo personal, el poder de Dios, y el estímulo de otros, lo lograrán, día a día».

Tercera parte

Las recetas de hambre de amor

CAPÍTULO
15

Sugerencias para cocinar y planificar las comidas

Sugerencias para cocinar

Antes que usted use las recetas en esta sección del libro, queremos darle una lista de sugerencias que le ayudarán a mejorar y reducir las calorías de sus comidas. No hace falta que se prive del buen gusto simplemente porque trata de bajar de peso. Usted va a querer poner en práctica estas sugerencias siempre, y no sólo cuando esté en proceso de adelgazar.

1. *Aprenda a cocinar bien.* Muchas personas que vienen a mi oficina no acostumbran a comer ciertos alimentos sanos, en especial pescados y vegetales, y es porque no se acostumbraron a ellos desde niños. Como su madre no se los preparaba, no aprendieron a utilizarlos debidamente. Si nunca aprendió a cocinar bien, vaya a algún cursillo donde se enseñe. Investigue en los recetarios. Después de probar las 140 recetas de este libro y decidir cuáles le son útiles, puede dedicarse a descubrir comidas de bajas calorías o de bajo contenido graso, en otros recetarios.

2. *Hágase su propio fichero de recetas.* En verdad no todas las recetas de este libro serán adecuadas para usted o su familia, pero muchas sí le serán útiles. Copie las que le vengan bien en una tarjeta (o ficha) y así podrá elegir de su propio fichero el postre favorito o alguna otra que le haya llamado la atención.

3. *Use el equipo adecuado.* Hay cacerolas en las que la comida no se pega, y así no necesita untar el fondo con grasa o aceite. Antes una sartén de hierro debía estar bien engrasada para que los alimentos no se pegaran y hubiera que raspar después. Hoy en día, una parte importante del éxito en comer dietéticamente son los recipientes en los que esto no pasa. También hay rociadores para usar con sabor a mantequilla. En las recetas que ofrecemos usamos varios productos para rociar, como por ejemplo, Mazola Nonstick, PAM, Marigold, etc.

4. *Use sustitutos para la mantequilla.* Estos son sobre todo productos de mantequilla deshidratada a la cual se le han quitado las grasas. Tienen la esencia del sabor a mantequilla, pero no su contenido graso.

5. *Use un horno microondas.* Éstos son excelentes para cocinar verduras. Para hacerlo póngalas en un bol pequeño, agréguele dos cucharadas de agua, cúbralas con un plástico y cocine por diez minutos más o menos según la clase. De esta manera se pueden preparar también las rositas de maíz. Emplee el maíz para microondas y use un rociador para que no se pegue, con el agregado de un sustituto de mantequilla para darle sabor.

6. *Use una taza separadora.* Estas se pueden comprar en negocios de artículos culinarios. Tome el caldo de cualquier asado de carne de res o de ave, y viértalo en la taza separadora; la grasa subirá a la superficie. Use el líquido restante para hacer cualquier clase de salsa sin grasa. Por ejemplo, si hace un asado a la cacerola, uno bien magro como el de jamón o bola de lomo, cocínelo en una olla para hornear, vierta el jugo en una taza separadora, vuelva el caldo a la olla una vez separado, espéselo con maicena y agua, y obtendrá una salsa oscura sin grasa. Puede hacer lo mismo con su pavo asado el día de Acción de Gracias.

7. *Aumente sus recetas.* Hágalas más voluminosas al agregar alimentos con fibra y de bajas calorías. Por ejemplo, si va a

hacer una ensalada de atún, puede obtener el doble de volumen si añade apio picado, cuadraditos de eneldo y manzana cortaditas. Así su plato saldrá muy sabroso, pero con menos calorías.

8. *Limite el aceite.* Cuando tenga que saltear o sofreír algo, ponga poco aceite y agréguele un poco de agua. Las verduras que absorben grasa, como las papas, deben cocinarse con la menor cantidad de aceite posible. Por ejemplo, si hace estofado de carne, la papa absorbe casi toda la grasa, de modo que no conviene colocarlas alrededor del estofado.

9. *Evite los aderezos comunes para ensaladas.* Si pone una cucharada de aderezo sobre su ensalada, en términos de calorías se ha añadido un sandwich de queso. Los aderezos tienen 80 a 90 calorías por cucharada, y le recomendamos no pasarse de 25 calorías. Tenemos varias recetas de aderezos en el libro, y se pueden comprar ya envasados, pero debe fijarse en el contenido de calorías que trae la etiqueta, para no excederse de 25 por cucharada.

10. *Use las claras en vez del huevo entero.* En la mayoría de las recetas se pueden usar dos claras por cada huevo entero para disminuir el colesterol. Por ejemplo, las nuestras para hacer «muffins» (bollitos dulces) piden dos claras de huevo. Deseche las yemas.

11. *Use leche descremada evaporada.* La leche evaporada y descremada que viene en lata, es un producto para muchos usos. Se puede utilizar en pasteles, batir como crema, en lugar de la crema de leche, y queda muy bien con quiche.

12. *Evite galletitas de contenido graso.* Cuando elija sus galletitas no se deje engañar. Muchas, aun las de harina integral, son de contenido graso extremadamente alto. Tome un pedazo de papel absorbente y coloque la galletita sobre él. Si es de alto contenido graso dejará una mancha sobre el papel. Se debe leer el valor alimenticio en las etiquetas. Es lamentable, pero muchos envases sólo traen la lista de ingredientes y no dicen nada de las calorías ni del contenido graso. Usted debe fijarse si se indica grasa hidrogenada, pues esto es lo que por lo general traen las galletitas de alto contenido graso. Algunas marcas que podemos recomendar son: Cracklesnax, Cracklebred, Rykrisp, Melba Toast, Wasa, Norwegian Crisp Bread, y otras dietéticas.

13. No fría las tortillas de maíz. Cuando use las tortillas de maíz, resista la tentación de freírlas antes de usarlas como

enchiladas. Sólo necesita calentarlas un poco al vapor para que se ablanden y se puedan enrollar.

14. *Use leche descremada o leche diluida al 50%.* Ni siquiera piense en usar leche entera al 2%. La leche entera es mitad grasa. Cuando use queso debe ser hecho de leche descremada, o de bajas calorías, o tal vez mejor, no use ningún queso. Los quesos de leche entera hay que descartarlos. Use un rallador que deje el queso en hebras finas y largas, así aumenta el volumen, y le parecerá mayor cantidad.

15. *El helado de leche de bajas calorías está bien para postres helados.* Pero depende del contenido graso. Deberá usar su tabla de valores y constatar que no tenga más de 25% de contenido graso o menos.

16. *El pescado es la mejor carne que puede elegir.* Si no aprendió a gustar del pescado, haga un esfuerzo. Vale la pena, porque es muy diferente al pollo u otras aves. El pescado lo ayudará a disminuir su suero de triglicéridos y colesterol, y tiene menos calorías y contenido graso que el pollo o la carne de res. Las vísceras deben decididamente evitarse. Años atrás el hígado consumido una vez por semana era considerado algo bueno pues no se conseguían los suplementos de vitaminas y minerales de otra forma. Muchas personas, en especial las mujeres, sufrían de anemia y necesitaban comer hígado una vez por semana por su contenido en hierro. En vez de esto debe tomar un suplemento de hierro y vitaminas con la cantidad apropiada, en lugar de comer hígado, porque es uno de las alimentos de mayor contenido graso y colesterol que usted pueda poner en su boca.

17. *Elija aceites vegetales.* Cuando elija el aceite a usar, es mejor comprarlo vegetal y no grasa de cerdo, tocino, o crema. El aceite Canola es el más altamente no polisaturado en los supermercados. El aceite de oliva está ahora de moda porque ayuda a reducir la proporción de colesterol LDL y el colesterol total.

18. *Evite el pan de alto contenido graso.* Cuando vaya a la panadería aléjese de los panes hechos con grasa, como bollos y medialunas. Adquiera los de menor contenido graso como el pan inglés, los bagels o bollito judío, el pan francés, el pan común, y el pan de pita. Se lo puede tostar en tiritas para comer con requesón o salsas de bajo contenido graso.

19. *Sustituya la crema agria y el queso cremoso por yogur.* En lugar de crema agria use yogur de bajas calorías, y en lugar de queso cremoso emplee el que describimos en la sección de recetas.

20. *Lea las etiquetas y las recetas con cuidado.* Aprenda cuáles ingredientes le harán bien y cuáles no son buenos para usted. Aprenda a calcular el contenido graso al leer la etiqueta. Recuerde que muchas de sus viejas recetas requieren demasiada grasa y mucho azúcar. Tome, por ejemplo, la de bizcochitos de avena amasada y quítele un tercio del ingrediente graso y la mitad del azúcar que pide, e igual tendrá un sabroso bocado.

21. *Use carnes magras para hacer sandwiches.* Un sandwich es una buena alternativa para sus comidas. Sólo asegúrese que no selecciona carne grasosa procesada, como el salami, la bologna, la carne envasada, el chorizo, etc. Las únicas carnes para su sandwich son las lascas de pavo o pollo, o el jamón sin grasa. Siempre compre atún envasado en agua.

22. *Quite la grasa y la piel de las carnes.* Siempre debe cortar la parte de grasa visible de la carne. Quite la piel de las aves antes de cocinarlas, o bien déjela para mantener la humedad, luego retírela y cocine la carne otros 10 minutos.

23. *Use la torta de ángel.* Esta torta se hace con claras de huevo y no contiene nada de grasa.

24. *Sea un(a) cocinera organizado(a).* Haga su lista de compras y planifique las comidas. Esto lleva menos tiempo que usar otros ingredientes para sustituir los que no tiene, o bien ir al almacén a último momento a buscarlos.

25. *Cocine los fines de semana si tiene muchas actividades durante ella.* Puede preparar comida para toda la semana, colocar en contenedores apropiados en su refrigerador, y cuando tenga necesidad, no tendrá más que calentar su comida. Si nota que no consume vegetales crudos, es posible que sea porque llega tarde a su casa y no tiene ganas de lavarlos y cortarlos. Una manera de resolver este problema es preparar lo que necesita y guardar en bolsas plásticas herméticamente cerradas.

26. *Evite que se le humedezca la comida preparada.* Si usted empaqueta sandwiches ponga los vegetales en una bolsa plástica aparte, para que no se moje el pan. Esto es importante en especial si prepara su almuerzo la noche anterior.

27. *Use hierbas y especies en todo lo que pueda para sustituir la sal y la grasa.* Si usa hierbas frescas, como por ejemplo perejil picado, debe usar el doble o más que si estuviera seco.

Plan de comidas para nueve días

Comidas de 1000 calorías

Día uno

	Comidas	*Equivalentes*
Desayuno	½ muffin inglés	1 pan
	8 onzas de leche descremada,	1 leche
	una cucharadita de margarina dietética	½ grasa
	té caliente	
Almuerzo	2 rebanadas de pan dietético	1 pan
	(40 calorías por rebanada)	
	30 gramos de pechuga de pavo picada	1 carne
	Mostaza, lechuga, tomate, brotes	vegetales
	1 manzana mediana	2 frutas
Merienda	1 taza de vegetales crudos (zanahoria,	vegetales
	apio, etc.)	
	2 cucharadas de aderezo italiano de	
	bajo contenido graso	
Cena	1 pechuga de pollo asada, sin piel	3 carnes
	salsa (ver receta)	
	1 papa pequeña asada	1 pan
	1 cucharadita de margarina dietética	½ grasa
	1½ taza de espinacas frescas u otro	vegetales
	vegetal, aderezo italiano sin aceite	
Bocadillo	3 galletitas grandes de harina integral	1 pan
	1 taza (8 oz) de leche descremada	1 leche

Al final del día ha tenido cuatro equivalencias de pan, cuatro de carne, dos de fruta, bastantes vegetales y un equivalente de contenido graso. Esto es lo que ha sido recomendado en la lista de equivalentes alimenticios. Tome nota de que las calorías y los equivalentes nutricionales se han distribuido a lo largo del día.

Día dos

	Comidas	Equivalentes
Desayuno	8 oz de yogur descremado	1 leche
	½ taza de bayas frescas	1 fruta
	1 paquete de *Nutrasweet*	
	1 muffin de cuáquer y salvado (ver receta)	1 pan
Almuerzo	1 sandwich de queso a la parrilla	
	1 rebanada de pan de dieta	1 pan
	30 gramos de queso de bajo contenido graso	1 carne
	1 cucharadita de margarina dietética	½ grasa
	1 lata de jugo V-8	vegetales
	Ensalada cruda con aderezo liviano	vegetales
Merienda	½ taza de uvas	1 fruta
Cena	90 g de Blackened Orange Roughy (ver receta)	3 carnes, ½ grasa
	1 taza de arroz pilaf oscuro (ver receta)	2 panes
	¾ de taza de guisantes picantes (ver receta)	vegetales
Bocadillo	8 oz de leche descremada	1 leche

Día tres

	Comidas	Equivalentes
Desayuno	2 tostadas de pan de dieta	1 pan
	1 cucharadita de margarina dietética	½ grasa
	8 oz de leche descremada	1 leche
	½ toronja	1 fruta
	1 cucharadita de azúcar	
	Té caliente	
Almuerzo	Ensalada Chef:	
	½ taza de requesón (cottage cheese)	1 leche
	60 gramos de pavo y queso	2 carnes
	Vegetales con aderezo de bajas calorías	vegetales
	5 saltines	1 pan

Cena	Fierritos (ka-bobs) de vegetales y carne de res:	2 carnes
	60 gramos de carne, tomates, cebollas, pimientos	vegetales
	½ taza de arroz integral, pilaf	1 pan
	½ taza de brécol al vapor	vegetales
	Postre:	
	1 rebanada de 2,5 cm de torta de ángel	1 pan
	¾ taza de fresas cortadas	1 fruta

Día cuatro

	Comidas	Equivalentes
Desayuno	1 taco (ver receta)	1½ pan
		1 carne
	½ taza de jugo de naranja	1 fruta
Almuerzo	Ensalada de atún y vegetales (ver receta)	2 carnes, 2 grasas
	Colchón de lechuga	1 vegetal
Cena	Bistec húngaro (ver receta)	2 carnes, 1 grasa
	1 taza de fideos 60 g	2 panes
	¼ meloncito	1 fruta
Bocadillo	½ taza de requesón (cottage cheese) de bajas calorías con una pizca de condimento de bajas calorías	1 leche

Día cinco

	Comidas	Equivalente
Desayuno	½ panecillo de harina integral tostado	1 pan
	1 cucharadita de margarina dietética	½ grasa
	30 gramos de queso cremoso de bajas calorías	1 carne
	1 taza de bayas frescas (fresas, moras, zarzamoras, etc.)	1 fruta

Almuerzo	2 rebanadas de pan de dieta	1 pan
	1 tajada de jamón liviano (aprox. 20 gramos), una tajada de queso de dieta	1 carne
	2 cucharaditas de mostaza	vegetales
	Lechuga, tomate	
	5 obleas de vainilla	1 pan
Merienda	Palitos de verdura	vegetales
Cena	Sopa de puerros y papa (ver receta)	1 pan, 1½ leche, ½ grasa
	Ensalada mixta con 75 g de pavo ahumado	2½ carnes vegetales
Bocadillo	8 oz de leche descremada	1 leche

Día seis

	Comidas	Equivalente
Desayuno	una barra de granola (aprox. 100 calorías)	1 pan
	8 oz de leche descremada	1 leche
Almuerzo	Ensalada:	
	2 tazas de vegetales crudos	vegetales
	¼ de taza de requesón (cottage cheese)	½ carne
	2 cucharadas de trocitos de carne o queso	1 carne
	¼ de taza de aderezo de bajas calorías	1 grasa
	4 galletitas	1 pan
Merienda	1 banana chica	2 frutas

Cena	Jack-in-the-box*	
	1 sandwich de pollo grillé (pídalo sin salsa y agregue su propia mostaza. El sandwich debe tener 1 tajada de queso)	2 panes 3 carnes vegetales 1 leche

Día siete

	Comidas	Equivalente
Desayuno	½ taza de cereal con fibras y ¼ de taza de salvado granulado	1½ pan
	8 oz de leche descremada	1 leche
	½ banana chica	1 fruta
Almuerzo	1 taza de sopa de tomate	½ pan ½ leche
	2 rebanadas de pan de dieta	1 pan
	½ taza de ensalada de atún (ver receta)	½ fruta, 1½ carnes, ½ grasa
	lechuga y tomate	vegetales
Merienda	1 durazno	1 fruta
Cena	½ taza de spaguetti	1 pan
	¾ taza de salsa de tomate y carne molida	2 carnes vegetales
	Ensalada mixta de vegetales con aderezo de bajas calorías	vegetales
	1 cucharadita de queso parmesano	½ leche

* Aunque no necesariamente recomendamos comidas «para llevar» en este programa balanceado para perder peso, puede haber algunos días en que sea una necesidad para armonizar con su estilo de vida. No abandone la dieta sólo por tener prisa. Elija algunas de las comidas preparadas «para llevar» como las que figuran en esta página.

Día ocho

	Comidas	Equivalente
Desayuno	1 muffin de salvado de avena (ver receta)	1 pan
		½ fruta
	8 oz de leche descremada	1 leche
	Té caliente	
Almuerzo	⅓ de taza de ensalada de pollo al curry (ver receta)	1 carne
		½ fruta
		1 grasa
	1 pan de pita	2 panes
	Lechuga, tomates y brotes	vegetales
Merienda	Zanahoria en tiritas	vegetales
Cena	120 gramos de pescado a la parrilla o al horno	3 carnes
	½ taza de arroz hervido en caldo desgrasado	3 panes
	Tomate en ruedas	vegetales
	Lechuga	vegetales
Bocadillo	½ taza de requesón (cottage) bajo en grasas	1 leche
	½ de fruta fresca	1 fruta

Día nueve

(Observe que el desayuno y el almuerzo son menos abundantes pero no se omite, con vistas a una cena para invitados por la noche)

	Comidas	Equivalentes
Desayuno	¾ taza de cereales	1 pan
	8 oz de leche descremada	1 leche
Almuerzo	2 rebanadas de pan liviano	1 pan
	30 gramos de pechuga de pollo	1 carne
	Mostaza, lechuga, tomate	vegetales

Cena	¼ taza de crema de ricota y verdura (ver receta)	½ leche ½ grasa
	Vegetales crocantes para untar en la mezcla	vegetales
	Pollo a la parmesana (ver receta)	4 carnes 1 grasa vegetales
	Abundante ensalada mixta	vegetales
	Vegetales al vapor (de la lista de alimentos permitidos)	vegetales 1 pan,
	Party Parfait (ver receta)	½ leche, ½ fruta, ½ grasa

Capítulo

16

Recetas

Aperitivos y bocadillos

Frutas ligeras

Información nutricional
1 taza =
Calorías 45
Lípidos 0
Proteínas 0
Carbohidratos 11,5 g
Colesterol 0
Contenido graso: 0

Equivalencia
1 fruta

1 taza de fresas frescas
1 banana pequeña
1 cucharadita de azúcar
1 ó 2 tazas de agua helada
4 fresas grandes

Combine todos los ingredientes en una batidora, y bata hasta que quede suave. Vierta la mezcla en cuatro vasos. Corte una fresa por la mitad, dejando intacta la parte superior. Colóquela en la orilla del vaso. Sírvalo de inmediato.

Se pueden usar otras frutas en vez de fresas. Pero éstas son especialmente bajas en calorías.

Batidos de bajo contenido graso (¡De veras!)

Información nutricional
342 g =
calorías 195
Lípidos 1 g
Proteínas 20 g
Carbohidratos 26 g
Contenido graso: 5%
Colesterol 0

Equivalencias
½ pan
1 leche
1 fruta

½ taza de leche fría o un helado de bajo contenido graso (de vainilla u otro sabor)
½ taza de leche descremada
½ taza de fruta (fresas o bananas)

Coloque los ingredientes en la licuadora. La mezcla queda mejor con helado de vainilla, pero se pueden usar otros sabores con el mismo valor nutricional. Da para una ración.
      Nota: No debe tener más de 3% de contenido graso o 1 g por cada 100 calorías (generalmente ½ taza)

Helado de Coca Cola

Información nutricional
500 g =
150 calorías
Lípidos 1,5 g
Proteínas 5 g
Carbohidratos 28 g
Contenido graso 9%
Colesterol 15 mg

Equivalencias
1 pan
½ leche
½ manteca

¾ taza de helado de vainilla de bajo contenido graso
12 oz de soda cola de dieta o su equivalente

Combine estos ingredientes en un vaso alto y verá cómo suben las burbujas de buen sabor. Esta bebida es de tan bajo contenido graso que puede servirse un vaso diariamente. Sirve para una ración.
      Nota: Debería ser no más de 1 g de grasa por cada 100 calorías servidas.

Queso de yogur básico

Información nutricional
2 cucharadas =
Calorías 24
Lípidos 0
Proteínas 2,3 g
Carbohidratos 3,5 g
Contenido graso 0
Colesterol 0

Equivalencia
¼ leche

450 g de yogur descremado
Colador de yogur

Coloque el yogur en un colador de lienzo poroso y déjelo filtrar durante 24 horas. El suero irá desapareciendo y quedará una sustancia cremosa como la del queso. Mientras más tiempo se cuele, más sólido quedará. El queso de yogur es una buena alternativa de bajo contenido graso. Esta receta sirve para 10 porciones. Lo puede utilizar en reemplazo de:
Ricota parcialmente descremada (22 calorías por cucharada)
Crema agria (30 calorías por cucharada)
Queso cremoso (52 calorías por cucharada)
Mayonesa (100 calorías por cucharada)
En contraste, el queso de yogur tiene 12 calorías por cucharadita y no contiene grasa. Puede usarse como sustituto en albóndigas de queso, salsas, aderezos, postres, etc.

Sabroso queso de yogur

Información nutricional
¼ de taza =
Calorías 52
Lípidos 0
Proteínas 6,1 g
Carbohidratos 7 g
Contenido graso 0%
Colesterol 0

Equivalencia
¾ leche

8 tazas de yogur sin sabor descremado
½ taza de agua
1 sobrecito de gelatina sin sabor
1 cucharadita de salsa inglesa
½ cucharadita de sal
1 cucharadita de sal de apio
1 cucharadita de mostaza seca
¼ de taza de perejil fresco desmenuzado
2 cucharadas grandes de cebollines picados
⅛ cucharadita de pimienta blanca
Aceite vegetal en spray

Haga cuatro a cinco tazas de queso de yogur básico (receta anterior). Disuelva la gelatina en el agua caliente contenida en un recipiente a fuego lento hasta que este bien disuelta. Luego mezcle la gelatina, el queso de yogur, y todas las especies con la batidora eléctrica. Unte con aceite un molde para gelatina y vierta la mezcla. Tape con un plástico y déjelo enfriar por lo menos 4 horas. Sáquelo del molde con un cuchillo filoso. Sirve para 20 porciones. Puede acompañarlo con galletitas de bajas calorías, pan de pita, o trocitos de vegetales.

Crema de ricota con vegetales

Información nutricional
¼ de taza =
Calorías 67
Lípidos 2,5 g
Proteínas 6,5 g
Carbohidratos 4,8 g
Contenido graso 33%
Colesterol 7 mg

Equivalencias
½ leche
½ grasa

225 g = 8 oz de ricota semidescremado
225 g de queso de yogur básico
2 cucharadas de aceitunas verdes picadas
¼ taza de trocitos de zanahorias
¼ taza de apio picado
2 cucharadas de nueces picadas
Zanahorias, apio, pepinos y calabaza amarilla

Combinar la ricota, el queso de yogur, las aceitunas, las zanahorias, el apio y las nueces picadas. Mezcle bien. Haga barritas de zanahorias y apio, y rebane el pepino y la calabaza. Colocar la crema y los palitos en una bandeja. Sirve para 10 porciones.

Crema para chips o galletitas

Información nutricional
¼ de taza =
Calorías 41
Lípidos 1,2 g
Proteínas 14 g
Carbohidratos 3,1 g
Contenido graso 26%
Colesterol 5 mg

Equivalencia
½ carne

450 g requesón (cottage cheese) de bajo contenido graso (1%)
2 cucharadas de jugo de limón
medio o un frasco de aderezo de ensalada Hidden Ranch

Vierta el requesón en su mezcladora (no en licuadora). Agregue el jugo de limón y procéselo hasta que el requesón se convierta en una crema. Agregue el frasco del Hidden Ranch. (Nota: Puede sustituir el preparado Hidden Ranch por cualquier mezcla de hierbas y especias a su disposición.) Sírvalo con galletitas o papitas. También es riquísimo con vegetales. Rinde para 8 porciones.

Crema de tomatillos y aguacate

Información nutricional
⅓ taza =
Calorías 48
Lípidos 3,3 g
Proteínas 1 g
Carbohidratos 3,8 g
Contenido graso 63%
Colesterol 0

Equivalencias
½ vegetales
1 grasa

6 tomatillos medianos
1 aguacate mediano
1 pimiento serrano
Jugo de dos limas frescas
2 cucharadas de cilantro fresco picado
Sal, pimienta, polvo de cebolla, y ajo en polvo al gusto

Hervir los tomatillos hasta que se ablanden. Déjelos enfriar y quíteles la cáscara. Vierta el resto del líquido y aplástelos hasta formar una pasta. Coloque el aguacate pelado en la mezcladora, junto con el resto de los ingredientes (menos la pasta de tomatillos). Combine esta última con la mezcla de aguacate. Condimente a gusto. Rinde 8 porciones.

Los tomatillos son vegetales que tienen un parecido a los tomates rojos, pero tienen una cáscara muy fina de color verde. No use tomates verdes como sustituto en esta receta. Parece ser alta en contenido graso, pero todos los ingredientes son de bajas calorías excepto el aguacate.

Palomitas en mantequilla

Información nutricional
3 tazas =
Calorías 108 g
Lípidos 1,5 g
Carbohidratos 21 g
Proteínas 3,6 g
Contenido graso 12%
Colesterol 0

Equivalencias
1 pan
½ grasa

½ taza de maíz crudo para palomitas
Mantequilla Molly McButter en spray
Condimento Mrs. Dash, sin pimienta

Ponga el maíz en el recipiente especial de plástico en el horno microonda, el recipiente especial trae instrucciones para su uso. No hace falta nada de aceite, cuando esté inflado, rociar con los condimentos. Sirve para 3 porciones.

Albóndigas de queso

Información nutricional
1 décima parte del total =
Calorías 94
Lípidos 7,7 g
Proteínas 4,4 g
Carbohidratos 2 g
Contenido graso 73%
Colesterol 26 mg

Equivalencias
1 carne
½ grasa

225 g de queso crema Philadelphia liviano
110 g de queso mozzarella, finamente rallado
2 cucharaditas de salsa Worcestershire (inglesa)
1 cucharada de semillas de sésamo
1 pizca de salsa Tabasco
3 cucharadas de perejil seco picado

Ablande el queso cremoso. Mezcle los primeros cinco ingredientes. Puede hacerlo en la mezcladora. Cuando esté bien mezclado haga las albóndigas. Ponga perejil picado en un plato y pase la albóndiga por el perejil; para que se cubra completamente. Sirve para 10 porciones.

Sugerencias: Este es un lindo plato de entrada para una ocasión especial, como Navidad. Sobre las albóndigas verdes ponga pimiento colorado cortado en pétalos, para que parezca una flor de Pascua. Cualquier albóndiga de queso es de alto valor graso. Pero puede comer una pequeña porción o usar un queso de bajas calorías.

Escalopes de ceviche rellenos [a]

Información nutricional
Cada escalope =
Calorías 44
Lípidos 0,5 g
Proteínas 3,4 g
Carbohidratos 6,3 g
Contenido graso 10%
Colesterol 5 mg

Equivalencias
¼ pan
¼ carne
1 fruta

450 g de pescado ceviche
½ taza de jugo de lima
⅔ taza de pimiento rojo cortado
⅔ taza de perejil picado (fresco)
½ taza cebollas verdes picadas muy finas
2 cucharadas de cilantro picado (fresco)
2 cucharaditas de aceite de oliva
¼ cucharadita de sal
¼ cucharadita de pimienta
4-6 gotas de salsa picante
32 conchas de pasta grandes hervidas sin sal ni aceite.

Haga hervir los escalopes en poca cantidad de agua durante 1 minuto.

Ponga los cortes de pescado en un pequeño recipiente con el jugo de una lima, para macerar durante una hora en la heladera. Revuélvalo de vez en cuando. Agregue el pimiento colorado y los ingredientes restantes. Tome la mezcla y déjela enfriar por 30 minutos. Rellene cada concha con una cucharada de la mezcla de pescado. Colóquelos en una fuente para servir. Alcanza para 32 personas.

---

[a] Todas las recetas señaladas con [a] han sido brindadas por Georgia Butler, Austin, Texas.

Crema de espinaca con queso

Información nutricional
Para ¼ de taza =
Calorías 36
Lípidos 1,4 g
Proteínas 3,7 g
Carbohidratos 2,1 g
Contenido graso 35%
Colesterol 5 mg

Equivalencias
½ carne
½ vegetal

240 g de ricota de leche parcialmente descremada
225 g de requesón (cottage cheese) bajas calorías
2 cucharadas de jugo de limón
2 cucharadas de cebolla morada picada
1 paquete de 100 g de espinaca fresca congelada y cortada (colada)
¼ cucharadita de paprika
¼ cucharadita de polvo de ajo

Combine los tres primeros ingredientes en la mezcladora hasta hacer una pasta cremosa. Pase la mezcla de quesillo a un bol. Agréguele la paprika, el polvo de ajo, y la cebolla picada. Descongele y cuele el paquete de espinaca cortada. Mezcle todo y sirva con palitos de verdura. Sirve para 16 personas.

Albóndigas suecas

Información nutricional
⅛ de esta receta =
Calorías 215
Lípidos 8,1 g
Proteínas 26 g
Carbohidratos 9
Contenido graso 41,8%
Colesterol 72 mg

Equivalencias
3 carne

700 g de carne molida magra
2 claras de huevo
1 cucharada de cebolla seca picada
1 cucharada de perejil cortadito fresco o seco
1½ cucharadita de sal
1 cucharadita de nuez moscada
¼ cucharadita de pimienta
¼ de taza de leche descremada
2 tazas de leche descremada
4 tallos de apio cortados en cuadraditos
2 envases de caldo concentrado de carne
¼ cucharadita de pimienta
1½ cucharada de harina

Mezcle la carne, las claras de huevo, la cebolla, el perejil, 1½ cucharadita de sal, nuez moscada y pimienta. Agregue el ¼ de leche y haga pelotitas. Dórelas. En una sartén mezcle la leche restante con el apio, la sal, la pimienta y la harina. Cocine hasta que se espese la salsa, revolviendo siempre. Agregue las albóndigas y cocínelas a fuego lento 15 minutos. Se le puede agregar un poco de agua si hace falta. Sirve para 8 personas.

Esta receta permite hacer albóndigas sabrosas con menos calorías y contenido graso que otras.

Hongos rellenos

Información nutricional
Una porción de 3 hongos =
Calorías 76
Lípidos 1.7 g
Proteínas 2 g
Carbohidratos 13,3 g
Contenido graso 20%
Colesterol 0

Equivalencias
½ pan
1 vegetales
½ grasa

12 hongos grandes frescos
2 cucharaditas de aceite
1 cebolla mediana, picada
1 diente de ajo picado
½ taza de pan en migas
⅛ cucharadita de sal
¼ cucharadita de sazón de pollo
Pimienta al gusto
2 cucharaditas de perejil fresco picado
1 clara de huevo

Separe con cuidado los tallos de los hongos. Corte finamente los tronquitos. En una sartén de teflón saltee las cebollas, el ajo, con 1 cucharadita de aceite. Agregue los tallos de hongo y saltéelos hasta que estén dorados. Vierta en un pequeño recipiente. Agregue las migas de pan, la sal, pimienta, el caldo concentrado de pollo, el perejil y la clara de huevo. Cuando esté mezclado ponga una cucharadita de aceite en la misma sartén. Sofría la parte superior de los hongos con el relleno. Luego póngalos en el horno ya calentado a 400° F durante 10 minutos o hasta que tomen color. Sirve para 4 porciones.

Albóndigas de cangrejo y queso[b]

Información nutricional
Cada cucharada =
Calorías 14
Lípidos 0,1 g
Proteínas 1,7 g
Carbohidratos 1,4 g
Contenido graso 7%

Equivalencias
¹⁄₁₀ carne
¹⁄₁₀ leche

1 taza de queso de yogur básico (ver receta)
112 g de carne de cangrejo
1 cucharada de jugo de limón
1 cucharadita de rábano picante
1 cucharadita de cebolla picada
1 cucharadita de cebollines frescos, finamente picados
¼ cucharadita de salsa inglesa

---

[b] Todas las recetas de esta sección que estén marcadas con la letra [b] han sido tomadas de Spa Specialties, Debra Hart, Hart Graphics, Austin, TX, 1989.

Para esta receta se debe dejar drenar el yogur en el colador durante 48 horas para que el queso se ponga como cremoso. Quítele el agua a la masa de cangrejo y córtela; séquela sobre un papel absorbente. Mezcle todos los ingredientes en un recipiente, y póngala en una fuente de servir. Manténgalo en frío durante una hora.

Para servir, úntela sobre tostadas o galletitas o vegetales. Si el yogur se ablanda, sírvala como una crema con galletitas o triángulos de pan de pita. Rinde 24 porciones.

Albondigas de pollo para fiesta

Información nutricional
3 albóndigas =
Calorías 40
Lípidos 0,5 g
Proteínas 4,5 g
Carbohidratos 4,2 g
Contenido graso 11%
Colesterol 10 mg

Equivalencias
¼ pan
¼ carne

2 pechugas de pollo, cocinadas y picadas
1 cebolla chica picada
1 tallo de apio picado
1 zanahoria pequeña picada
1 cucharadita de caldo de pollo concentrado
1 cucharadita de sal
⅛ cucharadita de pimienta
4 cucharadas de miga de pan
2 claras de huevo
Aceite en spray pan

Mezcle los ingredientes en un recipiente hasta que se deshaga el pollo. Haga bolitas con una cucharada de la mezcla. Deben salir unas 45 a 50 albondiguitas. Colóquelas en una fuente para horno a 400° F de temperatura durante 10 minutos o hasta que estén bien doradas. Rinde 15 porciones. Son realmente sabrosas: pruébelas en su próxima fiesta.

Ensaladas

Ensalada fuerte de verduras

Información nutricional
⅔ de taza =
Calorías 72
Lípidos 2,2 g
Proteínas 2 g
Carbohidratos 11 g
Contenido graso 27,5%
Colesterol 0

Equivalencias
½ pan
1 vegetal
½ grasa

1 cebolla roja en rebanadas
1 tallo de apio cortadito
1 zanahoria rebanada finamente
2 pepinos en rebanaditas
8 papas pequeñas hervidas en cuartos (o en dados)
8 tomates perita cortados por la mitad
4 claras de huevo duro cortados
½ cucharadita de sal de ajo
¼ cucharadita de pimienta
¼ cucharadita de papikra (pimentón)
½ cucharadita de sal
4 cucharadas de mayonesa liviana
3 cucharadas de yogur de bajo contenido graso
4 cucharadas de perejil fresco, picado

Mezcle sin alterar la forma de los ingredientes. Da 10 porciones.

Ensalada de repollo como centro de mesa

Información nutricional
½ taza =
Calorías 25
Lípidos 0
Proteínas 1,5 g
Carbohidratos 3,5 g
Contenido graso 0%
Colesterol 0

Equivalencias
1 vegetal

4 hojas de repollo
½ cabeza de repollo cortado en juliana
1 latita de pimientos morrones cortados
⅓ pimiento picado
½ cucharadita de sal
¼ cucharadita de pimienta
2 cucharadas de vinagre de vino
1 cucharada de azúcar

Coloque el repollo picado a la juliana en un recipiente. Vierta el jugo de pimientos morrones sobre el repollo. Agregue los ingredientes restantes y revuelva. Coloque las hojas enteras del repollo en una fuente. Vierta la ensalada preparada en el centro de cada hoja. Este plato debe tener la apariencia de un repollo recién cortado, con la ensalada en el medio, en lugar de la cabeza. Queda muy atractivo sin más adorno, y sirve para 8 raciones.

Ensalada y crema de frutas

Información nutricional
¾ de taza =
Calorías 98
Lípidos 0
Proteínas 5,2 g
Carbohidratos 19,3 g
Contenido graso 0
Colesterol 0

Equivalencias
¼ carne
1 ½ fruta

1 taza de uvas verdes sin semillas
1 durazno fresco cortado en tajadas
1 lata grande de piña cortada, sin azúcar (guardar el jugo)
1 naranja en pedacitos
1 banana en rodajas
½ meloncito cortado en cubos
2 cucharadas de jugo de limón fresco
½ banana
½ taza de requesón (cottage cheese) de baja caloría
½ cucharadita de semillas de amapola
2 cucharadas de azúcar

En un bol mezcle las uvas, el durazno, la piña, la naranja, el melón y el jugo de limón. Combine la ½ banana, la ½ taza del jugo de la lata de piña, el queso, las semillas de amapola, el azúcar y mézclelo todo hasta hacer un puré. Distribuya las frutas en 8 porciones y viértales encima el puré de frutas.

Molde polinesio de citrus

Información nutricional
½ taza =
Calorías 48
Lípidos 1,1 g
Proteínas 2 g
Carbohidratos 7,5 g
Contenido graso 21%
Colesterol 0

Equivalencias
1 fruta

1 lata de 24 onzas de pulpa de piña
1 lata de 22 onzas de pulpa de mandarina o naranja
2 sobrecitos de gelatina sin sabor
2 paqueticos de edulcorante Nutrasweet (ó 4 de azúcar)
2 cucharadas de nueces picadas
1 lata chica de ginger ale helado

Cuele la fruta, Vierta el jugo con la gelatina en un recipiente al fuego y revuelva hasta que se disuelva. Quítelo del fuego y agregue el edulcorante Nutrasweet. Páselo a un bol mediano y téngalo en la heladera por 45 minutos hasta que esté bien frío, pero no congelado. Mézclele la fruta, las nueces y el ginger ale. Después de 45 minutos más en la heladera, póngalo en moldes. Enfríe hasta que esté firme, aproximadamente por una hora. Sirva para 8 porciones.

Ensalada de espinacas, alcachofas y mandarinas

Información nutricional
2 tazas =
Calorías 68
Lípidos 3,8 g
Proteínas 2,1 g
Carbohidratos 7 g
Contenido graso 51%
Colesterol 10 mg

Equivalencias
2 vegetales
1 grasa

½ kg de espinaca fresca
1 lata de 14 onzas de corazones de alcachofas marinadas
1 lata pequeña de mandarinas en gajos al natural
2 cucharadas de almendras picadas
2 cucharadas de vinagre balsámico

Lavar las espinacas y quitarle los troncos duros; cortar en pedazos de 2 cm. Verter el contenido de la lata de alcachofas (menos 2 cucharadas del aceite marinado). Agregue los trozos de mandarina, el vinagre y las almendras. Mezcle todo. Sirve para 8 porciones. Recuerde que la espinaca contiene una gran cantidad de vitaminas y minerales, mucho más que la lechuga.

Ensalada de fideos Alfredo

Información nutricional
⅛ de la receta =
Calorías 281
Lípidos 5,7 g
Proteínas 10,5 g
Carbohidratos 47
Contenido graso 18%
Colesterol 8 mg

Equivalencias
2 pan
¼ leche
1 vegetal
1 grasa

2 calabacines medianos amarillos, en tajadas
2 calabacines verdes medianos en tajadas
1 taza de hongos frescos en tajadas
1 cebolla mediana picada
1 ají pequeño picado
2 zanahorias grandes peladas y cortadas a la juliana
2 cucharadas de aceite de oliva
1 lata de 675 g de leche evaporada descremada
1 lata de caldo de pollo
1 taza de queso parmesano
1 cucharada de maicena
½ cucharadita de ajo en polvo
Sal y pimienta a gusto
285 g de fideos finos hervidos

En una sartén grande caliente el aceite de oliva y sofría las verduras de 7 a 8 minutos (no cocinar demasiado). Poner a un lado, mientras mezcla la leche, el caldo de pollo, el queso parmesano, la maicena, el ajo en polvo, la sal y la pimienta. La maicena debe estar bien disuelta. Haga hervir en una olla destapada durante 15 minutos a fuego lento. Revolver con frecuencia hasta que se espese. Agregue las verduras a la salsa y deje hervir otros 10 minutos. Sirva con los fideos calientes, y con perejil fresco picado como adorno.

Este es un plato suculento cuando se le agregan trozos de pollo. Ver receta de pollo a la parmesana, que combina muy bien con esto.

Confetti de papas

Información nutricional
²⁄₃ de taza =
Calorías 81
Lípidos 2,1 g
Proteínas 2 g
Carbohidratos 13,7 g
Contenido graso 23%
Colesterol 0

Equivalencias
¾ pan
½ vegetal
½ grasa

1 kg de papas frescas
¼ taza de aderezo italiano de bajas calorías
¼ taza de mayonesa Hellman de dieta
½ pimiento verde o rojo picado
¼ taza cebolla roja picada
2 cucharadas de pimientos picados
4 tallos de apio cortado

Sazonar al gusto con sal de apio, pimienta, polvo de ajo y perejil fresco.

Lavar las papas y cortar en pedazos de 2 cm. No pelar. Coloque los cortes de papa en un recipiente adecuado y vierta ¼ de taza de agua, cúbralo con plástico y póngalo en el microondas por 10 minutos. Revuelva por lo menos una vez mientras se cocinan y procure que no se ablanden demasiado. Cuele el agua y agregue los otros ingredientes. Sirve para 12 porciones.

Ensalada de fideos como plato principal

Información nutricional
1¼ taza =
Calorías 185
Lípidos 6,6 g
Proteínas 12,1 g
Carbohidratos 19,1 g
Contenido graso 32%
Colesterol 12 mg

Equivalencias
1 pan
1 carne
1 graso

750 g de pasta en espiral
2 cucharadas de aceite de oliva
750 g de vegetales mixtos congelados
¼ taza de queso parmesano
85 g de mozzarella en cubitos
1 taza de apio cortadito
½ taza de aceitunas negras picadas
⅓ de taza de aderezo italiano de bajas calorías
Al gusto: sal, pimienta, polvo de ajo, condimento mixto
italiano.

Haga hervir los fideos hasta que estén a punto. No se exceda. Agregue el aceite y las verduras descongeladas. Mezcle. Cuando la mezcla se enfríe un poco agregue el resto de los ingredientes y remueva suavemente. Esta receta es mejor servirla tibia o a temperatura ambiente. Sirve para 8 porciones.

Ensalada de pollo al curry

Información nutricional
¾ de taza =
Calorías 215
Lípidos 8,5 g
Proteínas 27 g
Carbohidratos 8,5 g
Contenido graso 35%
Colesterol 60 mg

Equivalencias
2 carne
1 fruta
½ vegetal
2 grasa

4 pechugas de pollo sin piel y deshuesadas
1 taza de uvas verdes sin semillas y cortadas en mitades
¼ taza de nueces picadas
3 tallos de apio picado
⅓ taza de mayonesa liviana sin colesterol
¼ taza de pasas de uva sin semilla
1 cebolla verde picada (opcional)
1 cucharada de jugo de limón
1 cucharadita de polvo de curry
1 cucharadita de sal de apio
⅛ cucharadita de pimienta negra

Hervir el pollo hasta que esté tierno. Cortarlo en cubitos de 2 cm. Combinar el resto de los ingredientes y mezclar. Esta deliciosa receta se puede utilizar como plato principal sobre una base de lechuga o como relleno para sandwiches. Sirve para 6 porciones. Casi todas las ensaladas de pollo tienen un 60% de equivalente graso, porque tradicionalmente se usa mucha mayonesa. Esta receta llega sólo a 35% de equivalente graso.

Ensalada «Taco»

Información nutricional
total de la receta =
Calorías 300
Lípidos 7 g
Proteínas 21 g
Carbohidratos 38 g
Contenido graso 21%
Colesterol 48 mg

Equivalencias
1 pan
2 carne
3 vegetales

60 g de carne molida para tacos, cocinada
1 a 2 tazas de lechuga cortada
½ tomate mediano cortado
¼ taza de frijoles
1 tortilla de maíz de 18 cm cortada a la juliana
1 cucharada de aderezo Kraft de bajas calorías

Cocine de antemano la carne molida magra (puede ser de pavo) y póngale el aderezo especial para taco. Prepare los ingredientes restantes y coloque en capas o mezclados. Agregue la carne molida caliente encima de la ensalada. Debe servirse inmediatamente. Una porción.

La carne para tacos casi siempre se prepara con ½ kg de carne picada y un paquete de condimento. Se puede usar carne de pavo u otra carne magra molida.

Ensalada de pollo a la parrilla sobre tiritas de tortilla

Información nutricional
La mitad de la receta =
Calorías 300
Lípidos 10 g
Proteínas 27, 2 g
Carbohidratos 25,2 g
Contenido graso 30%
Colesterol 75 mg

Equivalencias
1 pan
3 ½ carne
1 grasa

3 tortillas de maíz cortadas a la juliana
1 cucharada de aceite de cocinar
2 pechugas de pollo cortado en tiras de 2 cm
2 cucharadas de salsa de soja
4 tazas de lechuga cortada en tiras de 1,5 cm
1 zanahoria en juliana
Mantequilla para engrasar

Coloque las tiras de tortillas de maíz sobre una fuente. Viértales un poquito de grasa para que no se peguen. Cocinar al horno previamente calentado a 350° F durante 8 minutos o hasta que esté crocante. En una sartén de teflón dore el pollo, revolviendo para que no se pegue. Vierta la salsa de soja y cocine 2 minutos más. Sáquelo de la sartén y póngalo aparte para enfriar. Para servir, mezcle todos los ingredientes con su aderezo favorito. Sírvalo de inmediato para que las tortillas aún estén crocantes. Sirve para 2 porciones. La información nutricional no incluye el aderezo.

Ensalada de atún y queso

Información nutricional
1 taza =
Calorías 103
Lípidos 3 g
Proteínas 16,1 g
Carbohidratos 3 g
Contenido graso 26%
Colesterol 33 mg

Equivalencias
2 carne
1 vegetal
1 grasa

2 latas de atún al natural en agua de 180 g
1 cucharada de aceite de oliva
1 pimiento cortado en tiras
1 cebolla verde picada
20 tomates perita, cortados por la mitad
¼ taza de aceitunas rellenas y cortadas en rodajas
Hojas de lechuga

Ponga el aceite en una sartén grande. Sofría las verduras por 2 minutos, revolviendo con frecuencia. Agregue el atún en trozos y añádale los vegetales. Sírvalo en seguida sobre hojas de lechuga.
Da para 6 raciones.

Deliciosa ensalada de atún

Información nutricional
⅓ de la receta =
Calorías 130
Lípidos 3,8 g
Proteínas 17 g
Carbohidratos 8 g
Contenido graso 26%
Colesterol 21 mg

Equivalencias
½ carne
½ fruta
½ grasa

1 lata de atún al natural de 180 g
1 manzana mediana
2 tallos de apio picado
2 cucharadas de mayonesa dietética
1 cucharada de jugo de limón
2 cucharadas de perejil fresco picado
1 cucharada de pepinos agridulce
¼ cucharadita de mostaza seca
1 cucharadita de eneldo
Sal y pimienta a gusto
Lechuga cortada (opcional)

Combine todos los ingredientes. Esta receta queda muy bien con lechuga o espinaca. Sirve para 3 raciones.
Tome nota que las calorías se mantienen bajas porque se usa fruta y verdura de bajo valor calórico y con ellas se aumenta el volumen de las porciones.

Sopas

Sopa vegetariana de verduras

Información nutricional
2 tazas =
Calorías 50
Lípidos 0,5 g
Proteínas 2 g
Carbohidratos 9,2 g
Contenido graso 10%
Colesterol 0

Equivalencias
½ pan
1 vegetal

1 cucharadita de aceite de oliva
1 cebolla mediana picada
3 tallos de apio cortado en tiritas
1 pimiento mediano picado
4 tazas de agua
4 cubitos de caldo concentrado
2 latas de tomates cortados en cubos
3 papas medianas cortadas en trozos grandes
Condimentos al gusto: sal, pimienta, tomillo, laurel, cilantro, orégano, ajo en polvo, albahaca.

Sofría en un caldero la cebolla, el apio y el pimiento. Agregar los otros ingredientes y dejar cocinar lentamente. Sirve para 6 porciones.

Sopa de puerro y papas

Información nutricional
1 taza =
Calorías 137
Lípidos 1,8 g
Proteínas 7,5 g
Carbohidratos 16,2 g
Contenido graso 12%
Colesterol 6 mg

Equivalencias
1 pan
½ leche
½ grasa

1 cucharada de mantequilla
4 puerros medianos cortaditos
4 tazas de agua
1½ cucharadita de sal
3 papas medianas en dados
2 tazas de leche descremada
2 cucharadas de harina
cebollinos frescos picados (opcional)

Derrita la mantequilla en una olla grande. Sofría los puerros hasta que estén tiernos. Agregue el agua, la sal y las papas. Hierva hasta que las papas se deshagan. Mezclar la harina con la leche para que se disuelva bien. Agréguelo a la sopa revolviendo constantemente. Mantenga a fuego lento por unos 5 minutos. Sirva inmediatamente. Se le pueden agregar cebollinos picados si desea. Sirve para 6 porciones.

Sopa de cebolla a la francesa

Información nutricional
1 ¼ taza =
Calorías 148
Lípidos 4,3 g
Proteínas 7 g
Carbohidratos 20 g
Contenido graso 26%
Colesterol 15 mg

Equivalencias
1 pan
½ carne
½ grasa

1 cucharada de mantequilla
4 cebollas medianas en rebanadas finas
2 cucharadas de harina
6 tazas de agua
6 cubitos de caldo concentrado de carne
6 tajadas de pan francés
85 g de queso suizo rallado
6 cucharadas de migas de pan

Derrita la mantequilla en una cacerola grande. Sofría la cebolla. Añada la harina. Cuando empiece a dorarse la harina agregue el agua, removiendo constantemente. Agregue los cubitos de caldo. Cocine a fuego moderado durante 15 minutos. Tueste el pan y prepare el horno a 400° F. Eche la sopa en tazones para horno. Sobre cada taza ponga una tostada de pan francés y sobre esta 14 g de queso rallado, mezclado con migas de pan. Coloque en el horno durante 20 minutos, o hasta que el queso y las migas de pan se doren. Servir inmediatamente. Da para 8 porciones.

Sopa de pollo y verduras

Información nutricional
2 tazas =
Calorías 160 g
Lípidos 1,8 g
Proteínas 18,2 g
Carbohidratos 17,8 g
Contenido graso 10%
Colesterol 35 mg

Equivalencias
1 pan
1 ½ carne
1 vegetal

1 taza de guisantes congelados
2 papas grandes en dados
3 zanahorias peladas y cortadas en tajadas
½ pimiento campana picado
1 cebolla mediana picada
3 pechugas de pollo deshuesado, cocido y cortado en cubitos
1 ½ litro de agua
4 cubitos de caldo concentrado de gallina
Condimentos al gusto: pimienta negra molida, tomillo, perejil picado.

Coloque todos los ingredientes en una olla grande, menos los guisantes congelados. Cubra la olla y cocine a fuego lento 30 minutos hasta que las papas se desintegren. Agregue los guisantes (o cualquier otra clase de arvejas). Cocine 5 minutos más. Servir de inmediato. Rinde para 6 porciones. Recuerde que un líquido caliente satisface el hambre mejor que uno frío. Incluya sopas en su dieta con frecuencia.

Crema de tomates

Información nutricional
1 taza =
Calorías 60
Lípidos 1,2 g
Proteínas 4,2 g
Carbohidratos 7,5 g
Contenido graso 18%
Colesterol 0

Equivalencias
¼ pan
½ leche
½ vegetal

1 cucharada de margarina dietética
1 diente de ajo picado
1 cebolla mediana picada
6 tomates medianos cortados (sin perder el jugo)
1 taza de agua
225 g de leche descremada en polvo
1 cucharadita de perejil fresco
1 cucharada de harina
1 cucharadita de sal
⅛ cucharadita de pimienta

Sofría en una cacerola el ajo y la cebolla hasta que estén tiernas. Agregue el agua y los tomates y deje hervir 5 minutos. Mezcle los ingredientes restantes en la licuadora o procesadora. Eche esta mezcla en la cacerola y déjelo hervir. Sirva con perejil fresco, picado. Sirve para cuatro porciones.

Crema de brécol

Información nutricional
1 ½ taza =
Calorías 240
Lípidos 7,1 g
Proteínas 16,2 g
Carbohidratos 28 g
Contenido graso 27%
Colesterol 22 mg

Equivalencias
1 pan
1 carne
½ leche
1 vegetal

2 tazas de puré de papas «A la antigua» (ver receta)
1 paquete de 280 g de brécol congelado
¼ taza de cebollas picadas
2 tazas de leche descremada
¼ taza de maicena
100 g de queso pasteurizado
½ cucharadita de sal
½ cucharadita de ajo en polvo
¼ cucharadita de pimienta

Use la receta de «puré de papa a la antigua» o cualquier otro que haya quedado en la heladera. Descongele y cocine el brécol. Páselo junto con los otros ingredientes (menos el puré) por la licuadora. Combine esta crema con el puré en la cacerola, a fuego lento, hasta que se espese. Si es necesario agregue más leche. Sirva como plato principal con perejil picado. Sirve para 4 raciones.

Sopa de coliflor con queso

Información nutricional
2 tazas =
Calorías 263
Lípidos 16,5 g
Proteínas 17,2 g
Carbohidratos 12,1 g
Contenido graso 57%
Colesterol 45 mg

Equivalencias
½ pan
1 ½ carne
½ leche
1 vegetales

1 cucharada de margarina dietética
1 cebolla mediana cortada en daditos
2 tazas de coliflor cortado fino
1 ½ taza de agua
4 cubitos de caldo concentrado de gallina
⅛ cucharadita de nuez moscada
1 taza de leche descremada
1 cucharada de maicena
85 g de queso (cheddar) rallado

En una olla grande caliente la margarina. Sofría la cebolla hasta dorarla. Agregue el coliflor, el agua, los cubitos de caldo y la nuez moscada. Deje hervir a fuego lento hasta que se ablande el coliflor, es decir unos 15 minutos. Mezcle la maicena con la leche y cocine hasta que se espese. Baje el fuego y agregue el queso removiendo hasta que se derrita. Sirva inmediatamente con perejil picado. Rinde 2 raciones.

Sabrosa sopa de lentejas

Información nutricional
1 y ¾ de taza =
Calorías 220
Lípidos 3 g
Proteínas 17,2 g
Carbohidratos 31 g
Contenido graso 12%
Colesterol 20 mg

Equivalencias
2 pan
1 carne

2 cebollas medianas en rodajas
2 zanahorias medianas rebanadas
1 taza de apio cortado
100 g de jamón (con poca grasa) cortado en dados
1 paquete de 450 g de lentejas secas
½ cucharadita de sal
½ cucharadita de tomillo
3 hojas de laurel
½ cucharadita de pimienta
¼ cucharadita de paprika
1 cucharada de jugo de limón

Ponga todos los ingredientes a fuego lento en una olla refractaria durante unos 70 minutos. Saque las hojas de laurel. Use los condimentos según su gusto. Sírvalo como plato principal con ensalada y pan. Rinde 6 porciones.

«Chowder» de almejas estilo Manhattan

Información nutricional
1 ⅔ taza =
Calorías 110
Lípidos 1 g
Proteínas 10,2 g
Carbohidratos 14,9 g
Contenido graso 8%
Colesterol 17 mg

Equivalencias
2 carne
1 vegetal

1 lasca de tocino
2 tazas de cebolla picada
5 tazas de agua
1½ taza de zanahorias cortadas
1 taza de apio cortado
2 tazas de papas en cubitos
3 cucharaditas de perejil
3 docenas de almejas con líquido
2 latas de 400 g de tomates
2 hojas de laurel
1 ½ cucharadita de sal
1 cucharadita de tomillo
¼ cucharadita de pimienta

En una olla de horno y a fuego moderado, fría el tocino hasta que esté crocante. Retire el tocino y agregue las cebollas. Cocine hasta que estén tiernos. Agregue 5 tazas de agua, el líquido de las almejas y el resto de los ingredientes, menos las almejas. Deje hervir a fuego lento unos 20 minutos. Corte las almejas en trozos y deje hervir otros 5 minutos. Sirve para 8 porciones.

«Chowder» de queso

Información nutricional
1½ taza =
Calorías 245
Lípidos 9,5 g
Proteínas 10 g
Carbohidratos 30 g
Contenido graso 35%
Colesterol 25 mg

Equivalencias
1 pan
1 carne
2 grasos

3 tazas de agua
5 cubitos de caldo concentrado de gallina
4 papas medianas cortadas en cubitos
1 cebolla mediana en ruedas
1 taza de zanahorias a la juliana
½ taza de pimiento campana picado
½ taza de margarina dietética
⅓ taza de harina común
3 ½ taza de leche descremada
60 g de pimiento picado
2 tallos de apio cortado
170 g de queso cheddar rallado
Ajo en polvo, tomillo, sazón al gusto.

Ponga el agua con los cubitos de caldo, en una olla. Cuando comience a hervir agregue las verduras y tápelas. Mantenga hirviendo a fuego lento durante 12 minutos, o hasta que las verduras se ablanden. Aparte, derrita la margarina, añada la harina y cocínelo 1 minuto. Vierta leche de a poco y revuélvala con una batidora de alambre. Cocine hasta que se espese. Añada el queso y mantener sobre fuego lento hasta que se derrita. Agregar esta mezcla al caldo en la olla. Revuelva despacio, no lo deje hervir. Déjelo enfriar 5 minutos antes de servir. Ocho porciones.

Gran sopa de pavo

Información nutricional
1½ tazas =
Calorías 168
Lípidos 1,5 g
Proteínas 12 g
Carbohidratos 26,6 g
Contenido graso 8%
Colesterol 24 mg

Equivalencias
1 pan
1 leche
1 vegetal

500 g de pechuga de pavo
Condimento concentrado de pollo
Salvia
3 tazas de agua
1 cebolla grande
¼ taza de cebada
2 papas amarillas grandes, cortadas en cubitos
1 taza de zanahorias frescas, cortadas
1 lata de 400 g de pulpa de tomates
1 lata de frijoles colorados de 400 g (escurridos)
1 lata de 280 de maíz (escurrido)
1 lata de 400 g de vegetales mixtos (escurridos)
1 lata de 400 g de (escurridos)
1 lata de 400 g de guisantes verdes (escurridos)
Sal y pimienta al gusto
1 cucharadita de mejorana
1 cucharadita de ajo en polvo

Hierva la pechuga de pavo en una olla y ponga el condimento para pollo y la salvia, en el agua. Saque el pavo cuando esté tierno y déjelo enfriar para poder cortarlo en pedacitos. Al caldo restante échele los trozos de pavo, la cebolla, la cebada, las papas y la zanahoria. Cocine a fuego lento por 30 minutos. Después agregue los vegetales y cocínelo por otros 20 minutos. Se puede sustituir el pavo por pollo. Alcanza para 12 porciones. Cuando tenga que recalentar lo que sobra es bueno agregar una lata de caldo de gallina para diluirlo. Queda muy rico al acompañarlo con pan de maíz.

Guiso irlandés

Información nutricional
1½ taza =
Calorías 251
Lípidos 5,4 g
Proteínas 27 g
Carbohidratos 23 g
Contenido graso 19%
Colesterol 71 mg

Equivalencias
1 pan
2 carne
1 vegetales
½ grasa

750 g de carne magra cortada en tiras de 2 cm
½ taza de harina
1 cucharada de aceite
2 cebollas grandes cortadas en ocho partes
2 dientes de ajo picado
1 lata de 400 g de tomates
2 zanahorias cortadas
2 tallos de apio cortados
2 papas grandes cortadas en cubos
1 nabo tierno cortado
4 tazas de agua
3 cubitos de caldo concentrado de carne
½ taza de vino para cocinar
2 cucharadas de perejil picado
2 cucharaditas de sal
¼ cucharadita de pimienta

Pase la carne por la harina de manera que quede cubierta. Caliente el aceite en una olla grande y dore la carne. Agregue la cebolla y el ajo, y revuelva hasta que esté dorado. Agregue los otros ingredientes sin olvidar el nabo, que da buen gusto. Agregue un poco de agua si es necesario. Tape y cocine a fuego lento, más o menos 1 hora. Sirve para 8 porciones.

Chili tejano con frijoles

Información nutricional
1½ taza =
Calorías 198
Lípidos 3 g
Proteínas 25,5 g
Carbohidratos 17,2 g
Contenido graso 14%
Colesterol 25 mg

Equivalencias
1 pan
1 ½ carne
½ vegetal

250 g de frijoles pintos
250 g de frijoles blancos
8 tazas de agua
½ cucharadita de sal
500 g de carne molida magra
2 paquetes de condimentos preparados con chili
1 lata de tomates, cortados
1 cebolla grande cortada
2 dientes de ajo picado
1 lata de ajíes verdes (opcional)
1 pimiento verde cortado
4 cucharadas de harina
4 cucharadas de agua

Enjuague los frijoles y póngalos a remojar por dos o tres horas. Hiérvalos con sal hasta que se ablanden. Dore la carne y agregue los otros ingredientes menos la harina. Cocine unos 10 minutos. Ahora combine la carne con los frijoles. En un bol mezcle la harina con 4 cucharadas de agua hasta formar una pasta homogénea. Agréguele chili (salsa con ají) y caliente removiéndolos por dos o tres minutos.
Sirve para 10 porciones.

Sandwiches

Sandwich mañanero

Información nutricional
1 sandwich =
Calorías 222 g
Lípidos 7,5 g
Proteínas 17,1 g
Carbohidratos 25 g
Contenido graso 30%
Colesterol 0

Equivalencias
1 pan
1 carne
½ grasa

1 muffin inglés (pan tipo hamburguesas de trigo)
¼ taza de egg-beaters (huevos enteros para batir)
1 tajada delgada de tocineta
1 tajada de queso pasteurizado de bajas calorías
1 cucharadita de margarina dietética

Unte el pan con la margarina y tuéstelo en el horno. Cocine el huevo en una sartén, en forma de tortilla delgada y firme. Saque el huevo de la sartén y dóblelo por la mitad para colocarlo sobre la mitad inferior del pan. En la misma sartén dore la tocineta y colóquela sobre el huevo. Luego ponga el queso sobre el tocino y cúbralo con la otra tapa del pan. Sirva de inmediato. Una porción.

Sandwich Reuben, a la parrilla

Información nutricional
1 sandwich =
Calorías 350
Lípidos 13,6 g
Proteínas 8 g
Carbohidratos 48 g
Contenido graso 35%
Colesterol 10 mg

Equivalencias
2 pan
1 ½ carne
2 grasa

2 tajadas de pan de centeno
1 cucharadita de margarina dietética
2 cucharaditas de aderezo de bajas calorías
1 rodaja de jamón de bajo contenido graso
2 tajadas de queso suizo
1 cucharada colmada de col agria
Grasa para evitar que se pegue

Unte las tajadas de pan con la margarina. Colóquelas en la sartén levemente engrasada. Póngale el aderezo al pan y encima ponga el jamón, el queso, la col agria. Coloque la tapa de pan con la margarina de un lado y el aderezo del otro. Dore de los dos lados y sirva caliente. Una porción.

Esta versión del sandwich tiene mucho menos calorías que el tradicional de 600 calorías y de más de 50% de grasa.

Club sandwich

Información nutricional
1 sandwich =
Calorías 290 g
Lípidos 25,2 g
Proteínas 25,5 g
Carbohidratos 34,2 g
Contenido graso 18%
Colesterol 58 mg

Equivalencias
1 ½ pan
2 carne
½ leche
1 grasa

3 rebanadas de pan liviano
1 rodaja de jamón liviano
1 tajada pechuga de pavo
1 rodaja de tocineta canadiense
1 rebanada de queso pasteurizado liviano
2 rodajas delgadas de tomate
Lechuga y cebolla morada cortadas en juliana
2 cucharaditas de mayonesa dietética

Tueste el pan y úntelo con mayonesa de un lado. Agregue luego en este orden las cosas: pechuga de pavo, tocineta canadiense, tomate, una rebanada de pan, jamón, queso, cebolla y lechuga, y la última rebanada de pan tostado. Sirve para una porción. Este sandwich es especial para cuando hay visitas. Mantendrá su dieta incluso cuando tenga invitados.

Fajitas

Información nutricional
¼ de receta =
Calorías 329
Lípidos 4 g
Proteínas 33 g
Carbohidratos 39 g
Contenido graso 12%
Colesterol 85 mg

Equivalencias
2 pan
3 carne
1 vegetal
1 graso

500 g de pechuga de pollo
Sal y pimienta a gusto
1 diente de ajo
Mezcla especial para sazonar fajitas
1 cucharada de aceite de maíz
1 cebolla mediana finamente cortada
1 pimiento verde a la juliana
4 panecillos de pita calentados
1 tomate mediano en rebanadas
Salsa picante

Corte el pollo en tiras. Condimente con sal, pimienta y la mezcla de condimentos especiales. Dore el pollo en una sartén con aceite. Agréguele el ajo, la cebolla y el pimiento. Revuelva hasta que se ablande la cebolla. Corte el pan de pita por la mitad y ábralo para que forme un bolsillo. Llene la mitad con ⅛ de la mezcla de pollo y ⅛ de ruedas de tomate. Sirva caliente con salsa picante. Para 4 porciones

Nota: Esta es una comida casera sureña muy rápida de preparar. Se puede usar carne magra en vez de pollo.

El «super sub» italiano [c]

Información nutricional
¼ de sandwich =
Calorías 340 (varía según el pan que use)
Lípidos 7 g
Proteínas 30,1 g
Carbohidratos 40,2 g
Contenido graso 18%
Colesterol 75 mg

Equivalencias
3 pan
2 carne
1 vegetal

1 pan francés un poco fino de 16 cm de largo
120 g de pechuga de pavo en rebanadas finas
60 g de queso mozzarella en rebanadas finas
4 rebanadas de queso cheddar picante
¼ taza de aderezo italiano
1 taza de lechuga cortada en juliana
2 tomates medianos
2 ruedas de cebolla roja separada en aros
Pimienta a gusto

Corte el pan por la mitad a lo largo y póngalo en una fuente. Úntelos con la salsa italiana. Ponga una capa de carne y luego una de queso en cada mitad. Éste debe estar arriba. Caliente hasta que se vean burbujas. Agregue las verduras a la mitad inferior. Coloque encima la otra mitad con la carne y el queso y formará un gran submarino. Sujételo con cuatro palillos de diente y corte en cuatro pedazos iguales. Use varios panes si tiene más comensales. Siempre tendrá éxito y podrá mantener su dieta.

---

[c] Las recetas marcadas con [c] en esta sección, son tomadas de A Prime Time, una guía completa de salud, para mujeres de 35 a 65 años. Sneed and Sneed, Irving, TX, 1989. Reproducida con permiso.

Queso de bajas calorías, a la parrilla

Información nutricional
1 sandwich =
Calorías 150 g
Lípidos 4,7 g
Proteínas 8 g
Carbohidratos 18,9 g
Contenido graso 28%
Colesterol 5 mg

Equivalencias
1 pan
½ carne
1 graso

2 rodajas de pan dietético
1 rebanada de queso de bajas calorías
2 cucharaditas de margarina dietética

Unte la margarina sobre la superficie de cada rodaja de pan. Ponga el queso en el medio. Caliéntelo sobre una parrilla o sartén hasta que se tueste de cada lado. El queso en el medio debe quedar completamente derretido. Sirve para una ración.
Los sandwiches comunes de queso por lo general llegan a las 400 ó 500 calorías.

El picante Joes

Información nutricional
un sandwich =
Calorías 235
Lípidos 9,4 g
Proteínas 19 g
Carbohidratos 19,6 g
Contenido graso 36%
Colesterol 21 mg

Equivalencias
2 pan
1 ½ carne
1 vegetales
1 grasa

Grasa en spray
1 cebolla mediana picada
1 pimiento mediano picado
225 g de carne molida sin grasa
3 cucharadas de condimento para tacos
4 pequeños panes para hamburguesas cortados y tostados
1 taza de lechuga cortada en juliana
1 tomate cortadito
4 aceitunas negras cortadas

Sofría la cebolla, el pimiento y la carne en una sartén hasta que se dore. Quite el exceso de grasa con una toalla de papel. Agregue los tomates y la mezcla de condimento para tacos. Deje cocinar 5 minutos a fuego lento, removiendo bien. Para servir ponga una mitad de cada pan en un plato individual. Eche ¼ parte de la carne en cada pan. Agregue ¼ taza de lechuga y ¼ tajada de tomate, y una tajada de aceituna negra. Sirva el sandwich caliente. Son cuatro raciones.

Salsas y aderezos

Aderezo de crema agria y pepino

Información nutricional
2 cucharadas =
Calorías 22
Lípidos 1,2 g
Proteínas 0,8 g
Carbohidratos 2 g
Contenido graso 48%
Colesterol 3 mg

Equivalencia
1 grasa

112 g de crema agria
112 g de yogur descremado
1 pepino picadito
½ cucharadita de curry (opcional)

Combine todos los ingredientes y mezcle hasta que quede cremoso. Esta salsa queda muy bien con pescado al horno o pastel de salmón. Sirve para 12 porciones.

Salsa barbacoa de primera

Información nutricional
2 cucharadas =
Calorías 24
Lípidos 0,6 g
Proteínas 0,6 g
Carbohidratos 4 g
Contenido graso 20%
Colesterol 0

Equivalencia
¼ pan

2 botellas de 14 oz de catsup
1 botella de 12 oz de salsa chili (ají)
⅓ taza de mostaza
1 cucharada de mostaza en polvo
2 cucharaditas de pimienta negra
1½ tazas de vinagre de vino
½ taza de jugo de limón fresco
4 oz de salsa espesa de estofado de carne
2 gotas de salsa de tabasco
¼ taza de salsa inglesa
2 cucharadas de salsa de soja
2 cucharadas de aceite de oliva
2 dientes de ajo picado
2 tazas de azúcar negra
½ taza de miel

Combine todos los ingredientes y revuélvalos en una olla grande a fuego lento, sin tapa, por 1 ó 2 horas. Esta salsa se puede guardar en el refrigerador por varias semanas. Si se conserva en el freezer puede tenerlo por más tiempo. Sale 1½ litros y sirve para 96 porciones. Se puede usar sobre pollo, carne o pescado. Todo queda con un gusto exquisito.

Salsa Pico de Gallo

Información nutricional
¼ - ⅓ de taza =
Calorías 12
Lípidos 0
Proteínas 0,5 g
Carbohidratos 3 g
Contenido graso 0%
Colesterol 0

Equivalencia
½ vegetal

3 tomates grandes maduros cortados
⅓ taza de cebolla colorada picada
¼ pimiento cortado
⅓ taza de cilantro fresco picado
1 diente de ajo grande picado
Jugo de 2 limas
Sal y pimienta al gusto

Una todos los ingredientes. Esta salsa puede usarse para crema de untar o en asados de carne, especialmente pescado o pollo. Salen porciones para 8. Esta receta puede considerarse como un alimento sin restricciones. Además tiene mucha vitamina C.

Aderezo francés de miel

Información nutricional
1 cucharada =
Calorías 28
Lípidos 0
Proteínas 0
Carbohidratos 7,6 g
Contenido graso 0%
Colesterol 0

Equivalencia
½ fruta

½ taza de miel
¼ taza de agua
¼ taza de vinagre de cidra
¼ taza de mayonesa dietética
1 cucharadita de salsa inglesa con sal reducida

Una los ingredientes en un frasco y asegúrele la tapa. Luego agite el contenido hasta que quede bien mezclado. Póngalo en el freezer. Sirve para 24 porciones.

Salsa de crema agria Faux y cebollines

Información nutricional
2 cucharadas =
Calorías 22
Lípidos 0,4 g
Proteínas 2,2 g
Carbohidratos 3 g
Contenido graso 15%
Colesterol 5 mg

Equivalencia
¼ carne

2 tazas de queso cottage de bajas calorías
¼ taza de suero de manteca
3 cucharadas de puerros frescos o congelados
½ cucharadita de sal
¼ cucharadita de jugo de ajo

Ponga todo en la licuadora y bata hasta que quede suave. Sirve para 18 porciones.

Aderezo de queso azul

Información nutricional
1 cucharada =
Calorías 27
Lípidos 2 g
Proteínas 1 g
Carbohidratos 1,2 g
Contenido graso 67%
Colesterol 24 mg

Equivalencia
½ grasa

1 taza de queso cottage de bajas calorías
½ taza de mayonesa dietética
½ cucharadita de sal
⅓ taza de queso azul hecho trocitos

Coloque la mayonesa, el queso y la sal en la licuadora. Vierta el queso azul. Ponga en la heladera por varias horas antes de usarlo. Sirve para 32 porciones.

Aderezo de mil islas

Información nutricional
2 cucharadas =
Calorías 34
Lípidos 1,2 g
Proteínas 3 g
Carbohidratos 3 g
Contenido graso 31%
Colesterol 14 mg

Equivalencias
½ carne
½ grasa

1½ taza de queso cottage de bajas calorías
½ cucharadita de mostaza en polvo
2 cucharadas de salsa para asados
2 cucharadas de mayonesa dietética
1 cucharada de azúcar
2 cucharadas de pepinillos agridulces
2 huevos duros cortados

Una el queso, la mostaza, la salsa de asado, la mayonesa, el azúcar y licúelo. Después agregue los pepinillos y los huevos cortados. Sirve para 20 porciones.

Salsa oscura

Información nutricional
¼ taza =
Calorías 26
Lípidos 0,5 g
Proteínas 1 g
Carbohidratos 4,1 g
Contenido graso 2%
Colesterol 0

Equivalencia
¼ pan

1 lata de 300 g de sopa de cebollas condensada
150 ml de agua
3 cucharadas de maicena

Mezcle los ingredientes con una batidora de alambre en una olla fría. Al desaparecer los grumos siga removiendo a fuego mediano durante 10 segundos. Enfríelo. Sirve para 8 porciones.

Recuerde que hay dos maneras de mezclar los ingredientes para espesar (es decir, harina o maicena). Se puede empezar por hacer una pasta de harina con aceite o grasa, o se puede agregar la harina al líquido frío (eso es, agua, leche o caldo). Si se usa el segundo método se libra de los lípidos y se puede comer diariamente. En cambio, si disuelve la harina en aceite, aumentará las calorías y los lípidos, que no se deben comer.

Salsa blanca cremosa

Información nutricional
¼ taza =
Calorías 38
Lípidos 0
Proteínas 3,5 g
Carbohidratos 6 g
Contenido graso 0%
Colesterol 0

Equivalencias
¼ pan
¼ carne

2 tazas de leche descremada
4 cucharadas de harina común
½ paquete de cuadritos de mantequilla
Sal y pimienta al gusto

Mezcle todos los ingredientes en una olla fría y mezcle con un batidor de alambre. Caliente sobre fuego lento hasta que burbujee. Sirve para 8 porciones.

¿Quién dice que no se puede comer salsa? Pruebe esta receta con pollo al horno, puré de papas o cualquier otra cosa que la requiera.

Pasta herbácea para untar

Información nutricional
1 cucharadita =
Calorías 14
Lípidos 1,2 g
Proteínas 0,5 g
Carbohidratos 0
Contenido graso 85%
Colesterol 8 mg

Equivalencia
½ grasa

½ taza de margarina dietética
2 cucharadas de mantequilla (opcional)
2 cucharadas de perejil fresco picado
1 cucharadita de polvo de ajo
1 cucharadita de condimento italiano
¼ taza de queso parmesano rallado

Derrita la margarina y la mantequilla en una olla o microonda. Añada las especies. Deje enfriar a temperatura ambiente y agregue el queso parmesano. Mezcle y vierta en un recipiente para soufflé. Ponga en la heladera y cuando esté frío sírvalo con bollitos o pan caliente. Sirve para 48 porciones.

Pruebe este sabroso aderezo en vez de margarina o manteca.

Panes

Bollitos de salvado

Información nutricional
1 bollito =
Calorías 110
Lípidos 1,5 g
Proteínas 6,3 g
Carbohidratos 17,7 g
Contenido graso 12%
Colesterol 0

Equivalencias
1 pan
1 grasa

1 taza de hojuelas de salvado
1 taza de salvado
¼ taza de salvado
2 cucharadas de pasitas amarillas
2 cucharaditas de polvo de hornear
1 cucharadita de bicarbonato de soda
1 cucharadita de canela
1 pizca de nuez moscada
¾ taza de leche evaporada descremada
2 cucharadas de aceite de maíz
¾ tazas de jugo de manzanas concentrado
1 cucharadita de extracto de vainilla

Ponga todos los ingredientes secos en un bol. Agregue los líquidos y mézclelos bien. Vierta en el molde para muffins hasta ⅔ parte y ponga al horno 20 minutos a 375° F. Salen 16. Cada bollito (muffin) contiene aproximadamente 2 gramos de fibra.

Bollitos Popovers

Información nutricional
Cada bollito =
Calorías 53
Lípidos 1 g
Proteínas 3,3 g
Carbohidratos 8,5 g
Contenido graso 13%
Colesterol 41 mg

Equivalencia
⅔ pan

1 taza de harina
½ cucharadita de sal
1 taza de leche descremada
2 huevos batidos
grasa

Bata todos los ingredientes hasta que queden suaves. Unte su molde para 12 bollitos (muffins) con grasa. Llénelos hasta la mitad con la mezcla. Hornee a 425° F de 35 a 45 minutos o hasta que estén bien doraditos. Estos bollitos son muy buenos para acompañar una sopa. Rinde 12 raciones.

Bollitos de jamón, salvado y queso

Información nutricional
Cada bollito =
Calorías 114
Lípidos 4,2 g
Proteínas 7,9 g
Carbohidratos 11 g
Contenido graso 33%
Colesterol 13 mg

Equivalencias
¾ pan
1 carne
1 fruta
1 grasa

¼ taza de salvado 100% (sin agregado de azúcar)
1 taza de harina integral
½ taza de harina común
1 cucharada de polvo de hornear
1 cucharadita de sal
⅛ cucharadita de pimienta
½ cucharadita de mostaza en polvo
114 gramos de jamón ahumado, cocinado y cortado, sin grasa
57 gramos de queso picante, rallado
¼ taza de harina de maíz
1 ⅓ taza de suero de manteca
3 claras de huevo
1 cucharada de aceite vegetal
Aceite en spray

Caliente el horno de antemano a 400° F. Combine todos los ingredientes en un bol grande. Prepare su molde engrasado para 12 bollitos. Ponga con una cuchara la mezcla de jamón y deje cocinar bien durante 20 ó 25 minutos. Se puede comer caliente con una buena ensalada para completar una comida. También lo puede servir para un desayuno. Rinde 12 porciones.

Pan de avena y calabaza

Información nutricional
Una rodaja de 1½ cm =
Calorías 157
Lípidos 7 g
Proteínas 3 g
Carbohidratos 21,8 g
Contenido graso 40%
Colesterol 0

Equivalencia
1 pan

3 tazas de harina cernida
1 taza de avena tradicional, sin cocinar
1½ cucharada de polvo de hornear
2 cucharaditas de canela en polvo
1 cucharadita de bicarbonato de soda
1 cucharadita de sal
1 cucharadita de gengibre en polvo
1 cucharadita de nuez moscada
¼ cucharadita de clavo de olor molido
1 taza de miel
½ taza de aceite vegetal
8 claras de huevos o 4 huevos enteros
⅔ taza de jugo de naranja
1 lata de 440 gramos de calabaza
1 taza de nueces picadas
Aceite vegetal en spray
1 clara de huevo apenas batido
¼ taza de avena tradicional sin cocinar

Combinar los 9 primeros ingredientes en un bol grande. Mezcle la miel, el aceite y los huevos; agregue la mezcla de harina y después el jugo de naranja, la calabaza y las nueces. Eche todo en dos moldes para pan. Pasar clara de huevo encima y un poco de avena. Cocine a 350º F durante 1 hora. Deje enfriar 10 minutos. Sáquelo del recipiente. Da para 36 raciones. Tiene muchas calorías, por eso sólo debe prepararse para ocasiones especiales. Puede eliminar las nueces, para reducir el alto contenido calórico.

«Muffins increíbles»

Información nutricional
1 muffin =
Calorías 110
Lípidos 3 g
Proteínas 7,8 g
Carbohidratos 13 g
Contenido graso 36%
Colesterol 0

Equivalencias
1 pan
1 grasa

1½ tazas de salvado de avena
1½ tazas de avena instantánea
1 taza de harina
¼ taza de azúcar
⅓ taza de salvado de trigo
2 cucharaditas de bicarbonato de soda
1 cucharadita de sal
2 cucharaditas de canela
4 claras de huevo, crudas
1 lata de piña triturada con jugo
2 tazas de bananas aplastadas
½ taza de aceite vegetal
¼ taza de miel
1 cucharada de esencia de vainilla

Mezcle todos los ingredientes secos. Aparte mezcle los ingredientes líquidos. Mezcle poco a poco los ingredientes secos y líquidos. Engrase el molde para muffins y cocínelos en horno de 350° F por 20 ó 25 minutos. Sirve para 30 raciones.

Recuerde que la fibra del salvado de avena puede reducir su nivel de colesterol cuando se usa con regularidad.

Bollitos ligeros para la cena

Información nutricional
1 bollito =
Calorías 120
Lípidos 4 g
Proteínas 2 g
Carbohidratos 19 g
Contenido graso 30%
Colesterol 15 mg

Equivalencias
1 pan
1 grasa

1 paquete de bollitos de levadura congelados (trae 24)
¼ taza de margarina dietética (50 calorías por cucharada)
2 cucharadas de mantequilla o margarina común
1 cucharadita de condimento italiano
2 cucharaditas de perejil picado
½ cucharadita de polvo de ajo
2 cucharadas de queso Parmesano
Aceite en spray

Descongele los bollitos de levadura hasta que estén blandos, pero aún fríos. Derrita la margarina y la mantequilla en una fuente y luego añada el condimento y las hierbas. No agregue el queso hasta que retire la fuente del fuego y quede tibio. Ahora mezcle el queso (no lo sumerja demasiado). Sumerja los bollitos de levadura en la mezcla de mantequilla hasta que queden bien cubiertos. Engrase 2 fuentes para pastel y coloque los bollos a 2 cm de distancia entre cada uno. Deje que crezcan durante dos horas. Póngalos al horno según indica el paquete. Por lo general es a horno de 350° F por unos 15 minutos. Da 24 porciones. No hace falta usar más mantequilla o margarina al servir estas recetas.

Verduras y platos adicionales

Ratatouille

Información nutricional
¼ taza =
Calorías 44
Lípidos 1 g
Proteínas 1,5 g
Carbohidratos 7,3 g
Contenido graso 19%
Colesterol 0

Equivalencia
1 ½ vegetales

1 berenjena pequeña cortada en cubitos
225 g de calabacines verdes pelados y cortados en cubitos
1 pimiento rojo cortadito
1 ají verde cortado en cubitos
2 cucharaditas de aceite de oliva
1 cebolla mediana picada
2 dientes de ajo picados
1 tomate grande cortado en trozos
¼ taza de jugo de tomate
Albahaca fresca al gusto, picada
Pimienta molida
Perejil fresco
¼ cucharadita de sal

Caliente ½ cucharadita de aceite en su sartén de teflón. Sofría la cebolla y el ajo hasta que estén tiernos. Agregue la berenjena y cocínela 3 minutos. Pase a un bol la cebolla, el ajo y la berenjena. En el misma sartén ponga ½ cucharadita de aceite y sofría el calabacín por 3 minutos y pase al bol. Sofría los pimientos por 2 minutos, hasta que estén tiernos. Mézclelos con la berenjena y el calabacín. Vierta el resto del aceite en la sartén y agregue los tomates y el jugo para hacer una salsa. Una los vegetales con la salsa de tomate. Condimente con albahaca, pimienta, perejil y sal. Puede servirlo caliente o frío guarnecido con perejil fresco. Sirve para 8 raciones.
Este plato es especial para acompañar arroz o pescado grillé.

Habichuelas condimentadas

Información nutricional
½ taza =
Calorías 40
Lípidos 1,3 g
Proteínas 1 g
Carbohidratos 6 g
Contenido graso 29%
Colesterol 0

Equivalencia
1 vegetales

300 gramos de habichuelas congeladas
1 cucharada de margarina dietética
1 cucharada de agua
½ taza de apio triturado
¼ taza de cebollas picadas
2 cucharadas de pimientos picados
1 cucharada de vinagre
¼ cucharadita de semillas de eneldo
Sal y pimienta a gusto

Ponga el agua y la margarina en una cacerola de ½ litro. Agregue las habichuelas congeladas y cocínelas hasta que estén blandas. No hierva demasiado. Muévalas con un tenedor. Agregue los otros ingredientes y revuélvalo. Sirva caliente. El apio debe quedar crocante. Sirve para 4 porciones.

Zanahorias con cardamomo

Información nutricional
½ taza =
Calorías 45
Lípidos 1 g
Proteínas 1 g
Carbohidratos 8 g
Contenido graso 20%
Colesterol 0

Equivalencia
1 vegetal

3 tazas de zanahorias raspadas y cortadas en juliana
½ taza de agua
2 cucharaditas de margarina dietética
1 cucharadita de azúcar parda
½ cucharadita de cardamomo

En una cacerola mediana coloque las zanahorias con el agua. Tápelas y déjelas hervir hasta que estén blandas. Escúrralas y póngalas aparte. Derrita la margarina en una cacerola. Incorpore el azúcar y el cardamomo. Revuelva hasta que se derrita el azúcar. Agregue las zanahorias. Cocine a fuego lento, removiendo hasta que las zanahorias estén bien cubiertas y calientes. Sirve para 4 porciones.

Zanahorias con cilantro

Información nutricional
½ taza =
Calorías 58
Lípidos 1,8 g
Proteínas 1,2 g
Carbohidratos 9,2 g
Contenido graso 28%
Colesterol 0

Equivalencias
1 vegetal
½ grasa

500 g de zanahorias peladas y cortadas en juliana
1 cucharada de aceite de oliva
¼ taza de hojas de cilantro cortadas
Una pizca de sal y pimienta

Sofría levemente las zanahorias en el aceite y cuando estén casi blandas agréguele el condimento. Cocine 1 minuto más y sírvalo. Rinde 6 porciones.
Las zanahorias son una de las mejores fuentes de vitamina A, o sea, carotena. Inclúyalas con frecuencia. El aceite de oliva ayuda a bajar el suero total de los niveles de colesterol.

Verduras salteadas en mantequilla

Información nutricional
½ taza =
Calorías 47
Lípidos 1,5 g
Proteínas 2 g
Carbohidratos 6,4 g
Contenido graso 29%
Colesterol 5 mg

Equivalencias
1 vegetal
½ grasa

1 cucharada de margarina dietética
1 cebolla mediana, rebanada
1 diente de ajo triturado
1 taza de ramitos de brécol
1 calabacín cortado
½ taza de hongos frescos cortados
1 pimiento cortado
2 tomates medianos cortados
2 cucharaditas de condimento (Molly McButter)
2 cucharaditas de semillas de sésamo
½ cucharadita de pimienta

Caliente la margarina en una sartén grande de teflón. Agregue la cebolla y el ajo, y cocine hasta que quede crocante. Añada el brécol, el calabacín, los hongos y el pimiento. Revuelva mientras se fríe. Agregue los tomates. Siga cocinando 1 minuto. Añada los demás ingredientes y revolviendo hasta que todo esté bien mezclado. Salen porciones para 6.

Repollo holandés a la Pennsylvania

Información nutricional
¾ taza =
Calorías 35
Lípidos 0
Proteínas 2 g
Carbohidratos 6,5 g
Contenido graso 0%
Colesterol 0

Equivalencia
1 ½ vegetales

4 tazas de repollo morado finamente cortado
1 manzana en cubitos
2 cucharadas de jugo de limón
1 cubito de caldo concentrado de gallina
⅛ cucharadita de condimentos mezclados
¾ tazas de agua
Sal y pimienta a gusto
½ cucharadita de semillas de alcaravea
1 cucharada de azúcar

Combine todos los ingredientes en una cacerola grande. Tape y deje a fuego lento unos 20 minutos, hasta que el repollo esté blando.

Brécol y coliflor a la parmesana

Información nutricional
¼ de esta receta =
Calorías 120
Lípidos 4,5 g
Proteínas 5,1 g
Carbohidratos 14,6 g
Contenido graso 34%
Colesterol 25 mg

Equivalencias
½ carne
2 vegetales
1 grasa

300 gramos de ramas de brécol
300 gramos de ramas de coliflor
60 g de queso cheddar picante
3 cucharadas de queso parmesano rallado
2 cucharadas de migas de pan
1 cucharada de margarina dietética
Sal de ajo, pimienta, perejil, condimento italiano seco
al gusto y grasa.

Engrase con aceite una fuente para horno con capacidad para 1½ litros. Coloque en capas una parte de brécol y de coliflor en el fondo. Cubra con la mitad de los otros ingredientes. Luego agregue otra capa de las verduras y cubra con el resto del queso y los condimentos. Ponga la tapa y llévelo al horno de 350° por unos 30 minutos, o hasta que se derrita el queso. Sirve para 4 porciones.

Alcachofas a la parmesana

Información nutricional
⅔ taza =
Calorías 80
Lípidos 1,5 g
Proteínas 2 g
Carbohidratos 14,5 g
Contenido graso 17%
Colesterol 9 mg

Equivalencias
½ carne
1 vegetal
½ grasa

¼ taza de migas de pan
2 cucharadas de queso parmesano rallado
3 cucharadas de aderezo italiano para ensalada (7 calorías por cucharada)
1 paquete de 285 g de corazones de alcachofa descongeladas y escurridas
1 cucharada de aderezo italiano para ensaladas
2 tomates medianos cortados en cuatro

Mezcle las migas de pan con el queso y 3 cucharadas de aderezo. Cubra las alcachofas con aderezo y colóquelos con los tomates en una fuentecita de horno. Desparrame la mezcla de migas de pan sobre las verduras. Ponga al horno a 350° F por 30 ó 35 minutos o hasta que esté un poco dorado en la superficie. Sirve 4 porciones.

Cacerola de espinaca con queso

Información nutricional
½ taza =
Calorías 125
Lípidos 2,7 g
Proteínas 16,5 g
Carbohidratos 8,5 g
Contenido graso 19%
Colesterol 7 mg

Equivalencias
1 leche
1 vegetal
1 grasa

600 gramos de espinaca congelada cocinada, escurrida y cortada
1 taza de queso cottage de bajo contenido graso
¼ taza de cebollas picaditas
¼ taza de harina
½ taza de huevo batido
½ cucharadita de sal
½ cucharadita de salsa inglesa
¼ cucharadita de pimienta
¼ cucharadita de nuez moscada
¼ cucharadita de tomillo
½ taza de queso parmesano rallado
Aceite vegetal en spray

Caliente el horno a 350º F. Combine todos los ingredientes menos el queso parmesano. Engrase con aceite una fuente para horno de 1½ litros. Vierta la mezcla de espinaca y luego cúbrala con el queso rallado. Déjelo en el horno de 35 a 40 minutos hasta que se dore. Sirve para 6 porciones.

Puré de papas clásico

Información nutricional
⅔ taza =
Calorías 94
Lípidos 1,4 g
Proteínas 3,5 g
Carbohidratos 17 g
Contenido graso 18%
Colesterol 0 (si se usa margarina)

Equivalencias
1 ½ pan
½ grasa

4 papas grandes
½ taza de leche descremada
1 cucharada de margarina o mantequilla
Sal y pimienta a gusto

Pele las papas y córtelas en cubitos. Hágalas hervir hasta que se ablanden. Use el pisapapas mientras agrega los demás ingredientes. Sirve para 8 personas.

Nota: Estas recetas tradicionales no son tabú cuando usted está a régimen de bajas calorías. Puede comer pollo asado al horno, (ver receta), también salsa blanca con puré de papas (ver receta) y aun así mantener su programa de bajo contenido graso.

Papas nuevas a la parmesana

Información nutricional
½ taza =
Calorías 112
Lípidos 2 g
Proteínas 2 g
Carbohidratos 21,5 g
Contenido graso 23%
Colesterol 0

Equivalencias
1 pan
1 grasa

10 papas nuevas medianas
2 cucharadas de margarina dietética
¼ taza de queso parmesano
Condimento "Mrs. Dash"
Sal de ajo
Perejil picado
1 cucharada de jugo de limón
Aceite en spray

Lave las papas, no las pele. Corte en tajadas de 1 cm. Coloque en una fuente para microonda. Agregue ¼ taza de agua y tape con un plástico. Cocine al máximo en el microonda por 14 minutos. Las papas deben quedar blandas pero no deshechas. Escúrralas. Después de rociar con aceite la cacerola coloque en el fondo la tercera parte de las papas y cubra con ⅓ parte del condimento. Coloque otras dos capas con el condimento por encima. Cocine al horno por 15 minutos a 350° F. Sirva caliente 6 porciones.

Papas al horno con queso

Información nutricional
½ taza =
Calorías 115
Lípidos 3,2 g
Proteínas 7,2 g
Carbohidratos 14,4 g
Contenido graso 25%
Colesterol 12 mg

Equivalencias
1 pan
1 carne

1 ¾ tazas de agua
1 ⅓ tazas de papas en escamas
1 cucharada de margarina dietética
1 cebolla pequeña picada
60 g queso cheddar picante rallado
1 diente ajo picado
⅛ cucharadita de pimienta
¾ taza de ricota semidescremada
2 claras de huevos
30 gramos de queso parmesano rallado
2 cucharaditas de perejil seco
Aceite en spray
Paprika

Hierva el agua en una cacerola mediana. Retírela del fuego y échele las papas en escamas. Revuelva hasta que quede suave. Prenda el horno hasta 350º F. Sofría las cebollas y el ajo hasta que estén blandos. En un bol mezcle las papas con los demás ingredientes menos el queso cheddar y el pimentón. Unte la cacerola con el spray de aceite. Ponga las papas en el fondo, cúbralas con el queso cheddar y espolvoree con el pimentón. Déjelo en el horno entre 25 y 30 minutos. Da para 8 porciones.

Panqueque de papas

Información nutricional
1 panqueque =
Calorías 75
Lípidos 2,8 g
Proteínas 4,2 g
Carbohidratos 8,3 g
Contenido graso 32%
Colesterol 0

Equivalencias
1 pan
½ grasa

1 cebolla pequeña picada
1 diente de ajo picado
2 claras de huevo
4 papas grandes ralladas
1 cucharadita de sal
2 cucharadas de margarina dietética
Spray con gusto a mantequilla

Mezcle todos los ingredientes en un bol. Unte la sartén de teflón con el spray. Deje caer, con un cuchara grande, porciones de la mezcla de papas sobre la sartén en forma de panqueques. Puede hacer varios a la vez. Deben dorarse de los dos lados. Engrase cada vez que vierta mezcla. Deben salir 8 panqueques.

Papas asadas en cuartos

Información nutricional
½ papa =
Calorías 117
Lípidos 3,4 g
Proteínas 6 g
Carbohidratos 16 g
Contenido graso 26%
Colesterol 15 mg

Equivalencias
1 pan
¼ carne
1 grasa

3 papas grandes asadas con cáscara y cortadas en 4
Sal, pimienta, pimentón y condimento italiano
3 cucharadas de queso parmesano
3 cucharadas de margarina dietética
Spray con gusto a mantequilla

Unte una fuente con el spray. Coloque los cuartos de papa ya asados con la cáscara para abajo. Rocíelos nuevamente con la mantequilla y cúbralos con una pizca de margarina, sal, pimienta y paprika. Cúbralos con el queso. Déjelo en el horno hasta que el queso tome color. Sirve para 6 porciones.

Papas fritas a la francesa con cáscara

Información nutricional
½ papa =
Calorías 120
Lípidos 2 g
Proteínas 2 g
Carbohidratos 23 g
Contenido graso 15%
Colesterol 0

Equivalencias
1 ½ pan
½ grasa

2 papas grandes, sin pelar y cortadas en tiras
Spray de mantequilla PAM
Sal condimentada, pimienta o mezcla de condimentos Cajun.

Lave y corte las papas secándolas sobre papel absorbente. Unte una fuente con PAM y luego salpíquela con el condimento de su preferencia. (Puede sazonarlas echándolas en una bolsa plástica donde los haya puesto antes.) Póngalos al horno a 350º F y déjelos de 30 a 35 minutos, o cuando estén tiernas y doradas. Hay que voltearlas de vez en cuando con una espátula. Sirve para 4 porciones.

Cacerola de maíz

Información nutricional
⅛ parte de la cacerola =
Calorías 132
Lípidos 4,2 g
Proteínas 8,6 g
Carbohidratos 15 g
Contenido graso 28%
Colesterol 44 mg

Equivalencias
½ pan
½ leche
½ vegetal
1 grasa

1 lata de 450 g de maíz
1 cebolla pequeña picada
½ pimiento morrón colorado cortadito
¼ taza de ají verde cortado (opcional)
1 cucharada de margarina
2 cucharadas de harina
1 cucharadita de sal
½ cucharadita de paprika
¼ cucharadita de mostaza seca
¾ taza de leche descremada
1 huevo batido
⅓ taza de migas de galletitas
60 g de queso cheddar picante, rallado

Caliente el horno hasta los 350º F. Sofría la cebolla y el pimiento en la margarina. Retire del fuego. Añada harina, sal, la paprika, la mostaza y los ajíes. Cocine a fuego lento removiendo hasta que la mezcla burbujee. Viértala en la leche lentamente y déjela hervir 1 minuto. Agregue el maíz y el huevo. Ponga la mezcla en una cacerola sin engrasar. Mezcle las migas de galletitas con el queso y espolvoree por encima. Hornee sin tapar por 30 a 35 minutos o hasta que quede tostadito. Sirve para 8 porciones.

Arroz español

Información nutricional
⅔ de taza =
Calorías 130
Lípidos 2 g
Proteínas 4,7 g
Carbohidratos 23,3 g
Contenido graso 14%
Colesterol 0

Equivalencias
1 ½ pan
¼ vegetal
1 grasa

2 cucharadas de margarina dietética
½ taza de cebolla picada
¼ taza de pimiento verde picado
¼ cucharadita de ajo picado
1 taza de arroz grano largo crudo
2 ¼ taza de agua
½ taza de salsa de tomates
¼ cucharadita de hojas de orégano
⅛ cucharadita de pimienta negra
Una pizca de salsa tabasco

En una sartén grande derrita la margarina a medio fuego. Añada la cebolla, el ajo, el pimiento verde y sofría hasta que estén blando. Agregue el arroz y cocine por 1 ó 2 minutos y luego el agua, la salsa de tomates, el orégano, pimiento y una gota de tabasco. Mezcle mientras se cocina. Tape y deje a fuego mínimo hasta que el arroz esté blando y haya consumido el líquido. Desgránelo con el tenedor. Sirve para 6 porciones. Pruebe este rico arroz con el pollo al horno a la mejicana.

Pilaf de arroz integral

Información nutricional
½ taza =
Calorías 104
Lípidos 0,7 g
Proteínas 5 g
Carbohidratos 18,7 g
Contenido graso 6%
Colesterol 0

Equivalencias
1 pan
¼ vegetal
¼ grasa

2 tazas de arroz integral
2 ½ taza de gallina desgrasada
1 cucharada de margarina dietética
¼ cucharadita ajo en polvo
Una pizca de pimienta blanca
Una pizca de pimienta negra
¼ taza de pimiento verde cortado
¼ taza de cebolla cortada
¼ taza de apio cortado
2 cucharadas de pimiento
Aceite en spray

Unte un recipiente con el spray. Agregue el arroz. Mezcle la gallina, la margarina, el ajo y los pimientos. Añada el arroz, el pimiento verde, la cebolla, el apio y el ají. Cúbralo con papel de aluminio y ponga al horno a 350° F por 50 minutos. Sirve para 8 porciones.

Papas a la hawaiana

Información nutricional
½ taza =
Calorías 120
Lípidos 2 g
Proteínas 1,2 g
Carbohidratos 24 g
Contenido graso 15%
Colesterol 10 mg

Equivalencias
1 pan
1 graso

4 papas grandes
¼ taza de jugo de piña
1 cucharada de margarina común ó 2 de margarina dietética
¼ de piña cortado
¼ cucharadita de canela
¼ cucharadita de nuez moscada
¼ cucharadita de condimento mezclado
1 cucharada de melaza o miel
1 cucharada de margarina dietética

Hierva las papas con la cáscara hasta que estén blandas. Déjelas enfriar un poco y pélelas. Haga un puré y agregue el jugo de piña, las especias y las dos cucharadas de margarina dietética. Bata la mezcla hasta que quede suave y viértala en un molde para horno. Échele la miel o melaza por encima y pizcas de margarina. Hornee a 425° F y déjelo hasta que se dore. Sirve para 8 porciones.

Esta receta sirve para sustituir las papas que por lo general se preparan con mucha azúcar en época de Navidad.

Platos principales y comidas a la cacerola

Tacos para el desayuno

Información nutricional
1 taco =
Calorías 180
Lípidos 2,4 g
Proteínas 12,4 g
Carbohidratos 27,1 g
Contenido graso 12%
Colesterol 0

Equivalencias
2 pan
1 carne
½ vegetal

1 tortilla de harina (taco) de 24 cm de diámetro
Aceite para spray
¼ taza de papas sancochadas y picadas
¼ taza de huevo batido
2 cucharadas de salsa picante

Ponga en una sartén previamente engrasada las papas con el huevo. Cocine removiendo con espátula. Use un poco de pimienta y sal si desea. Coloque la mezcla de huevo y papa en el medio de la tortilla y sírvala caliente con la salsa picante. Es 1 porción.

Cacerola de huevos de bajas calorías

Información nutricional
¹⁄₁₀ de la receta =
Calorías 275
Lípidos 8 g
Proteínas 27 g
Carbohidratos 24 g
Contenido graso 26%
Colesterol 52 mg

Equivalencias
1 pan
2 carne
1 leche

500 g de salchichas de pavo
2 cucharadas de cebollas picadas
2 cucharadas de pimientos verdes picados
1 cucharadita de mostaza seca
12 rebanadas de pan sin corteza
2 cucharadas de margarina dietética
225 gramos de queso cheddar liviano, rallado
2 cajas de huevos batidos congelados (equivale a 8 huevos)
2 tazas de leche descremada
½ cucharadita de sal
⅛ cucharadita de pimienta negra
2 cucharaditas de salsa inglesa
Aceite en spray

Cocine las salchichas en una sartén que no se pegue. Escurra si queda algo de aceite. Agregue la cebolla, el pimiento y la mostaza y siga cocinando hasta que la verdura se ablande. Unte el pan con la margarina y quite la corteza del pan. En una fuente para horno de 24 x 36 rocíe con el spray de aceite y coloque los pedazos de pan. Cubra con la mezcla de las salchichas con queso. Esto va cubierto con seis rebanadas más de pan. En un bol bata los huevos y la leche con los condimentos. Esto se vierte sobre el pan y se deja en el refrigerador durante la noche. Se pone al horno de 350° F y se cocina por 75 minutos. Hay que dejarlo enfriar por 15 minutos antes de servir. Salen 10 porciones.

La salchicha de pavo es simplemente carne de pavo molido y sazonado como otras salchichas. La carne la puede preparar usted.

Quiché de espinaca

Información nutricional
⅙ de la receta =
Calorías 192,5
Lípidos 9,5 g
Proteínas 10,8 g
Carbohidratos 15,9 g
Contenido graso 44%
Colesterol 5 mg

Equivalencias
1 pan
1 ½ carne
1 vegetal
1 grasa

1 disco para torta
300 gramos de espinaca congelada
1 diente de ajo picado
1 taza de huevos batidos
1 taza de leche descremada (preparar con leche evaporada)
⅓ de queso parmesano
2 cucharadas de queso romano
1 cucharadita de albahaca seca
½ cucharadita de sal
⅛ cucharadita de pimienta cayena

Hornee la torta por 5 minutos. En un bol combine los huevos, la leche, los quesos, la albahaca, la sal y la pimienta. Cuando esté bien mezclado agregue la espinaca y el ajo. Vierta todo en la tarta y cocine al horno a 325º F durante una hora. Deje que este quiche se enfríe unos 10 minutos antes de servir. Rinde para 6 porciones.

¿Quién dice que el quiche debe hacerse con huevos enteros y crema? Pruebe esta receta de un viejo quiche favorito pero con bajo contenido graso.

Cacerola de manicotti

Información nutricional
Dos manicotti =
Calorías 340
Lípidos 17 g
Proteínas 17 g
Carbohidratos 37,1 g
Contenido graso 34%
Colesterol 20 mg

Equivalencias
2 pan
2 carne
1 grasa

12 conchas de manicotti
1 taza de requesón (cottage cheese) descremado
⅔ taza de ricota de leche semidescremada
114 gramos de queso mozzarella rallado
4 claras de huevo
½ taza de leche semidescremada
¼ taza de perejil fresco picado
½ cucharadita de orégano
1 cucharada de aceite vegetal
½ taza de pimiento picado
½ taza de cebolla picada
1 lata de salsa para spaghetti de 440 g

Caliente el horno a 350º F. Prepare las conchas de manicotti de acuerdo a las instrucciones en el paquete. Escúrralas. En un bol grande mezcle bien los quesos, la leche y los huevos. Agregue el perejil y el orégano; mezcle bien. Rellene los manicotti con la mezcla. En una sartén caliente aceite y sofría la cebolla con el pimiento, después agregue la salsa de spaghetti. Ponga esta mezcla en el fondo de la fuente, reservando parte para cubrir los manicotti rellenos. Tape y deje hornear de 40 a 45 minutos. Sirve para 6 porciones.

Pizza casera

Información nutricional
2 porciones =
Calorías 330
Lípidos 10,1 g
Proteínas 20,5 g
Carbohidratos 37 g
Contenido graso 28%
Colesterol 19 mg

Equivalencias
2 pan
2 carne
1 vegetal

1 pan de pizza crocante y seco
1 taza de salsa de spaghetti espesa
½ cucharadita de condimento italiano
¼ taza de queso parmesano
85 g de queso mozzarella semidescremado
¼ taza de pimiento verde cortado
¼ taza de cebolla morada cortada
¼ taza de hongos cortados
Aceite en spray

Ponga la pizza en el molde y cúbralo con la salsa de spaghetti. Sofría las verduras para que se ablanden. Agregue los condimentos y el queso. Deje hornear a 375º F de 15 a 25 minutos hasta que tome color. Sirve para 8 porciones.

Pargo veracruzano[b]

Información nutricional
143 g =
Calorías 153
Lípidos 1,5 g
Proteínas 29 g
Carbohidratos 4,8 g
Contenido graso 9%
Colesterol 0

Equivalencias
3 carne
½ vegetal

4 filetes de pargo de 150 g
1 cucharada de jugo de lima
2 chalotes picados
1 diente de ajo picado
¼ taza de vino blanco seco de cocinar
4 latas de tomates cortados
3 cucharadas de cilantro fresco cortado
1 cucharada de orégano fresco picado ó 1½ de orégano seco
1 cucharada de tomillo fresco ó 1½ cucharadita seco
1 cucharadita de salsa tabasco
Aceite vegetal en spray

Prepare una fuente de hornear con spray vegetal. Coloque los filetes en un plato para salpicarlos con jugo de lima. Sofría los chalotes y el ajo en el vino blanco para cocinar. Después agregue los tomates y el tabasco y cocínelos 5 minutos. Añada las hierbas. Eche esta mezcla de tomates sobre el pescado y tápelo. Después póngalo al horno a 350º F y déjelo de 20 a 25 minutos. Use rodajas de lima y cilantro fresco como adorno. Sirve para 4 porciones.

Filetes de lenguado con queso [b]

Información nutricional
143 g =
Calorías 158
Lípidos 2,3 g
Proteínas 27,2 g
Carbohidratos 5,3 g
Contenido graso 14%
Colesterol 0

Equivalencias
$\frac{1}{10}$ pan
2 ½ carne
⅓ leche
$\frac{1}{10}$ vegetal

750 g de filetes de lenguado
⅓ taza de queso de yogur (ver receta pág. 264)
2 cucharaditas de maicena
2 cucharadas de queso parmesano rallado
2 cucharadas de perejil fresco picado
¼ taza de cebolla picada
1 cucharada de jugo de limón fresco
1 cucharada de eneldo fresco (o 1 de tarragón)
Spray vegetal

Coloque los filetes en una fuente untada con spray vegetal. Mezcle los otros ingredientes y cubra en forma pareja los filetes. Hornee a 350º F durante 15 minutos. Si desea, coloque en la parrilla del horno para dorar el queso. Sirve para 4 porciones.

Sabrosos pasteles de salmón

Información nutricional
2 albóndigas =
Calorías 225
Lípidos 8 g
Proteínas 22 g
Carbohidratos 16 g
Contenido graso 32%
Colesterol 35 mg

Equivalencias
½ pan
3 carne
1 grasa

1 lata de 440 g de salmón rosado, cortado en trozos
2 claras de huevo
¼ taza de crema agria de bajas calorías
1 cebolla pequeña picada
1 cucharada de jugo de limón
½ taza de pan rallado tipo italiano
½ cucharadita de eneldo

Caliente el horno a 350° F. Mezcle todos los ingredientes menos las migas de pan y el eneldo. Bata hasta que se deshaga un poco el salmón. Haga 8 porciones. Mezcle las migas de pan con el eneldo en un bol. Una las porciones de la primera mezcla en el pan. Colóquelas en una fuente y cocine de 10 a 15 minutos o hasta que se doren. Sírvalos con crema agria y pepinos. Sirve para 4 raciones.

El salmón rosado contiene menos grasa que el de mar. Aunque el es un pescado con mucha grasa, su aceite tiende a bajar el suero triglicerido y los niveles de colesterol.

Pescado al horno[b]

Información nutricional
114 g =
Calorías 149
Lípidos 1,9 g
Proteínas 22,3 g
Carbohidratos 8,8 g
Contenido graso 12%
Colesterol 0

Equivalencias
½ pan
2 carne
¹⁄₁₀ leche
¹⁄₁₀ grasa

600 gramos de filetes blancos de pescado (4 porciones)
½ taza de suero de leche de bajo contenido graso
½ taza de migas de tostadas Melba
2 cucharadas de perejil fresco picado
1 cucharada de paprika
Spray vegetal

Ponga el suero de leche en un bol. Mezcle las migas de tostadas, perejil y paprika en un plato. Moje los filetes en el suero y luego pase por las migas. Coloque en una fuente previamente untado con spray vegetal. Hornee a 450° F por 12 minutos o hasta que el pescado quede hecho. Porciones para 4.

Pescado Frito (Pez Perro)

Información nutricional
144 g =
Calorías 190
Lípidos 3,7 g
Proteínas 32 g
Carbohidratos 7,8 g
Contenido graso 16%
Colesterol 75 mg

Equivalencias
4 carne
1 graso

570 gramos de filetes de «pez perro» u otro tipo de pescado crudo
Spray con gusto a mantequilla
1½ cucharadas de aceite o mantequilla
Condimento para pescado
2 limones frescos

Salpique los filetes con la mezcla de condimentos para pescado. Unte una sartén de fondo grueso con el spray. Ponga sobre la hornilla a fuego lento. Cocine 3 ó 4 minutos o hasta que el pescado se desmenuce. Apague el fuego y eche jugo de limón. Sírvalo con más jugo de limón, con arroz integral o alguna verdura. Salen 4 porciones.

Pollos a la naranja
(Cornish game Hens a'Orange)

Información nutricional
½ pollo =
Calorías 210
Lípidos 6 g
Proteínas 23 g
Carbohidratos 16 g
Contenido graso 26%
Colesterol 41 mg

Equivalencias
3 carne
1 graso

2 pollos de 750 g cada uno
¼ taza de jugo de naranja concentrado
1 taza de caldo de gallina
2 cucharaditas de maicena disuelta en agua
2 cucharadas de Molly McButter o algún otro sustituto con gusto a mantequilla sin calorías
2 cucharadas de azúcar negra
¼ cucharadita de nuez moscada molida
Pizca de sal, pimienta, ajo en polvo y cebolla en polvo.

Cocine los pollos en la parrilla de su horno a 350° F durante 50 minutos hasta que estén casi listos. Mientras tanto mezcle los otros ingredientes en una olla sobre fuego mediano hasta espesar. Parta los pollos por la mitad quitándole el pellejo y la grasa lo más posible. Coloque los pollos en una fuente con la pechuga hacia arriba. Cúbralos con la salsa y déjelos al horno 20 minutos. No le conviene comer mucho del pellejo del pollo. Esta receta sirve para 4 porciones.

Esta es una linda receta para tener lista de antemano por si llegan visitas. El uso de sustitutos con gusto a mantequilla para dorar, le evita muchas de las calorías dañinas.

Pollo italiano con calabacín

Información nutricional
¼ de esta receta =
Calorías 429
Lípidos 9,5 g
Proteínas 30 g
Carbohidratos 56 g
Contenido graso 20%
Colesterol 72 mg

Equivalencias
2 pan
4 carne
2 vegetal
1 grasa

4 pechugas de pollo hervidas y cortadas en trocitos, sin piel
2 calabacines verdes medianos en tajadas
2 calabacines amarillos medianos en tajadas
1 cebolla mediana picada
½ taza de hongos frescos cortados
1 pimiento verde pequeño cortadito a la juliana
2 latas de 500 g de tomates a la italiana
1 lata de caldo de pollo
2 cucharadas de aceite de oliva
½ cucharadita de mejorana
½ cucharadita de albahaca
½ cucharadita de ajo en polvo
1 cucharada de maicena
Unas gotas de salsa inglesa
Pimienta molida al gusto
4 tazas de arroz hervido

Hierva las pechugas del pollo hasta ablandar. Escúrralas y póngalas a un lado para enfriar. Prepare el arroz con ½ lata de agua y media de caldo de pollo. En una sartén grande caliente el aceite de oliva. Sofría las verduras hasta que la cebolla se ablande (unos 5 minutos). Agregue la otra mitad de la lata de caldo de pollo y deje hervir un rato. Mientras tanto en un bol ponga los tomates y añada la mejorana, la albahaca, el ajo, la maicena. Revuelva hasta que la fécula quede suave. Además mezcle la salsa inglesa, el azúcar y la pimienta molida. Aplaste los tomates como para puré. Corte la carne de pollo en trocitos. Agregue la carne, la salsa de tomate a las verduras en la sartén y deje cocinar 5 minutos. Sírvalo sobre el arroz. Esta receta da 4 porciones.
Puede omitir la carne y servir con alguna otra cosa, pero la receta así es un maravilloso plato.

Pollo Stroganoff en 30 minutos

Información nutricional
1 taza =
Calorías 255
Lípidos 10,5 g
Proteínas 29,1 g
Carbohidratos 11,1 g
Contenido graso 37%
Colesterol 47 mg

Equivalencias
3 ½ carne
½ vegetal
2 grasas

6 pechugas de pollo sin hueso ni piel
1 cucharada de aceite vegetal
½ cucharadita de sal
½ cucharadita de salvia
2 tazas de hongos frescos cortados
2 cucharadas de cebolla picada
½ taza de mantequilla derretida
1 cucharadita de tomillo
¼ cucharadita de paprika
2 cucharaditas de maicena
4 cucharadas de agua
½ taza de vino blanco para cocinar
1 taza de crema agria dietética

Corte el pollo en tiras de 1½ cm de ancho y sal-píquelas con sal y salvia. Sofría el pollo en el aceite hasta que se dore. Añada los hongos, la cebolla, la mantequilla, el tomillo y la paprika. Siga sofriendo hasta que se ponga oscuro. Disuelva la maicena en el agua. Agréguele al pollo y revuelva hasta reducirla. Añada el vino. Cocine lentamente, tapado 3 ó 4 minutos más. Ahora agregue la crema agria. No deje hervir. Se puede servir así o con tallarines. Salen 6 porciones.
La información nutricional no incluye los tallarines o el arroz.

Parrillada de pechugas de pollo con salsa de frambuesa

Información nutricional
1 pechuga =
Calorías 217
Lípidos 6,5 g
Proteínas 28 g
Carbohidratos 11,7 g
Contenido graso 27%
Colesterol 72 mg

Equivalencias
3 ½ carne
1 fruta

2 cucharadas de salsa inglesa
¼ taza de salsa de soja
1 cucharada de azúcar parda
2 cucharadas de vinagre de vino
1 cucharadita de sal de ajo
4 pechugas de pollo sin hueso ni piel
2 tazas de frambuesas
4 cucharadas de salsa de soja
2 cucharadas de azúcar parda
1 cucharada de aceite

En un bol hondo mezcle la salsa inglesa, ¼ taza de salsa de soja, 1 cucharada de azúcar parda, el vinagre y la sal. Añada las pechugas.

Deje marinar por 30 minutos. Aparte combine las frambuesas, 4 cucharadas de salsa de soja y 2 cucharadas de azúcar parda. Hágalo puré. Ponga la mezcla de las frambuesas sobre fuego lento. Ponga aceite en la sartén, coloque a fuego mediano. Saque las pechugas del marinado y póngalas en la sartén hasta que se doren. Coloque el pollo en platos individuales o en una fuente. Vierta la salsa de frambuesa encima y sírvalo enseguida. Sirve para 4 porciones.

Pollo picante frito al horno

Información nutricional
1 pechuga =
Calorías 185
Lípidos 5 g
Proteínas 28,2 g
Carbohidratos 6,8 g
Contenido graso 24%
Colesterol 72 mg

Equivalencias
¼ pan
3 ½ carne

4 pechugas de pollo sin hueso ni piel
½ taza de leche descremada
Sal, pimienta y paprika
1 taza de pan rallado
Spray con sabor a mantequilla

Caliente el horno a 350° F. Ponga la leche en un bol pequeño. Coloque el pan rallado en un plato. Sumerja la carne en la leche y después envuélvala en las especias y el pan rallado, como milanesas. Ponga el pollo en una fuente de hornear previamente untada con spray vegetal. Rocíe todo con el mismo spray y déjelo al horno a 350° F hasta que se dore, unos 35 minutos. Sirve para 4 porciones.

Pollo frito al horno a la mejicana

Información nutricional
1 pechuga =
Calorías 206
Lípidos 5,5 g
Proteínas 28,1 g
Carbohidratos 13,4 g
Contenido graso 23%
Colesterol 0

Equivalencias
½ pan
2 carne
½ vegetal
2 grasas

4 mitades de pechuga sin hueso ni piel
1 taza de jugo de tomate con especias
½ taza de hojuelas de maíz o de trigo triturado
¼ taza de salvado de trigo
½ cucharadita de orégano seco
½ cucharadita de comino molido
½ cucharadita de polvo chili (picante)
½ cucharadita de paprika
¼ cucharadita de cebolla seca picada
¼ cucharadita de ajo en polvo
Spray vegetal

Cubra el pollo con el jugo de tomate sazonado y déjelo en el refrigerador tapado por 6 horas o durante la noche. Una el resto de los ingredientes. Escurra el pollo y páselo por la mezcla de cereales. Coloque las pechugas en una fuente de horno previamente untado con el spray. Hornee a 350° F por 50 ó 60 minutos. Sirve para 4 porciones.

Enchiladas verdes de pollo [b]

Información nutricional
2 enchiladas =
Calorías 250
Lípidos 4,4 g
Proteínas 16,6 g
Carbohidratos 37,2 g
Contenido graso 16%
Colesterol 0

Equivalencias
1 ¾ pan
1 carne
¹⁄₁₀ leche
¹⁄₁₀ vegetal
1 ⅓ grasa

2 tazas de gallina cocinada y cortada. Sacar piel y grasa
2 cebollas verdes cortaditas
⅛ cucharadita de ajo en polvo
10 tortillas de maíz
1 taza de caldo de gallina desgrasada
½ taza de yogur dietético
2 cucharaditas de leche descremada
1 cebolla finamente rebanada
Salsa verde (ver siguiente receta)

Haga la salsa verde. Una el pollo, la cebolla verde, el polvo de ajo y 3 cucharadas de salsa verde. Mezcle bien. Caliente ¼ taza de caldo de gallina en una sartén pequeña. Coloque una tortilla en la sartén y cocine hasta que se ablande. (Se puede ablandar en el microonda.) Escurra sobre papel absorbente. Haga lo mismo con todas las tortillas, agregando caldo de gallina cada tanto, o cada 3 ó 4 tortillas. Llene cada tortilla con 3 cucharadas de mezcla de pollo. Dóblelas. Coloque todas las tortillas en hilera con la unión hacia abajo en una fuente de hornear. Cubra las tortillas con salsa verde. Hornee a 350° F unos 20 minutos. Mezcle yogur con leche descremada y ponga con una cuchara sobre las enchiladas. Adornar con rodajas de cebolla. Sirve para 5 porciones

Salsa verde

Información nutricional
1 cucharada =
Calorías 6
Lípidos 0
Proteínas 0,1 g
Carbohidratos 1,4 g
Contenido graso 2%
Colesterol 0

Equivalencia
⅛ vegetal

1 cebolla pequeña
1 jalapeño mediano destroncado y cortado
1 cucharada de cilantro picado
1 diente de ajo picado
500 g de tomatillos frescos

Ponga la cebolla, el jalapeño, el cilantro y el ajo en una licuadora. Pase los tomatillos por agua hirviendo para que se ablanden un poco (2 minutos). Páselos a la licuadora y mezcle hasta que todo esté suave. Sirve para 32 porciones.

Pollo a la jambalaya[b]

Información nutricional
¼ de esta receta =
Calorías 229
Lípidos 5,9 g
Proteínas 28,4 g
Carbohidratos 16,6 g
Contenido graso 23%
Colesterol 0

Equivalencias
½ pan
2 carne
1 vegetal
2 ⅓ grasa

4 pechugas de pollo cortadas por la mitad y sin piel
1 taza de caldo de pollo sin grasa
½ taza de vino blanco seco para cocinar
1 lata de tomates (de 400 g) picados
½ taza de cebollas picadas
¼ taza de pimientos verdes picados
2 cucharadas de perejil fresco picado
½ cucharadita de albahaca seca
¼ cucharadita de tomillo
1 hoja de laurel
½ cucharadita de pimienta negra
 taza de arroz marrón de grano largo
Spray vegetal

Una el caldo, el vino, los tomates cortados, la cebolla, el pimiento verde, el perejil, la albahaca, el tomillo, la hoja de laurel y la pimienta en una olla grande. Hiérvalo y reduzca el fuego; déjelo cocinar 5 minutos. Quítelo del fuego, saque la hoja de laurel, y añada el arroz. Unte una fuente de hornear de 40 x 30 cm con spray vegetal. Coloque las pechugas sobre la mezcla de arroz. Tape. Hornee de 55 a 65 minutos a 350° F. Agregue un poco de agua si es necesario. Sirve para 4 porciones.

Pollo a la Parmesana

Información nutricional
1 pechuga con salsa =
Calorías 349
Lípidos 7 g
Proteínas 31 g
Carbohidratos 38 g
Contenido graso 18%
Colesterol 80 mg

Equivalencias
4 carne
2 vegetal
1 grasa

4 pechugas de pollos deshuesadas y sin piel
1 taza de pan rallado
½ taza de queso parmesano
4 claras de huevo
1 cucharada de albahaca
Spray vegetal
2 latas de puré de tomates, condimentados a la italiana
1 cucharada de maicena
½ cucharadita de ajo en polvo
½ cucharadita de mejorana
½ cucharadita de albahaca
Gotas de salsa inglesa
1 cucharada de azúcar
Pimienta molida al gusto

Caliente el horno a 350° F. Una el pan rallado con el queso parmesano y la albahaca en un bol. Pase el pollo por los huevos y luego cúbralo con la mezcla de pan. Coloque en una fuente de hornear previamente untado con spray vegetal. Cocine 50 ó 60 minutos, o hasta que esté listo.

Salsa: Mezcle el tomate, la maicena, ajo, mejorana y albahaca, salsa inglesa, azúcar y pimienta. Cocine lentamente 15 minutos.

Para servir: Coloque ⅓ taza de la salsa en un plato. Ponga el pollo y un poquito de salsa por encima. Sirve para 4 porciones.

El pollo, de la receta básica, es bueno cortado en tajadas y en la ensalada del chef o para sandwiches. Esta receta puede complementarse con spaghetti.

Pollo Cordon Bleu

Información nutricional
Una pechuga =
Calorías 275
Lípidos 10,1 g
Proteínas 32,8 g
Carbohidratos 13,2 g
Contenido graso 33%
Colesterol 126 mg

Equivalencias
¼ pan
5 carne

4 rodajas finas de jamón cocido (sin grasa)
4 rebanadas finas de queso suizo
4 pechugas de pollo sin huesos ni piel, machacadas
(más o menos 140 gramos cada pieza)
⅓ taza de pan rallado sazonado
¼ cucharadita de sal
⅛ cucharadita de pimienta
⅛ cucharadita de estragón
⅛ cucharadita de ajo en polvo
1 paquete de Butter Buds licuado
Spray vegetal

Caliente el horno a 350º F. Para cada porción coloque 1 rodaja de jamón y una de queso sobre la carne de pollo estirada. Enrróllelo y sujete con un palillo de dientes. Mezcle el pan rallado con los condimentos. Pase cada pechuga por la manteca líquida y después por el pan rallado. Coloque los rollos en una fuente para hornear y cocine unos 40 minutos o hasta que el pollo esté dorado. Sirve para 4 porciones.

Pimientos rellenos

Información nutricional
1 pimiento =
Calorías 350
Lípidos 10 g
Proteínas 35 g
Carbohidratos 30 g
Contenido graso 26%
Colesterol 95 mg

Equivalencias
1 pan
3 carne
2 vegetal

4 pimientos grandes
500 g de carne de pavo molida (o carne picada muy magra)
1 taza de tomates cortados
2 cucharaditas de condimento mezclado
1 taza de arroz instantáneo (crudo)
½ taza de maíz
2 cucharadas de queso parmesano
2 cucharadas de cebolla picada
1 diente de ajo picado
1 cucharada de albahaca fresca picada
1 cucharada de perejil fresco picado
⅛ cucharadita de pimienta
¼ cucharadita de sal
1 lata pequeña de salsa de tomates
Spray para cocinar

Corte la parte superior del pimiento, sáquele las semillas. En un bol mezcle todos los ingredientes menos la salsa de tomates. Rellene los pimientos y póngalos en una fuente de hornear previamente untada con spray. Póngale salsa de tomate. Téngalos en el horno a 350º F una hora. Sirve para 4 porciones. Esta es otra de esas maravillosas recetas para plato único. Contiene vegetales, carbohidratos y carne. Se puede servir con una ensalada para completar sus necesidades nutricionales.

Bistec Húngaro

Información nutricional
¾ taza =
Calorías 216
Lípidos 9,5 g
Proteínas 22,2 g
Carbohidratos 9,8 g
Contenido graso 39%
Colesterol 58 mg

Equivalencias
2 carne
1 grasa

500 g de bola de lomo cortado en lonjas finas
2 cucharadas de aceite de oliva
½ taza de cebolla picada
1 diente de ajo picado
¾ taza de agua
⅓ taza de catsup
2 cucharadas de azúcar parda
2 cucharadas de salsa inglesa Worcestershire
1½ cucharaditas de paprika
1 cucharadita de sal
1 cucharadita de mostaza seca
1 cucharada de maicena

Ponga un poco de aceite en una sartén de 25 cm de diámetro. Haga sofreír la carne hasta que se dore. Agregue la cebolla y el ajo y cocine de 3 a 5 minutos más. Eche ½ taza de agua y los ingredientes, menos la maicena. Tape y deje cocinar 30 minutos. Disuelva la maicena en el resto del agua y revuelva hasta espesar. Se puede servir con tallarines o arroz. Sirve para 6 porciones.

Nota: Los tallarines no están calculados en la información nutricional. Si lo desea puede agregar pan en lugar de tallarines.

Carne a la Stroganoff

Información nutricional
taza =
Calorías 225
Lípidos 8,2 g
Proteínas 31,3 g
Carbohidratos 7,4 g
Contenido graso 33%
Colesterol 74 mg

Equivalencia
3 carne

1000 g bistec (de casi 3 cm de espesor)
1 cucharada de margarina dietética
1 cebolla picada
1 lata de hongos cortados
1 diente de ajo picado
2 tazas de agua
2 cucharadas de harina
1 cucharadita de sal
⅛ cucharadita de pimienta
2 cubitos de caldo de carne
1½ tazas de requesón (cottage cheese) de bajas calorías
½ taza de leche descremada
2 cucharadas de vinagre

Quitar toda la grasa de la carne. Cortar en cuadraditos de 4 centímetros y dorar. En una sartén con margarina sofría la cebolla, los hongos y el ajo. Mezcle el agua, la harina, la sal y la pimienta, revuelva hasta que espese. Añada la carne y los cubos de caldo. Sofría 15 minutos. Ponga en la licuadora el queso con la leche y cuando esté suave agregue a la carne. Cocine hasta que esté caliente y agréguele el vinagre para servir enseguida. Esta receta se usa tradicionalmente con tallarines. Sirve para 10 porciones. Los tallarines están calculados en la información nutricional. Cada ½ taza de fideos equivale a 1 de pan.

Gran pan de carne

Información nutricional
⅛ de esta receta =
Calorías 198
Lípidos 8 g
Proteínas 25 g
Carbohidratos 6,5 g
Contenido graso 36%
Colesterol 68 mg

Equivalencia
2 ½ carne

750 g de carne magra molida
1 taza de cereal
4 claras de huevos
1 cebolla
2 cucharaditas de sal
½ cucharadita de pimienta
¼ cucharadita de mostaza seca
⅛ cucharadita de salvia
2 tazas de jugo de verduras V-8
1 cucharada de harina
1 lata de habichuelas cortadas
1 cucharadita de sal
¼ cucharadita de pimienta

Combine la carne molida, el cereal K, los huevos, la cebolla, la sal, la pimienta, la salvia y la mostaza. Se mezcla mejor con las manos, y se debe dar la forma de un pan. Coloque sobre una fuente en el horno a 350° F y deje una hora. Ahora mezcle en una cacerola el jugo V-8, la harina, las habichuelas, sal y pimienta. Disuelva la harina antes de calentar. Cocine a fuego lento hasta que esté espeso. Eche esta salsa sobre el pan de carne y sírvalo. Rinde 8 porciones.

Estofado de jamón glaseado con melocotones

Información nutricional
100 g =
Calorías 325
Lípidos 12 g
Proteínas 25 g
Carbohidratos 29 g
Contenido graso 33%
Colesterol 76 mg

Equivalencias
4 carne
1 fruta
1 graso

500 g de jamón cocido, sin grasa
⅓ taza de dulce de melocotón (sin azúcar)
⅓ taza de jugo de naranjas
6 melocotones frescos cortados en rodajas
2 cucharadas de vino blanco para cocinar
½ cucharadita de mostaza
2 cucharadas de pasas sin semillas
¼ cucharadita de clavos de olor molidos

En una sartén de teflón dore el jamón por ambos lados. Sáquelo de ella. En esa misma sartén combine el resto de los ingredientes. Cocine lentamente 4 ó 5 minutos, dando vuelta al jamón para que se cubra de los dos lados. Páselo a una fuente y cúbralo con la salsa de melocotones. Sirve para 4 porciones.

Papas asadas con jamón

Información nutricional
1 papa =
Calorías 283
Lípidos 8,1 g
Proteínas 17,4 g
Carbohidratos 35,1 g
Contenido graso 26%
Colesterol 17 mg

Equivalencias
1 ½ pan
2 carne
1 grasa

4 papas grandes, asadas
2 cebollas verdes cortadas
½ cucharadita de sal de ajo
1 cucharada de perejil fresco picado
½ cucharadita de pimienta
1 taza de jamón cocido y cortadito
2 cucharaditas de Molly McButter
4 cucharaditas de margarina
3 cucharadas de queso cheddar picante rallado
Spray vegetal

Corte la parte superior de la papa asada. Saque el contenido de ella con una cuchara. Ponga en un bol con la cebolla, la sal de ajo, perejil, jamón, Molly McButter, margarina y pimienta. Hágalo todo un puré. Rellene las cáscaras de papa con esta mezcla. Unte una fuente de horno con spray para que no se pegue. Espolvoree con queso. Póngalos en el horno a 400° F y déjelos de 10 a 12 minutos o hasta que se dore. Sirve para 4.

Postres y frutas horneadas

Banana Split Clásico

Información nutricional
Esta receta completa =
Calorías 302
Lípidos 7 g
Proteínas 7 g
Carbohidratos 52 g
Contenido graso 21%
Colesterol 0

Equivalencias
1 pan
1 leche
1 fruta
1 grasa

⅓ taza de helado de chocolate
⅓ taza de helado de fresa
½ banana chica
1 cucharadita de dulce de fresa
1 cucharadita de piña triturada
1 cucharada de nueces picadas

En un plato apropiado ponga las porciones de helado de chocolate y de fresa. Corte la banana por la mitad a lo largo. Coloque cada mitad al lado del helado. Encima del helado ponga los adornos de fruta. Complete rociando las nueces picadas sobre todo. Sirve para una porción.
Es verdad, nos pasamos. Pero este plato tiene solamente 300 calorías en vez de mil. Puede usar este postre en ocasiones especiales.

Helado cremoso de tres frutas[a]

Información nutricional
½ taza =
Calorías 107
Lípidos 0,6 g
Proteínas 1,8 g
Carbohidratos 25 g
Contenido graso 5%
Colesterol 1 mg

Equivalencias
½ pan
¼ leche
1 fruta

1 ¾ tazas de fresas frescas cortadas por la mitad
2½ tazas de bananas maduras medianas en rodaja
¼ taza de azúcar
1 lata de 170 g de jugo de naranja congelado
¼ cucharadita de extracto de almendras
½ taza de yogur natural, bajo contenido graso

Acomode la procesadora para cortar y ponga los 5 primeros ingredientes. Cuando esté cremoso ponga en un bol y agregue el yogur, revolviendo bien. Ponga la mezcla en el recipiente para hacer helado. Siga las instrucciones de la máquina. Sirve para 10 porciones.

Manzanas asadas con salsa de frambuesa

Información nutricional
1 manzana =
Calorías 140
Lípidos 1 g
Proteínas 4,5 g
Carbohidratos 28 g
Contenido graso 7%
Colesterol 0

Equivalencia
3 fruta

4 manzanas grandes
Spray vegetal
2 cucharaditas de margarina dietética
½ taza de agua
¼ taza de azúcar
4 cucharaditas de jalea de frambuesas

Caliente el horno hasta 400° F. Lave las manzanas, séquelos y saque el centro. Unte una fuente de hornear con spray. Coloque las manzanas y póngales ½ cucharadita de margarina en cada una. Agréguele el agua y ponga al horno. Hornee 15 minutos y rocíe cada manzana con azúcar. Deje asar 30 minutos más. Al servir póngale 1 cucharadita de jalea de frambuesa a cada manzana. Se come tibio. Da para 4 raciones.

Budín de banana

Información nutricional
⅛ de esta receta =
Calorías 136
Lípidos 1 g
Proteínas 6,2 g
Carbohidratos 25,5 g
Contenido graso 6%
Colesterol 0

Equivalencias
1 pan
½ carne
½ fruta

1 cajita de mezcla para postre de vainilla
2 tazas de leche descremada
3 bananas
2 cucharadas de jugo de limón
¼ taza de agua fría
4 claras de huevos
1 cucharadita de cremor tártaro
¼ taza de azúcar

Prepare el postre de vainilla según instrucciones en el paquete, con la leche descremada. Deje enfriar. Corte las bananas en rebanadas y déjelas remojar 10 minutos en el jugo de limón y agua. Ponga las bananas en el fondo de una cacerola y cubra con el budín. En otro bol bata las claras de huevo hasta punto de nieve, agregue el cremor tártaro y el azúcar y bata bien. Cubra el budín con las claras y ponga el horno a 425° F por 5 ó 10 minutos hasta que quede firme el merengue. Sirve para 8 porciones.

Budín de fruta y arroz horneado

Información nutricional
de taza =
Calorías 139
Lípidos 1 g
proteína 4 g
Carbohidratos 28,5 g
Contenido graso 6%
Colesterol 33 mg

Equivalencias
¾ pan
¼ leche
1 fruta

1 taza de arroz sin cocinar
1 taza de agua
¾ tazas de azúcar
1 cucharada de maicena
Una pizca de sal
2 huevos
2½ taza de leche descremada
1 cucharada de jugo de limón
½ taza de pasas
2 manzanas cortaditas

En una cacerola ponga el arroz con el agua. Caliente hasta hervir revolviendo para que no se pegue. Reduzca el fuego, tape y deje por 15 minutos, hasta que absorba toda el agua. Caliente el horno a 350° F. En un bol, combine el azúcar, la maicena y la sal. Bata los huevos con la leche. Añada la maicena. Agregue el jugo de limón, las pasas y las manzanas. Poner todo en una cacerola y ésta en una fuente con agua muy caliente. Debe tener una profundidad de 3 cm. Hornee 1 hora y media o hasta que el cuchillo salga limpio. Sirve para 12.

Party Parfait

Información nutricional
Una porción de parfait =
Calorías 180
Lípidos 3 g
Proteínas 6 g
Carbohidratos 32 g
Contenido graso 15%
Colesterol 0

Equivalencias
1 pan
½ leche
½ fruta
1 grasa

1 paquete de mezcla de pistacho para budín
2 tazas de leche descremada
4 fresas frescas cortadas
1 banana grande rebanada
1 cucharada de jugo de limón
4 cucharaditas de crema batida (o algún sustituto)

Ponga las rebanadas de banana en remojo en ¼ taza de agua y 1 cucharada de jugo de limón. Prepare el pistacho según indicaciones en la caja. Ponga 2 cucharadas de budín en el fondo de cuatro vasos parfait. Encima de eso coloque ¼ parte de las rebanadas de banana escurridas. Ponga 2 cucharadas más de budín en los vasos parfait, y con esto se termina el budín. Ahora ponga ¼ de las rodajas de fresa en los vasos parfait, guardando 4 de ellas. Termine poniendo una cucharada de crema batida en cada vaso y las últimas rodajitas de fresa, una en cada vaso. Sirve para 4 porciones.

Se pueden usar edulcorantes en vez de azúcar en esta receta, así será bueno para diabéticos y además reducirá unas 60 calorías por porción.

Rollos de chocolate [a]

Información nutricional
1 rebanada =
Calorías 173
Lípidos 7,4 g
Proteínas 3,8 g
Carbohidratos 27,5 g
Contenido graso 38%
Colesterol 55 mg

Equivalencias
1 pan
½ fruta
2 grasas

2 tazas de nieve para tortas (escarchado blando)
1 cucharada de café instantáneo
Spray de aceite vegetal
4 claras de huevo
⅓ taza de azúcar
2 huevos
½ taza de azúcar
2 tabletas de chocolate amargo de 28,5 gramos derretidos
1 cucharadita de extracto de vainilla
¼ taza, más 2 cucharadas de harina común tamizada
¼ cucharadita de polvo de hornear
¼ taza de cacao en polvo
Chocolate en hojuelas (opcional)

Bata la cubierta para tortas y el café instantáneo hasta que quede bien mezclado. Tápelo y ponga al frío. Prepare una fuente con spray. Coloque un papel encima y vuelva a rociar con spray. Téngalo a mano. Bata las claras de huevo a temperatura ambiente hasta que se formen picos. Vaya agregando ⅓ de taza de azúcar poco a poco hasta que quede firme. Ahora bata los huevos enteros con ½ taza de azúcar hasta que quede espeso y color limón. Agregue el chocolate y la vainilla. Ahora añada ¼ parte de las claras batidas a la mezcla de chocolate; y después el resto de las claras suavemente a la mezcla de chocolate. Ahora debe esparcir la harina y el polvo de hornear sobre la mezcla de chocolate lentamente. Pase la masa a la fuente preparada para el horno. Hornee a 350° F por 18 minutos. Saque y deje enfriar 5 minutos. Sobre un repasador limpio pase el cacao por un tamiz para cubrirlo parejo. Ahora puede aflojar la masa para que caiga sobre el repasador cubierto de cacao. Despegue el papel. Deje enfriar un minuto. Enrolle la masa junto con el repasador y deje enfriar sobre un posatortas de alambre; la abertura debe quedar abajo. Ahora abra el rollo y retire el repasador. Remueva la mezcla del baño para tortas con chocolate y cubra bien el rollo. Vuelva a enrollarlo y póngalo en un plato con la abertura hacia abajo. Puede adornarlo con chocolate en hojuelas, si desea. Sirve para 10 porciones.

Pastel de fruta con crema de suero de mantequilla y chocolate

Información nutricional
1 pastel y 2 cucharadas de crema =
Calorías 211
Lípidos 4,8 g
Proteínas 4,7 g
Carbohidratos 40,6 g
Contenido graso 20%
Colesterol 74 mg

Equivalencias
1 pan
2 fruta
1 grasa

1 caja de 200 g de torta preparada
1½ taza de o duraznos cortados
½ taza de frambuesa fresca
1 cucharada de jugo de limón

Ponga 6 porciones de torta en platos individuales. Mezcle la fruta. Ponga 1 cucharada de crema de chocolate con suero de mantequilla (ver receta siguiente) sobre cada porción. Encima de eso coloque la fruta. Agregue sobre la fruta el resto de la crema de chocolate. Sirve para 6 porciones.

Salsa de chocolate con suero de mantequilla [a]

Información nutricional
1 cucharada =
Calorías 32
Lípidos 0,7 g
Proteínas 0,8 g
Carbohidratos 6,2 g
Contenido graso 20%
Colesterol 0

Equivalencias
¼ fruta
½ grasa

⅓ taza de cacao
¼ taza de azúcar morena bien comprimida
½ taza de suero de mantequilla (descremada)
1 cucharadita de extracto de naranja

Combine el cacao y el azúcar en una cacerolita y agregue el suero de mantequilla revolviendo bien. Coloque a fuego lento y cocine hasta que se disuelva el azúcar. Agregue el extracto de naranja y retire del fuego. Sale ¾ taza y sirva 12 porciones.

Panqueques de avena [a]

Información nutricional
5 cm =
Calorías 126
Lípidos 4,1 g
Proteínas 2,4 g
Carbohidratos 20,1 g
Contenido graso 29%
Colesterol 0

Equivalencias
1 ½ pan
1 grasa

⅔ taza de azúcar
⅓ taza de agua
3 cucharadas de aceite vegetal
½ cucharadita de extracto de vainilla
2 claras de huevo batidas ligeramente
½ taza de harina común
⅓ taza de avena instantánea, sin cocinar
⅓ taza de cacao amargo
 cucharadita de polvo de hornear
⅛ cucharadita de sal
Spray vegetal
1 cucharadita de polvo de azúcar, tamizada

Combine el azúcar, agua, aceite y vainilla en un bol mediano; mezcle bien. Añada las claras y bátalas. Combine la harina y los siguientes 4 ingredientes; añádalo a la mezcla de azúcar. Vierta esto en un molde cuadrado previamente aceitado con spray vegetal. Hornee 23 minutos a 350° F. Espolvoree el azúcar. Da para 12 raciones.

Panqueques sin colesterol

Información nutricional
Una porción =
Calorías 105
Lípidos 4 g
Proteínas 7,1 g
Carbohidratos 10,1 g
Contenido graso 34%
Colesterol 0

Equivalencias
1 pan
1 grasa

¼ taza de margarina de aceite de maíz
½ taza de azúcar
½ taza de azúcar parda bien comprimida
½ taza de harina común
2 cucharadas de cacao amargo
2 claras de huevo
1 cucharadita de extracto de vainilla
¼ taza de nueces picadas
Spray vegetal sin sabor

Derrita la margarina y mezcle todos los ingredientes en un bol, menos las nueces. Después agregue las nueces. Ponga la masa en un molde previamente untado con spray. El molde debe ser de 24 x 24 cm. Ponga el horno a 350° F durante 30 minutos. Deje enfriar un ratito y corte en cuadrados. Sirve para 16 porciones. Cualquier receta de bizcochos puede ser modificada como esta para reducir la cantidad de calorías y el colesterol.

Galletitas de fruta y nueces sin hornear

Información nutricional
1 galletita =
Calorías 70
Lípidos 3 g
Proteínas 4,2 g
Carbohidratos 6,5 g
Contenido graso 39%
Colesterol 0

Equivalencias
½ pan
½ fruta

⅓ taza de margarina
½ taza de azúcar morena bien compacta
⅓ taza de miel
⅓ taza de germen de trigo
¼ cucharadita de canela molida
1½ taza de avena tradicional
1 taza de melocotones secos cortados
¼ taza de nueces picadas
¼ taza de pasas doradas

Combine la margarina, el azúcar morena y la miel en una cacerola. Hágalo llegar al hervor con fuego lento revolviendo siempre. Reduzca el fuego y déjelo 4 minutos sin dejar de revolver. Retírelo del calor. Mezcle el germen de trigo y la canela. Después agregue la avena, los melocotones, las nueces y las pasas. Ponga en cucharadas sobre papel encerado y déle forma redonda. Haga enfriar hasta que queden firmes. Guárdelos en el refrigerador en un contenedor tapado. Sirve para 36 bizcochos.

Pastel de lima[b]

Información nutricional
¹⁄₁₀ del pastel =
Calorías 111
Lípidos 0,2 g
Proteínas 7,8 g
Carbohidratos 20,9 g
Contenido graso 0
Colesterol 0

Equivalencias
⁶⁄₁₀ pan
⁸⁄₁₀ leche
¹⁄₁₀ fruta

2 sobrecitos de gelatina sin sabor
1 taza de agua hirviendo
½ taza de azúcar
⅔ taza de jugo de lima fresca
2 cucharadas de ralladura de lima
3 tazas de queso de yogur básico

Mezcle el azúcar y la gelatina en un bol grande. Agregue el agua hirviendo. Revuelva un minuto hasta que la gelatina se disuelva. Añada el jugo de lima y la ralladura. Mezcle bien. Agregue el queso de yogur poco a poco mezclando hasta que quede homogéneo. Vierta en un molde de pastel de vidrio y congele 2 ó 3 horas. Adornar con ramitas de menta o gajitos de lima si se desea. Sirve para 10 porciones

Pastel de duraznos frescos

Información nutricional
Una porción de ⅛ =
Calorías 115
Lípidos 4,5 g
Proteínas 4,2 g
Carbohidratos 14,4 g
Contenido graso 35%
Colesterol 12 mg

Equivalencias
½ pan
½ carne
½ fruta
1 grasa

Spray vegetal
4 bizcochos
4 duraznos frescos cortados en rebanadas
1 clara de huevo
1 taza de ricota de leche semidescremado
¼ taza de leche descremada
2 cucharadas de azúcar morena
1 cucharadita de vainilla
1 cucharadita de varios condimentos

Caliente el horno a 375° F. Pase el rodillo a los bizcochos para que queden hechos migas. Unte una fuente de pastel de 25 cm con spray de cocina. Forre el fondo de la fuente con las migas y déle forma de concha. Ponga los duraznos en el molde. Mezcle los otros ingredientes en la licuadora hasta que estén cremosos. Vierta sobre los duraznos. Cocínelos unos 45 minutos. Sirve para 8 porciones.

Pastel de manzana instantáneo

Información nutricional
Una porción =
Calorías 166
Lípidos 8,1 g
Proteínas 7 g
Carbohidratos 16,2 g
Contenido graso 44%
Colesterol 10 mg

Equivalencias
1 pan
1 fruta
1½ grasa

1 cucharada de margarina dietética
2 manzanas grandes cortadas en cubitos
Condimento para pastel
2 cucharadas de azúcar morena
4 bizcochos crudos
Spray de cocina sabor a mantequilla

Caliente el horno a 400º F. Sofría las manzanas en la margarina hasta que se ablanden. Estire la masa de bizcochos hasta unos 15 cm de diámetro. Ponga ¼ parte de la mezcla de manzanas en la mitad de una tapa. Espolvoree con las especies y las 2 cucharaditas de azúcar morena. Doble cada tapa por la mitad y apriete con un tenedor para que quede cerrado. Coloque los pasteles en una fuente de hornear previamente engrasada con spray. Hornee hasta que se doren, de 10 a 15 minutos. Sirva caliente. Son 4 porciones.

Torta clásica de queso

Información nutricional
⅛ de la receta =
Calorías 103
Lípidos 1,8 g
Proteínas 6 g
Carbohidratos 23,7 g
Contenido graso 16%
Colesterol 0

Equivalencias
½ pan
1 leche

900 gramos de yogur con sabor a vainilla de bajo contenido graso
4 cucharadas de azúcar
1 cucharada de maicena
1 cucharada de jugo de limón
1 cucharadita de vainilla
½ taza de huevos batidos (ó 2 enteros batidos)
Spray de aceite vegetal

Prepare el queso básico de yogur, para usa el natural en vez del de vainilla. Use todo el envase de yogur. Ponga spray para untar en una fuente de pastel de 25 cm de diámetro. En un bol ponga el queso de yogur con todos los ingredientes. Prepare una base de bizcochos molidos. Encima ponga el relleno y hornee a 325º F de 20 a 25 minutos. Déjelo enfriar y después póngalo en el refrigerador. Son 8 porciones. Si se desea se pueden agregar algunas fresas frescas encima.

Torta de queso con piña

Información nutricional
⅛ porción de pastel =
Calorías 105
Lípidos 1 g
Proteínas 10 g
Carbohidratos 15 g
Contenido graso 8%
Colesterol 20 mg

Equivalencias
1½ pan
½ leche
½ fruta

2 sobrecitos de gelatina sin sabor
¼ taza de azúcar
¼ cucharadita de sal
½ taza de jugo de piña sin azúcar
1 taza de leche de bajo contenido graso
3 claras de huevos
230 g de queso de bajo contenido graso
½ taza de piña triturada escurrida
1 cucharada de ralladura de limón
½ taza de migas de galletitas de salvado
1 cucharadita de vainilla
1 cucharadas de margarina dietética
3 cucharadas de jugo de piña
1 cucharada de jugo de limón
2 cucharadas de azúcar
3 cucharadas de piña triturada y escurrida

En una cacerolita mezcle la gelatina, ¼ taza de azúcar y la sal, ½ taza de jugo de piña, la leche y una clara de huevo. Cocine a fuego lento hasta que reduzca. Enfríe un poco y páselo a la licuadora. Agregue el quesillo y licúe. Ahora añada la piña y la ralladura de limón. En un bol pequeño una las migas de galletitas de salvado, la vainilla y 3 cucharadas de jugo de piña, el jugo de limón y 2 cucharadas de azúcar. Acomode esto en una fuente de tarta de 30 cm. Vierta encima la mezcla con queso. Congele hasta que quede firme y ponga por encima las 3 cucharadas de piña. Sirve para 8 porciones.

Torta de queso con fresas glaseadas[a]

Información nutricional
¹⁄₁₆ de esta receta =
Calorías 218
Lípidos 14,9 g
Proteínas 7,4 g
Carbohidratos 13,9 g
Contenido graso 61%
Colesterol 11,2 mg

Equivalencias
1 pan
1 carne
3 grasas

Spray vegetal
1 cucharada de migas de galletitas con salvado
4 paquetes de 230 gramos de queso de crema liviano
¾ taza de azúcar
4 huevos
½ cucharadita de extracto vainilla
2 tazas de fresas frescas sin tallo
1 cucharada de agua
½ cucharadita de maicena
8 fresas frescas cortadas por la mitad

Unte un molde de forma espiral de 25 cm con spray vegetal. Cubra el fondo con migas de galletitas con salvado. Aparte combine el queso y el azúcar en un bol grande. Mezcle a velocidad máxima hasta que quede esponjoso. Agregue los huevos uno por uno batiendo bien después de cada uno. Ponga la vainilla y eche la mezcla al molde preparado. Póngalo en un recipiente con agua hasta la mitad. Hornee a 325° F hasta que quede firme (una hora). Retire del horno y ponga en el refrigerador 8 horas. Ponga 2 tazas de fresas en una procesadora y bata hasta que queden suaves. Páselas por un colador para que quede hecho un puré. Mezcle el puré, el agua, la maicena en una cacerolita que no sea de aluminio. Hierva 1 minuto o hasta que espese. Enfríe. Afloje las orillas y vierta sobre un plato para servir. Ponga la salsa de fresas con una cuchara por encima. Al final ponga las mitades de fresas como adorno encima de todo. Sirve para 16 porciones.

Molde de pan para pastel

Información nutricional
⅛ de esta receta =
Calorías 48
Lípidos 1,4 g
Proteínas 2,8 g
Carbohidratos 6 g
Contenido graso 26%
Colesterol 0

Equivalencia
½ pan

taza de migas de galletitas con salvado (como 4 ó 5)
2 cucharadas de margarina dietética
1½ cucharada de azúcar
Spray vegetal

Ponga las galletitas en la procesadora para molerlas. Agregue el azúcar granulado y mezcle. Ponga esto en un bol y eche la margarina derretida por encima, mezclando con un tenedor. Acomode esta mezcla en el fondo y costados del molde que va a usar, previamente untado con spray de cocinar. Ahora puede poner el relleno deseado y llevar al horno. Si el relleno no es para hornear, ponga la costra al horno a 375° F por 4 minutos. Sirve para 8 porciones. El molde debe ser de 25 cm de diámetro.

Recetas para fiestas

«Eggnog» de fiesta

Información nutricional
½ taza =
Calorías 55
Lípidos 1 g
Proteínas 10,8 g
Carbohidratos 11,3 g
Contenido graso 2%
Colesterol 0

Equivalencias
½ carne
½ leche

3 tazas de leche fría de 0,5% de contenido graso
1 taza de leche evaporada descremada, sin diluir, fría
1 cucharadita de ron
1 taza de huevos batidos
4 paquetitos de Nutrasweet ó 2 cucharadas de azúcar
1 cucharadita de vainilla
Una pizca de nuez moscada

Ponga todos los ingredientes menos la nuez moscada en la licuadora. Procese a velocidad baja 30 segundos, o hasta que empiece a ponerse espumoso. Ahora pase la mezcla a una cacerola y siga batiendo mientras lo calienta a fuego lento. No debe hervir. Enfríelo y sírvalo con una pizca de nuez moscada. Rinde 8 porciones.

Crema de frambuesas

Información nutricional
2 cucharadas =
Calorías 60
Lípidos 0
Proteínas 1,2 g
Carbohidratos 13,8 g
Contenido graso 0%
Colesterol 0

Equivalencia
1 ½ fruta

1 taza de pasas de uva doradas sin semillas
114 g de dátiles sin semillas y cortados
4 tazas (½ kilo) de frambuesas frescas
⅔ taza de azúcar blanca granulada
⅛ cucharadita de sal
¼ cucharadita de gengibre, canela y otras especias
⅛ cucharadita de clavos de olor molido
¾ taza de vinagre de cidra

Una todos los ingredientes y cocine por 30 minutos, revolviendo de vez en cuando. Prepare frascos esterilizados para poder guardar varios meses. Puede servir enseguida. 80 porciones. Esta jalea queda muy bien con pavo asado.

Ensalada de frambuesas frescas y naranja

Información nutricional
⅓ taza =
Calorías 64
Lípidos 3 g
Proteínas 2,2 g
Carbohidratos 7 g
Contenido graso 42%
Colesterol 0

Equivalencias
1 fruta
1 grasa

1 paquete de frambuesas frescas cortadas
2 naranjas cortadas
1 cáscara de una naranja picada
½ taza de nueces picadas
½ taza de azúcar

Esta receta se puede hacer rápidamente con una procesadora. Mezcle todo y ponga en un bol para enfriar. Salen 12 porciones. Es ideal para acompañar platos especiales de fiesta.

Ensalada fiesta de gelatina

Información nutricional
⅛ de esta receta =
Calorías 90
Lípidos 4,3 g
Proteínas 3,8 g
Carbohidratos 9 g
Contenido graso 43%
Colesterol 0

Equivalencias
1 carne
½ fruta
½ grasa

1 paquete de gelatina dietética de cerezas
1 lata de cerezas sin semillas escurridas
¼ taza de nueces picadas
114 g de queso cremoso de bajas calorías

Prepare la gelatina según indica la cajita. Agregue las cerezas bien escurridas. Añada las nueces. Corte el queso cremoso en cubitos y viértalo a la mezcla. Revuelva y colóquelo en un recipiente apropiado para refrigerar y servir. Congele hasta que esté firme. Da 8 porciones.

Canapés de fiesta

Información nutricional
¼ taza =
Calorías 47
Lípidos 1,8 g
Proteínas 4,1 g
Carbohidratos 3,6 g
Contenido graso 34,4%
Colesterol 0

Equivalencias
¼ leche
¼ fruta
½ graso

¾ taza de requesón (cottage cheese) de bajas calorías
½ taza de piña triturada, sin azúcar
2 cucharadas de nueces picadas

Ponga el requesón y la piña en la procesadora y hágalo puré. Agregue las nueces. Unte todo sobre rebanadas de pan de fruta, tales como pan de calabaza. Sirve para 6 porciones. Recuerde que las nueces le convienen porque tienen un alto contenido ácido graso no saturado.

Fruta al curry

Información nutricional
½ taza de fruta y jugo =
Calorías 128
Lípidos 3,7 g
Proteínas 0,5 g
Carbohidratos 23 g
Contenido graso 26%
Colesterol 11 mg (si se
usa mantequilla)

Equivalencias
½ pan
1 fruta
1 graso

1 lata de 800 g de duraznos en almíbar con poca azúcar
1 lata de piña en rebanadas sin azúcar
1 lata de 800 g de peras cortadas por la mitad, poca azúcar
¼ taza de mantequilla o margarina
½ taza de azúcar morena bien comprimida
4 cucharaditas de curry en polvo

Caliente el horno de antemano a 350° F. Escurra la fruta y seque con papel absorbente. Colóquela en una fuente de hornear. Derrita la mantequilla, agregue el azúcar morena y el curry. Cubra la fruta y deje cocinar 30 minutos. Servir caliente con galletas de repostería. Da para 12 raciones.

Salsa de pavo especial

Información nutricional
¼ taza =
Calorías 24
Lípidos 0,7 g
Proteínas 3,2 g
Carbohidratos 1 g
Contenido graso 26%
Colesterol 0

Equivalencia
¼ carne

Caldo de pavo asado y desgrasado
2 tazas de leche descremada
4 cucharadas de harina común
½ lata de crema de sopa de pollo (de 300 g)
Sal y pimienta al gusto

Para desgrasar el caldo de pavo póngalo en el refrigerador hasta que la grasa endurezca y suba a la superficie. Mezcle la harina con la leche descremada en una cacerola. Agregue la sopa de lata y el caldo del pavo. Remueva con cuchara de alambre. Caliente toda la mezcla hasta espesar. Quite del fuego y sazone al gusto. Sirve para 16 porciones.

Relleno para el pavo del «Día de acción de gracias»

Información nutricional
½ taza =
Calorías 120
Lípidos 2 g
Proteínas 3 g
Carbohidratos 23 g
Contenido graso 15%
Colesterol 5 mg

Equivalencias
1 pan
1 grasa

3 tazas de pan de maíz rallado
1 taza de pan blanco en cubitos, sin corteza
2 tazas de caldo de pavo desgrasado
3 tallos de apio picado
1 manzana grande picada
3 claras de huevo
Sal y pimienta al gusto
½ a 1 cucharadita de sazón para aves
Spray de aceite vegetal

Combine todos los ingredientes en un bol. Pase con cuidado a una fuente de hornear previamente engrasada con spray vegetal. Hornee a 350º F durante 45 minutos. Este plato se puede usar así, o también como relleno de pavo o gallina. Sirve para 10 porciones. El pan de maíz es bueno porque deja migas gruesas. Son aceptables todas las recetas de pan de maíz, que empleen suero de mantequilla en su elaboración.

Pastel de calabaza para el «Día de acción de gracias»

Información nutricional
¹⁄₁₀ de esta receta =
Calorías 175
Lípidos 4,7 g
Proteínas 12 g
Carbohidratos 21,2 g
Contenido graso 24%
Colesterol 0

Equivalencias
1 pan
½ leche
1 fruta

½ taza de huevos batidos
1 lata de 450 g de calabaza compacta
¾ tazas de azúcar morena bien comprimida
½ cucharadita de sal
1 cucharadita de canela en polvo
½ cucharadita de gengibre molido
¼ cucharadita de clavos de olor molido
1 lata de leche deshidratada y descremada (340 g)
1 disco de tarta de 30 cm de diámetro

Combine todos los ingredientes menos el disco de tarta en el orden dado. Mezcle hasta que quede suave. Viértalo en el molde para tarta. Hornee a 425º F durante 15 minutos. Baje la temperatura a 350º F y cocine otros 40 ó 50 minutos. Se prueba si está, introduciendo un cuchillo en el medio, que debe salir limpio. Salen 10 porciones.

Mezcla de cereales

Información nutricional
½ taza =
Calorías 100
Lípidos 3,4 g
Proteínas 4,9 g
Carbohidratos 12,3 g
Contenido graso 31%
Colesterol 27 mg

Equivalencias
½ pan
1 grasa

¼ taza de mantequilla o margarina
1 cucharada de salsa inglesa
¼ cucharadita de sal de apio
¼ cucharadita de sal con sazón
¼ cucharadita de sal de ajo
2 tazas de cereal de arroz Chex
2 tazas de cereal de trigo Chex
2 tazas de cereal de maíz Chex
1 taza de cheerios natural
1 taza de palitos pretzel o galletitas saladas
¼ taza de semillas de girasol peladas
Spray vegetal con sabor a mantequilla

Caliente el horno a 325º F. En una olla chica caliente
la mantequilla y los condimentos. En un bol grande
mezcle los otros ingredientes y añada la mantequilla.
Prepare una fuente grande para hornear con el spray
para que no se pegue. Ponga la mezcla de cereales
en la fuente. Cocine 20 minutos, revolviendo de vez
en cuando. Se puede servir enseguida o guardar en
frascos herméticos. Esto puede ser un lindo regalo o
puede usarse para bocaditos ocasionales. Rinde un
total de 8 tazas y sirve para 16 porciones.

Apéndice A
Guía de nutrición y calorías

Gráfico 1
Recuento de calorías

Alimento ingerido	Cantidad	cont. graso	g fibra	calorías
Totales				

Gráfico 2

Guía de calorías*

Aceites, de tipo vegetal,		Arvejas en lata, ½ taza	82
1 cucharada	120	Atún en lata al natural, 114 g	144
Aceitunas, 5 chicas	16	Azúcar	
Aderezo para ensaladas,		común, 1 cucharada	46
1 cucharada:		común, 1 taza	770
con queso azul	86	en cubos, 2 unidades	19
con queso azul ligero	25	morena, comprimida, 1 taza	821
francés, ligero	15	pulverizada, 1 taza	462
francés	66		
italiano, ligero	8	Banana, 1 mediana	101
italiano	83	Batatas dulces asadas, 114 g	125
mayonesa	100	Bebidas	
mayonesa, ligera	40	café, 1 taza	
Thousand Island, ligera	27	con azúcar y crema	65
Thousand Island	80	con azúcar	35
Aguacate, 1 mediano	378	negro	5
Alcachofas		leche 236 ml	
corazón de, 3	22	con chocolate	205
enteras, cocidas	53	descremada	80
Almejas		entera	160
redondas, grandes 6	56	milk shake 236 ml	420
para cocinar al vapor:		limonada, 236 ml g	105
4 grandes ó 9 chicas	80	sidra, 118 ml	125
Almendra tostada en aceite, 28 g	178	Bebidas sodas, 356 ml	
Apio, 1 tallo	7	cola	144
Arándano, jugo de 165 ml	124	con fruta	168
Arándanos, crudos, 1 taza	44	*ginger ale*	109
Arroz		*root beer* 156	
blanco, cocido, 1 taza	223	soda con crema	156
integral, cocido, 1 taza	232	té, 1 taza	
Arroz mezcla de comercial		con azúcar	30
con carne, 1 taza	320	con azúcar y leche	40
con pollo, 1 taza	314	40 sin azúcar	0
silvestre, 1 taza	282	Berenjenas cocidas, 1 taza	38

* La información para este gráfico se tomó de (1) Bowers and Church's Food Values of Portions Commonly Used, edition Nº 14. J. Pennington yd H. Church, J. B. Lippincott Company, Philadelphia, 1985; y (2) The LEARN Program for Weight Control, K. Broenell, University of Pennsylvania School of Medicine, Philadelphia, 1988. Tome nota que los alimentos envasados casi no se han tenido en cuenta en esta lista. La información que necesita se encuentra en la etiqueta de los envases.

Brécol cocido, 1 rama	47		Ciruelas, pasas, 1 unidad	21
Budín, hecho con leche			Ciruelas secas, 1 taza	253
descremada ½ taza			Cóctel de frutas envasado en su	
de arroz	125		jugo, 1 taza	91
de azúcar quemada	165		Coco, rallado, 1 taza	345
de banana	150		Col cocida, 1 taza	29
de chocolate	165		Col rizado, crudo, 114 g	80
de tapioca y vainilla	155		Col de Bruselas, 1 taza	56
			Coliflor, 1 taza	28
Calabacín envasado, 1 taza	81		*Collards*, cocidos, 1 taza	59
Calabacín rebanado, 1 taza	22		Copos de salvado,	
Calabaza común, 1 unidad	190		1 taza	106
Camarones frescos, 114 g	103		Cordero,	
Cangrejo en lata, 114 g	116		costillas magras 114 g	213
Caramelos			*Crackers* (galletitas)	
con mantequilla,			de queso	15
1 trozo de	20		de ostra	3
de chocolate, 28 g	150		*matzo*	80
de maíz, 10 trozos	51		*Ritz*	15
malvavisco, 1 común	23		*Ry-krisp*	20
Carne de res cocida 114 gramos			*saltines* (saladitas)	15
bola de lomo, magro	214		tostadas *Melba*	15
costillas, magras	222		*Wheat Thins*	10
para asar, magra	219			
solomillo, magro	235		Chips de papas	
Castañas de agua, 114 g	69		10 chips	114
Catsup, 1 cucharada	20		28 g	161
Cebollas, mediana 1 unidad	40		Chow Mein, de gallina,	
Cereales, 1 taza			1 taza	255
Alpha Bits	110		Chucrut, 1 taza (repollo)	42
arroz crocante	105			
arroz inflado	50		Dátiles sin semillas, 10	219
avena arrollada	150		Donuts (panecillo dulce)	125
Cap'n Crunch	151		Duraznos, 1 mediano	38
copos de maíz	95			
copos de salvado	106		Escalope, 114 g	127
Cheerios	89		Espárrago cocinado,	
Grape Nuts, ¼ taza	110		4 tallos	12
Kix	100		Espinaca, 1 taza	14
Product 19	110			
sémola	130		Fideos	
Sugar Smacks	110		*Chow Mein*, envasado,	
trigo en hebras, 28 g	85		1 taza	220
Trix	112		de huevo, cocido, 1 taza	200
Wheat Chex, ½ taza	100		Frambuesas, 1 taza	70

Fresas, 1 taza	55
Frijoles cocidos, varios,	
1 taza	200
Galletas, 1 unidad	
barra de higo	50
brownies con nuez,	
sin cubierta	97
con trocitos de chocolate	50
de avena arrollada	
con pasas	59
de azúcar	36
de figuras animalitos	10
de gengibre	30
de Graham	30
macaroni	90
Oreo (galletitas de	
chocolate pegadas)	40
rellena con salsa	
de chocolate	100
rellena de crema	46
wafers de azúcar	46
wafers de vainilla	19
Gallina asada sin piel, 114 g	154
Gallina, pastel pequeño de	545
Gelatina	
dietética, ½ taza	8
sabor a fruta ½ taza	80
sin sabor, 1 cucharada	35
Girasol, semillas de,	
peladas, 28 g	159
Grasa de cerdo,	
1 cucharada	117
Grasa para amasar,	
1 cucharada	100
Guisantes envasados, ½ taza	82
Habas limas, 1 taza	185
Harina, 1 cucharada	25
Helado, 1 taza	
de chocolate	256
de leche, sabor a vainilla	200
de vainilla francesa	323
Hígado de res cocido, 114 g	200
Higos, 1 mediano	40

Hongos cortados, 1 taza	20
Huevos	
frescos, 1 clara	17
frescos, 1 grande	82
frescos, 1 yema	59
Jaleas, 1 cucharada	55
Langosta de mar cocida,	
1 taza	138
Leche, 1 taza	
bajo en grasas, 2%	145
descremada	88
entera, 3,5% lípidos	159
Lechuga fresca, 1 arrepollada	70
Legumbres de	
brotes crudos, 1 taza	45
Levadura de panadero,	
seca, 28 g	80
Limón, jugo de, 1 cucharada	4
Limón sin cáscara, 1	20
Macarrones, fideos	
cocinados, 1 taza	155
Maicena , 1 cucharada	30
Maíz cocido, 1 taza	137
Malvavisco, 1 unidad	23
Mango, 1 fruta	152
Maníes, 10 unidades	105
Mantequilla	
batida	67
común, 1 cucharada	102
Mantequilla de maní,	
1 cucharada	94
Manzana, mermelada	
1 cucharada	33
Manzana cruda con	
cáscara (7 cm diámetro)	96
Manzana, jugo de, 1 taza	117
Margarina	
1 cucharada	102
1 cucharadita	36
Masa de pastel, ⅛ porción	112
Mayonesa ligera,	
1 cucharada	45

Mayonesa, 1 cucharada	100		Panqueques grande, 1 unidad	164
Mejillón, 114 g	108		Papas	
Melaza, 1 cucharada	46		asada al horno, 1 mediana	145
Melocotones crudos,			fritas a la francesa, 114 g	311
medianos	38		puré de papas	
Melón,			con leche, 1 taza	137
cantaloupe, 1 taza	60		Papaya, mediana	119
rocío de miel, 1 taza	65		Pasas de uva, 1 cucharada	26
Mermelada, 1 cucharada	54		Pastel 1/12 porción sin cubierta	
Miel, 1 cucharada	64		de ángel	161
Migas de pan, 1/4 taza	98		de fruta	163
Mostaza, 1 cucharadita	5		de 1 libra	142
			torta de 1 taza	172
Nabos, 1 taza	39		Pavo asado sin piel, 114 g	216
Naranja, Jugo de, 1 taza	120		Peras, mediana 1 unidad	100
Naranjas grandes 1 unidad	71		Pepinos en vinagre	
Naranjas tangerina	39		al eneldo, 1 mediano	7
Nectarina, tamaño normal	88		pepinillos *Gherkins*	
Nueces peladas, 28 g	178		dulce, 1 unid	22
Nueces cajú, 9 medianas	80		*Relish* dulce, 1 cucharada	21
Nueces, mezcladas, de 8 a 12			Pescado, 114 g, gran mayoría	200
unidades	95		Pimientos dulces, 1 taza	18
Nueces de Macadam,			Piña, jugo de, 1 taza	138
6 unidades	106		Piñas	
			envasadas en su jugo, 1 taza	96
Ostras medianas, de 13 - 19	158		fresca cortada, 1 taza	81
			Pizza, 1/8 de 1 pizza	
Pacana *(pecan)*, 10 medianas	96		con queso de 35 cm	153
Pan para hamburguesa o			*Pretzels*	
perros calientes:			holandeses grandes	60
chico	119		10 palitos o uno de 3 argollas	20
grande	210		Puerro crudo, 1	17
Pan «Bagel» mediano	170		Puré de manzanas sin azúcar,	
Panecillo, 1 mediano	130		1 taza	100
Panecitos y bollos				
bollo duro *Kaiser*	156		Queso, 28 g	
daneses simples	317		americano	105
para dorar y servir	84		requesón, 1/2 taza	120
Panes, 1 rebanada			cheddar	111
blanco o integral	74		gorgonzola	112
con pasas	66		monterrey	102
de banana	135		mozzarella	79
de centeno	80		parmesano	110
de maíz	95		suizo	104
francés	44		velveeta	90

Quimbombó cortados, 1 taza	36	Spaghetti		
		cocido, blando, 1 taza	155	
Rabanito, 10 medianos	8	seco, 114 g	419	
Remolachas cocidas,				
envasadas, 1 taza	63	Ternera cocida, 114 g	270	
Rositas de maíz (pop corn)		Tocino canadiense cocido,		
saltadas en aceite, 1 taza	41	1 tajada	58	
sin agregados, 1 taza	23	Tocino cocido, 2 tajadas	86	
		Tomates,		
Salsas, 1 cucharada		cóctel, 1 taza	51	
de chocolate	45	envasados, 1 taza	51	
de chili	15	frescos, mediano 1 unidad	27	
de queso, ¼ taza	130	jugo de, env. 1 taza	46	
de tomate envasado, ¼ taza	30	pasta de, env. 114 g	93	
para parrillada	17	puré envasado, 1 taza	100	
tártara	95	Tortillas mejicanas		
Worcestershire (inglesa)	10	de harina, 15 cm	100	
Salsa para asado,		de maíz, 13 cm	60	
2 cucharadas	28	Toronja, jugo de, 1 taza	96	
Salvado, 1 taza , crudo	120	Toronja mediana, ½	40	
Sandía	42	Tostadas *Melba*, 1 rebanada	25	
Sardinas en aceite, 114 g	352	Trigo, germen de, 1 cucharada	29	
Semillas de sésamo,				
1 cucharada	47	Uvas, ½ taza	50	
Sodas, 356 ml	120	Uvas, jugo de, 1 taza	167	
Soja, cuajada (tofú), 28 g	20			
Soja, frijoles cocidos de, 1 taza	234	Venado asado	166	
Sopa envasada, 1 taza		Verduras mixtas, 1 taza	116	
crema de gallina	94			
crema de hongos	134	*Waffles*, 18 cm de diámetro	200	
de caldo de carne	31			
de caldo de gallina	22	Yogur, 1 taza		
de crema de apio	86	de leche descremada natural	123	
de frijoles	200	de leche entera, natural	153	
de almeja, *Manhattan*	76	helado, bajo en grasas	250	
de almeja, *New England*	176	sabor a fruta,		
de tomate	88	bajo cont. graso	250	
de vegetales y carne	76			
de vegetales	65	Zanahorias:		
gallina con fideos	62	cocinada, 1 taza	48	
gallina con arroz	48	cruda, 1 unidad	30	
minestrone	105	Zarzamora, 1 taza	65	

Gráfico 3

Porcentaje de lípidos y contenido de nutrientes de comidas seleccionadas*

Esta lista servirá como un medio para hacer comparaciones nutricionales entre tipos generales de comidas. No es una lista extensa, pero se incluye para que usted pueda hacer una comparación del contenido graso de distintas carnes, productos de granja y otros alimentos. El porcentaje de contenido graso se basa en la porción del total del valor calórico.

Cantidad alimento	calorías (kcal)	lípidos (g)	proteí-nas (g)	carbohi-dratos (g)	coles-terol (mg)	% graso**
Carne, pescado, huevos						
Carne molida super magra cocida, 85 g	185	10	23	0	72	49
Carne molida común cocida, 85 g	235	17	20	0	75	65
Bola de lomo o bistec magro, cocido, 85 g	165	7	25	0	68	38
Costillas asadas cocidas, 85 g	375	33	17	0	75	79
Hígado de res cocido, 85 g	195	9	22	0	407	42
Hígado de pollo cocido, 85 g	185	9	21	0	633	44
Lomo de cerdo asado, magro, 85 g	225	12	25	0	76	48
Jamón cocido magro, 85 g	195	11	24	0	76	50
Pollo carne blanca cocida sin piel, 85 g	142	4	27	0	72	25
Pollo carne oscura cocida sin piel, 85 g	151	6	24	0	78	36

* Partes de este cuadro son extraídos de «Prime Time»: a complete health guide for women age 35 to 65 [Una guía completa de salud para mujeres de 35 a 65 años de edad]. Sneed y Sneed, Word Books, Waco, Texas, 1989.
** El porcentaje de contenido graso es una porción del total de las calorías.

Cantidad alimento	calorías (kcal)	lípidos (g)	proteí- nas (g)	carbohi- dratos (g)	coles- terol (mg)	% graso
Pavo carne blanca cocida sin piel, 85 g	151	3	28	0	58	18
Pavo carne oscura cocida sin piel, 85 g	174	7	26	0	72	36
Bacalao, halibut cocido, 85 g	120	1	24	0	52	8
Camarón cocido 85 g	100	2	23	0	175	18
Cangrejo pelado cocido al vapor 85 g	90	2	22	0	86	20
Ostras sin concha cocidas, 85 g	120	2	23	0	54	15
Huevos enteros, grandes	80	6	7	0	274	68
Yema	70	6	3	0	274	77
Clara	10	0	4	0	0	0
Leche, yogur y quesos						
Leche ent 236 ml	160	9	8	12	33	50
Leche 2% de contenido graso, 236 ml	120	5	8	12	18	37
Leche 1% grasa, 236 ml	105	2	8	12	10	17
Leche descremada, 236 ml	90	1	9	12	5	10
Yogur descremado natural, 228 g	90	1	9	12	5	10
Yogur con sabor a frutas, 228 g	230	2	8	47	5	8
Requesón (cottage cheese) ½ taza	120	5	15	4	17	37.5
Queso requesón, (cottage cheese) bajo en grasa ½ taza	90	2	15	4	5	20
Queso cheddar natural, o suizo, jack munste, etc., 85 g	115	9	7	1	30	70

Cantidad alimento	calorías (kcal)	lípidos (g)	proteí-nas (g)	carbohi-dratos (g)	coles-terol (mg)	% graso
Mozzarella de leche parcialmente descr., 85 g	90	6	5	1	17	60
Crema agria, 1 cucharada	26	3	0	1	5	95
Queso bajo en grasa, en rebanadas, 1 rebanada	35	1	5	1	7	26
Grasas y aceites						
Grasa de res, 1 cucharada	126	13	0	0	14	100
Grasa de pollo, 1 cucharada	126	13	0	0	11	100
Mantequilla, 1 cucharada	108	11	0	0	0	100
Aceite de maíz o de otro vegetal, 1 cucharada	126	14	0	0	0	100
Margarina 1 cucharada	108	11	0	0	0	100
Margarina de dieta, 1 cucharada	50	6	0	0	0	100
Manteca	124	13	0	0	0	100
Mayonesa, 1 cucharada	100	11	0	0	8	100
Mayonesa, tipo aderezo para ensalada, 1 cucharada	60	5	0	0	4	100
Aderezo *Thousand Island* común, 1 cucharada	70	6	0	0	4	100
Aderezo italiano común, 1 cucharada	77	7	0	0	0	100

Cantidad alimento	calorías (kcal)	lípidos (g)	proteí- nas (g)	carbohi- dratos (g)	coles- terol (mg)	% graso
Nueces						
Maní asado seco, con sal, 2 cucharadas	170	14	9	5	0	75
Nueces picadas, 2 cucharadas	98	9	2	2	0	83
Nueces pecan, 12 mitades picadas 2 cucharadas	104	9	2	2	0	78
Mantequilla de maní, 2 cucharadas	175	14	8	6	0	72

Gráfico 4

Valor nutritivo de los cereales
(Equivalentes a una porción de 1 onza, ó 28 g)

Cereales	Calorías	Gramos de fibra	Gramos de azúcar	Gramos de grasa
Trigo en hebras con salvado marca Nabisco	110	4	0	1
Trigo en hebras grandes marca Nabisco	110	3	0	1
Trigo en hebras Nabisco	110	3	0	1
Fiber One (salvado)	60	12	2	1
Copos de trigo azucarados	110	3	6	0
Salvado (diferentes clases)	70	9	5	1
Trigo *Nutri-Grain*	110	2	2	0
Copos de *Grape Nuts*	110	2	3	0
Copos de salvado nat. *Post*	90	5	5	0
Trigo *Chex*	100	2	2	0
Maíz *Nutri-grain*	110	2	2	1
Special K	110	0	3	0
Salvado *Chex*	90	5	5	0
Cheerios	110	2	1	2
Trigo y pasas *Nutra-Grain*	100	1	6	0
Granola con pasas *Sun Country*	130	1	6	5
Copos *Grape-Nuts*	100	2	5	1
Copos de salvado *Kellogg's*	90	4	5	0
Life	120	1	6	2
Maíz/arroz crocante *Sun Flakes*	110	0	0	1
Total	130	2	3	1
100% de cereal natural con pasas de uva y dátiles	130	0	0	5
Wheaties (triguitos)	110	2	3	1
Crispix (cereal crocante)	110	0	3	0
Fruta y fibra *Harvest Medley*	90	4	7	1
Fruta y fibra *Mountain Trail*	90	4	7	1
Fruta y fibra *Tropical Fruit*	90	4	6	1
Copos de maíz de *Kellogg's*	110	0	2	0

Cereales	Calorías	Gramos de fibra	Gramos de azúcar	Gramos de grasa
Cereal natural	100%	140	0	6
Salvado de maíz de *Quaker*	110	5	6	1
Salvado *Fruitful*	90	4	8	0
Product 19	110	0	3	0
Raisin Life (c/uvas pasas)	100	1	10	1
Rice Chex (copos de arroz)	110	0	2	0
Rice Krispies (copos de arroz)	110	0	3	0
Super Golden Crisp	110	0	14	0
Corn Chex	110	0	3	0
Honey Smacks (cereal con miel)	110	0	10	0
Post Natural Raisin Bran (salvado con pasas)	90	4	9	0
Salvado con pasas de *Kellogg's*	80	4	9	1
Almond Delight (almendras)	110	1	8	2
Corn Pops (de maíz)	110	0	12	0
Salvado de avena	120	4	8	4
Apple Jacks (de manzana)	110	0	14	0
Froot Loops (de fruta)	110	0	13	1
Cocoa Krispies (de cacao)	110	0	10	0
Copos de trigo y pasas	110	0	10	1
Copos escarchados de azúcar	110	0	11	0
Honey-Com (con miel)	110	0	11	0
Lucky Charms	110	0	11	1
Cocoa Pebbles (de cacao)	110	0	13	1
Fruity Pebbles (con fruta)	110	0	12	1
Golden Grahams	110	0	9	1
Honey Nut Cheerios (c/nueces)	110	0	10	1
Trix (de fruta)	110	0	12	1
Cocoa Puffs (de cacao)	110	0	11	1
Cap'n Crunch	120	0	12	2

Notas: Derecho de autor 1986 por Consumers Union of United States, Inc., Mount Vernon, N.Y. 10553. Extraído con permiso de Consumers Report, Octubre 1986. Este artículo contenía además las cantidades de proteína y sodio.

Las cifras que se informan con 0 de fibra, estaban escritas como «vestigios» en el artículo original de Consumers Report. Así que aquí los que se marcan 0, se refieren a los de menos de un gramo.

Gráfico 5

Alimentos y contenido graso

% de contenido graso comparado con el total de calorías	Alimentos
100%	Grasa de carne, aceites (todos los tipos), manteca vegetal, spray para rociar, mantequilla, margarina.
90-95 %	Casi todos los aderezos para ensaladas (incluso el italiano, el francés, el *Ranch, Thousand Island, Green Goddess*, etc.), aceitunas (todo tipo), queso crema, nueces de Macadam, crema y crema agria.
80-89%	Aguacate, coco fresco, semillas de sésamo, queso de crema ligero, casi todas las nueces (incluso nueces inglesas, almendras, avellanas, nueces pecan).
70-79%	Casi todos los quesos en bloque (incluso el cheddar, suizo, etc), maní, mantequilla de maní, queso americano, costillas o costillas de asar, yema de huevo.
60-69%	Huevo entero, ricota de leche entera, mozzarella de leche entera, queso romano, salsas de queso, carne molida.
50-59%	Queso mozzarella de leche parcialmente descremada, queso parmesano, barras de chocolate con nueces, jamón magro, leche entera.
40-49%	Bola de lomo, hígado de res, lomo de cerdo magro y asado, sardinas (sin aceite), pastel cubierto de chocolate, panecillos, *waffles*, bizcochos rellenos de crema, pasteles y helado.
30-39%	Bistec de bola de lomo (sin grasa), carne oscura de pollo (sin piel), carne oscura de pavo (sin piel), pescado grasoso (rodaballo, salmón, pompano), queso requesón (cottage cheese) cremoso, leche chocolatada, casi todas las granolas, *brownies*, y muchas galletas, pastel de queso, *muffins*, pasteles de fruta.
20-29%	Carne blanca de pollo (sin piel), leche con 2% bajo en grasas, queso requesón (cottage cheese) bajo en grasas, mezclas de arroz.
9-19%	Carne blanca de pavo (sin piel), mariscos (langosta ostras, cangrejo de mar), tortillas de harina, helados de leche.

% de contenido graso comparado con el total de calorías	Alimentos
menos del 9%	Pescado magro (bacalao, halibut, merluza); leche descremada, yogur descremado, casi todos los copos de cereales para desayuno, casi todos los panes, tortillas de maíz, yogur helado.
0%	Claras de huevo, arroz, casi todas las verduras y frutas, caramelos de fruta, caramelos duros.

Gráfico 6

Comidas para llevar

	Calorías	Lípidos (g)	Colesterol (mg)	% grasa
Arby's				
Roast beef (rosbif)	350	15	39	39
*Rosbif junior	218	8	20	33
Rosbif super	501	22	40	40
Rosbif *deluxe*	486	23	59	43
Rosbif con cheddar	490	21	51	39
Sandwich de pechuga de pollo	592	27	57	41
Tarta de papas 2	201	14	1	63
Papas fritas a la francesa	211	8	6	34
*Tocino & queso *deluxe*	561	34	78	55
Jamón y queso caliente	353	13	50	33
Pavo *deluxe*.	375	17	39	41
Papa asada simple	290	1	0	3
Papa rellena *deluxe*	648	38	72	53
**Pechuga de pollo asada	254	7	200	25
Sandwich de ensalada de pollo	386	20	30	47
Ensalada mixta simple	44	0	0	0
Batido de vainilla	295	10	30	31
Batido de chocolate	384	11	32	26
Burger King				
Whopper	640	41	94	58
Whopper con queso	723	48	117	60
*Whopper Junior	370	17	41	41
Whopper Junior con queso	420	20	52	43
*Hamburguesa	275	12	37	39
Cheeseburger (con queso)	317	15	48	43
Cheeseburger doble con tocino	510	31	104	55
Papas fritas a la francesa	227	13	14	52
Argollas de cebolla	274	16	0	53

*porciones razonables
**las mejores porciones

	Calorías	Lípidos (g)	Colesterol (mg)	% grasa
Pastel de manzanas	305	12	4	35
Sandwich de pescado *Whaler*	488	27	84	50
Whaler con queso	530	30	95	51
Sandwich de pollo	688	40	82	52
Selecciones de pollo	204	10	47	44
Breakfast Croissanwich				
Tocino, huevos y queso	355	24	249	62
Embutido, huevos y queso	538	41	293	69
Jamón, huevos y queso	335	20	262	54
Fuente de huevos revueltos	468	30	370	58
Scram, berenjena y embutido	702	52	420	67
Tostada francesa con tocino	469	30	73	58
Ensalada simple	28	0	0	0
Pastel de guindas	357	13	6	33
Pastel de nueces pecan	459	20	4	39
Batido de chocolate mediano	320	12	N/A	34
Batido de vainilla, mediano	321	10	N/A	28
Church's				
Pollo frito				
Pechuga	278	17	N/A	55
Pechuga de ala	303	20	N/A	59
Muslo	306	22	N/A	65
Pata	147	9	N/A	55
Crispy Nuggets	55	3	N/A	49
Hush Puppies	78	3	N/A	11
*Dinner roll	83	2	N/A	22
Papas fritas a la francesa	256	13	N/A	45
Repollo a la juliana	83	7	N/A	76
Pastel de nueces pecan	367	20	N/A	49
Dairy Queen				
Cucurucho pequeño (de helado)	140	4	10	26
Cucurucho grande	340	10	25	26
Cucurucho bañado en choc. (ch)	190	9	10	43

	Calorías	Lípidos (g)	Colesterol (mg)	% grasa
Cucurucho bañado en choc. (gr)	510	24	30	42
Helado *Sundae*, chico	190	4	10	19
Helado *Sundae*, grande	440	10	30	20
Batido de helado, chico	490	13	35	24
Batido de helado, grande	990	26	70	24
Malta (leche) chico	520	13	35	23
Float (helado submarino)	410	7	20	15
Banana Split	540	11	30	18
Parfait	430	8	30	17
Brownies c/baño de chocolate	600	25	20	38
Mr. Misty, pequeño	190	0	0	0
Buster Bar	400	29	10	57
Dilly Bar	210	13	10	56
Sandwich DQ	140	4	5	26
*Hamburguesa simple	360	16	45	40
Hamburguesa con queso	410	20	50	44
Hamburguesa doble	530	28	85	48
Hamburguesa doble con queso	650	37	95	51
Perros calientes (Hot Dog)	280	16	45	51
Perros caliente con chili	320	20	55	56
Perros calientes con queso	330	21	55	57
*Sandwich de filete de pescado	400	17	50	38
Sandwich de pollo	670	41	75	55
Papas fritas francesa, (ch.)	200	10	10	45
Argollas de cebolla	280	16	15	51
Hardee's				
*Hamburguesa	305	13	N/A	38
Cheeseburguer (de queso)	335	17	N/A	46
Grande *deluxe*	546	26	77	43
Cheeseburger de ⅛ kilo	506	26	61	46
Sandwich de rosbif	377	17	57	41
Rosbif porción grande	418	19	60	41
Perros calientes (Hot Dog)	346	22	42	57
*Jamón caliente y queso	376	15	59	36

	Calorías	Lípidos (g)	Colesterol (mg)	% grasa
Sandwich de filete de pescado	514	26	41	46
Filete de pollo	510	26	57	46
Cheeseburger con tocino	686	42	295	55
Tarta de embutido	413	26	29	57
Tarta de embutido y huevo	521	35	293	60
Tarta de tocino y huevo	405	26	305	58
Papas fritas/francesa (ch.)	239	13	4	49
Apple Turnover (de manzana)	282	14	5	45
Batido de leche	391	10	42	23
Jack in the Box				
*Hamburguesa	276	12	29	39
Cheeseburger (de queso)	323	15	42	42
Jumbo Jack, con queso	630	35	110	50
Cheeseburger Supreme (c/tocino)	724	46	70	57
Mushroom Burger (de hongo)	477	27	87	51
Moby Jack	444	25	47	51
Taco común	191	11	21	52
Taco super	288	17	37	53
**Pita de «Club»	284	8	43	25
Pollo Suprema	601	36	60	54
Chorizo *Crescent*	584	43	187	66
*Desayuno de panqueques	626	27	85	39
Desayuno de huevos revueltos	719	44	260	55
Tocino, 2 tajadas	70	6	10	77
*Pollo (en trozos) para cenar	689	30	100	39
Cena de camarones	731	37	157	46
*Cena de filete de lomo	699	27	75	35
Nachos de queso	571	35	37	55
Ensalada de pasta y algas	394	22	48	50
Ensalada c/ tacos	377	24	102	57
Papas fritas francesa, (med.)	221	12	8	49
Argollas de cebolla	382	23	27	54
Apple Turnover (de manzana)	410	24	15	53

	Calorías	Lípidos (g)	Colesterol (mg)	% grasa
Batido de vainilla	320	6	25	17
Batido de chocolate	330	7	25	19
Kentucky Fried Chicken				
Ala, receta original	181	12	67	60
Ala extra crocante	218	16	63	66
Pechuga, receta original	276	17	96	55
Pechuga, extra tostada	354	24	66	61
Pata, receta base	147	9	81	55
Pata, tostada extra	173	11	65	57
Muslo, receta original	278	19	122	61
Muslo, extra tostado	371	26	121	63
Kentucky Nuggets (una)	46	3	12	59
Papas fritas *Kentucky*	268	13	2	44
**Puré de papas con *Gravy*	62	1	1	15
Bizcochos suero de mantequilla	269	14	1	47
Ensalada de papas	141	9	11	57
Frijoles asados	105	1	1	9
Maíz	176	3	1	15
Ensalada de pollo	103	6	4	52
Long John Silver's				
3 porciones de pescado frito	853	48	106	51
2 de pescado y papas fritas	651	36	75	50
3 de piezas de pescado	1180	70	119	53
3 piezas *Chicken Planks Dinner*	885	51	25	52
6 piezas *Nuggets Dinner*	699	45	25	58
Plato de productos del mar	976	58	95	53
Cena de almejas	955	58	27	55
Cena de camarones fritos	711	45	127	57
Plato sandwiches de pescado	835	42	75	45
Ensalada de algas	426	30	113	63
Ensalada *Ocean Chef*	229	8	64	31
Papas fritas	247	12	13	44
Ensalada de col	182	15	12	74

	Calorías	Lípidos (g)	Colesterol (mg)	% grasa
Hush Puppies	145	7	1	43
Mc Donald's				
Chicken *McNuggets* (pollo)	323	21	73	59
Hamburguesa	263	11	29	38
Cheeseburger	328	16	41	44
Hamburguesa extra grande	427	24	81	51
Extra grande de queso	525	32	107	55
Especial *Big Mac*	570	35	83	55
Filet-O-Fish (pescado)	435	26	45	54
Mc D,L,T.	680	44	101	58
Papas fritas a la francesa	220	12	9	49
Bizcocho, embutido y huevo	585	40	285	62
Bizcocho, tocino/huevo/queso	483	32	263	60
Chorizo *McMuffin*	427	26	59	55
Chorizo *McMuffin* y huevo	517	33	287	57
Huevo *McMuffin*	340	16	259	42
Torta caliente/manteq. y sirope	500	10	47	18
Huevos revueltos	180	13	514	65
Chorizo	210	19	39	81
Muffin inglés, mantequilla	186	53	15	N/A
Guiso de papas	125	7	7	50
Sundae de fresa	320	9	25	25
Sundae con chocolate caliente	357	11	27	28
Sundae con caramelo	361	10	31	25
Pastel de manzanas	253	14	12	50
Pastel de guindas	260	14	13	48
Galletitas *Mc Donaldland*	308	11	10	32
Galletitas c/chocolate (chips)	342	16	18	42
Ensalada del Chef	220	13	125	53
Ensalada de camarón	99	3	187	27
Ensalada del jardín	91	6	110	59
1 pqte. de aderezo francés	228	10	1	39
1 pqte. de aderezo casero	326	17	7	47
1 pqte. de aderezo queso azul	342	17	16	45

	Calorías	Lípidos (g)	Colesterol (mg)	% grasa
Batido de vainilla	352	8	31	20
Batido de chocolate	383	9	30	21

Pizza Hut
  tamaño de la porción: 2 pedazos de pizza de 40 cm, o sea, 4 porciones por pizza.

Thin 'n Crispy

	Calorías	Lípidos (g)	Colesterol (mg)	% grasa
**Regular de queso	340	11	22	29
Especial de queso	410	14	30	31
Regular c/pepperoni	370	15	27	36
Especial c/chorizo	430	19	34	40
*Regular de jamón c/hongos	380	14	35	33
Especial de jamón/hongos	450	19	40	38
Suprema	400	17	13	38
Super suprema	520	26	44	45

Thick 'n Chewy

	Calorías	Lípidos (g)	Colesterol (mg)	% grasa
**Regular de queso	390	10	18	23
*Especial de queso	450	14	21	28
*Regular c/chorizo	450	16	21	32
Especial c/pepperoni	490	20	24	37
*Regular de jamón c/hongos	430	14	21	29
*Especial de jamón c/hongos	500	18	21	32
Suprema	480	18	24	34
Super Suprema	590	26	38	40

Roy Rogers

	Calorías	Lípidos (g)	Colesterol (mg)	% grasa
Hamburguesa regular	456	28	73	55
Cheeseburger (de queso)	563	37	95	59
RR Bar Burger (especial)	611	39	115	57
Cheeseburger con tocino	581	39	103	60
Sandwich de rosbif	317	10	55	28
Pechuga de pollo	324	19	324	53
Ala de pollo	142	10	52	63
Pata de pollo	117	7	64	54

	Calorías	Lípidos (g)	Colesterol (mg)	% grasa
Muslo de pollo	282	20	89	64
Muslo natural	211	0	0	0
Papa, con aceite	274	7	0	23
Papas con crema agria	408	21	31	46
Papas, brécol y queso	376	18	19	43
Papas, tocino y queso	397	22	34	50
Biscuit	231	12	5	47
Papas fritas a la francesa	268	14	42	47
Ensalada de repollo	110	7	5	57
Ensalada de papas	107	6	5	50
Desayuno *Crescent*	401	27	148	61
Desayuno *Crescent* con tocino	431	30	156	63
Desayuno *Crescent* con chorizo	449	29	168	58
Plato de huevos y *biscuit*	394	27	284	62
Huevos, *biscuit* y tocino	435	30	294	62
Plato de panqueques	452	15	53	30
Plato de panqueques c/chorizo	608	30	94	44
Manzana danesa	249	12	15	43
Pastel de fresas	447	19	28	38
Brownie	264	11	10	37
Sundae de chocolate caliente	337	13	23	35
Batido de vainilla	306	11	40	32
Batido de chocolate	358	10	37	25
Taco Bell				
*Burrito c/frijoles	343	12	N/A	31
Burrito c/carne	466	21	N/A	41
Tostada c/carne	331	18	N/A	49
Bellbeefer (c/rosbif)	221	7	N/A	29
Bellbeefer (c/queso)	278	12	N/A	39
Burrito *Supreme*	457	22	N/A	43
*Burrito combinado	404	16	N/A	36
Enchilada	454	21	N/A	42
**Pintos y queso	168	5	N/A	27
Taco	192	11	N/A	52

	Calorías	Lípidos (g)	Colesterol (mg)	% grasa
Tostada	156	11	N/A	63
Taco *Supreme*	237	15	N/A	57
Taco *Bell* grande	410	26	N/A	57
Taco *Light* (ligero)	170	26	N/A	N/A
Wendy's				
Hamburguesa sencilla	350	18	65	46
Hamburguesa doble	560	34	125	55
Cheeseburger con jamón	460	28	65	55
Sandwich de pollo	320	10	59	28
Kid's Meal Hamburger	220	8	20	33
Chili (80 g)	260	8	30	28
Papas fritas (mediana)	280	14	15	45
Ensalada de taco	390	18	40	42
Papas asadas	250	2	0	7
Papas asadas (c/crema agria)	460	24	15	47
Papas asadas (c/queso)	590	34	22	52
Papas asadas (c/queso y chili)	510	20	22	35
Tortilla de jamón y queso	250	17	450	61
Tostada francesa	400	19	115	43
Papas fritas	360	22	20	55
Postre helado *Dairy*	400	14	50	32

Gráfico 7

Modificación de conducta y eliminación de hábitos

El lugar para comer

Elija un lugar específico de su casa para comer. Este será *su lugar apropiado y designado.* Puede ser en la cocina, en el comedor, o en su escritorio, o un sitio diferente en cada ocasión. Lo importante es que pueda sentarse y comer tranquilamente. Desde ahora vaya al área elegida y apropiada para comer. Cuando tenga que comer fuera de su casa, por ejemplo en su trabajo, o en otro local, éste debe ser apropiado. Puede ser la mesa de un bar, restaurante, o comedor.

Cuando tenga que comer en su trabajo, trate de no hacerlo en su escritorio. Esto tiene por objeto no asociar la alimentación con otras actividades o con su ocupación laboral. Si no tiene mas que su escritorio, por lo menos cambie su aspecto, al ponerle un mantelito, cubiertos, plato y vaso. Trate de que parezca diferente. Un experimento que se hizo dio por resultado que una mesa bien puesta y con colores atractivos hacía que la gente comiera con más discreción, porque asociaba el lugar con hábitos de comida correctos. Un cambio como éste, en su casa o en el trabajo puede serle de gran ayuda.

Conviértalo en algo especial; un lujo en su vida y algo que usted pueda disfrutar. Puede decorar la mesa con flores y poner música de fondo, una silla cómoda, platos bonitos y lindos cubiertos, pero lo más importante es contar con tiempo suficiente. Todas estas sugerencias pueden estimularle para comenzar un nuevo estilo de comer.

Si su lugar apropiado es la mesa del comedor, cambie el sitio donde acostumbra sentarse. Si lo hacía a la cabecera, ocupe un costado; si su sitio era en un lateral, cambie el puesto con otra persona. Esto tal vez no sea tan cómodo al principio, pero servirá para eliminar pautas para comer en exceso, como lo hacía anteriormente. Estas modificaciones no necesitan ser para siempre, pero pruébelas por algunas semanas, y vea qué pasa.

Actividades asociadas a comer

Cuando coma, no haga más que eso. No hable por teléfono, ni mire televisión, no lea ni haga otras cosas. Concéntrese en su comida y en quienes lo acompañan. Trate realmente de saborear su comida, sentir su textura, y disfrutar de cada bocado; haga que su comida sea algo placentero.

Guardar alimentos

Quite de su casa toda comida que no esté guardada en su lugar apropiado, es decir en la cocina o en el refrigerador. No deje caramelos sobre el televisor, bolsitas de papas fritas en la mesa, frutas a la vista. Guarde los alimentos en alacenas, o en contenedores opacos. Haga lo mismo en la heladera, use bolsas plásticas no transparentes para no caer en la tentación.

Cambio de ruta

¿Hay alguna panadería, confitería, almacén, restaurante de comidas rápidas o vendedor ambulante que pueda evitar? Estas son simples costumbres, que se pueden dejar. Pruebe a cambiar de ruta rumbo a su trabajo. Evite pasar por el área de los vendedores de la calle. Dentro de uno o dos meses desaparecerá su hábito.

El hambre y las comidas asociadas con el stress

La mayoría de los adultos alguna vez han comido por razones ajenas al hambre. ¿Qué estados de ánimo le impulsan a comer de más?

_____   _____   _____

¿Cómo resuelve este problema? Usted deberá reacondicionarse con nuevos mecanismos para afrontarlo. Lo más importante para recordar es que debe cambiar de tema. *Deténgase.* Deje de hacer lo que estaba haciendo (si es posible). Haga algo que sea positivo para usted.

Sugerencias para actividades alternativas: Vaya a caminar un rato, salga a hacer alguna compra. Haga ejercicios para estirar los músculos, dése un baño prolongado, llame a algún amigo por teléfono, póngase a coser o tejer, complete alguna tarea que hace mucho no ha podido terminar. Sea su propio *animador*. Piense en lo *positivo*.

Cadenas de conducta

Las cadenas de conducta en relación a la comida son parecidas al efecto del estrés que hemos visto antes. Las cadenas de conducta son actividades que usted acostumbra a seguir y que siempre terminan por hacer que coma demás. Por ejemplo:

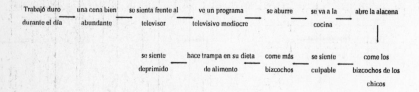

Si usted tiene alguna cadena de costumbres que se asemejen a este ejemplo, y que lo lleven a destruir su plan de dieta, rómpala antes que lo conduzcan a una situación sin retorno.

Platos pequeños

La investigación ha demostrado que el tamaño del plato en que se sirve su comida tiene mucho que ver con su cálculo en cuanto a la cantidad que ingiere, y por consecuencia, en cómo se siente después de comer. Aunque sabe que la dimensión del plato no tiene nada que ver con la porción —una cucharada de puré es una cucharada de puré— parece más comida cuando se sirve en un plato chico. Un experimento psicológico demostró que el 70% de la gente que estaba a régimen para adelgazar quedaba más satisfecha con menos comida cuando se les servía en platos de postre. Trate de hacer esto rutinariamente.

Deje parte de la comida a un lado

Casi todos hemos sido educados para no dejar nada en el plato y nos sentimos culpables si queda algo para tirar. Ya sea por economía o estética, o como se nos decía de niños —hay miles en el mundo que se mueren de hambre—, nos es difícil aceptar esta lección. La creencia implícita es que debemos comer todo lo que se nos pone en el plato, pues de lo contrario no beneficiaremos a otros. El lamentable corolario es éste: «Si no me lo como todo dirán que estoy mal educado».

Trate de cambiar esta costumbre. Intente sacarse la idea compulsiva de comer todo lo que le sirvan. Para hacer esto, en cada comida deje un poquito. Tendrá que empezar despacio, para dejar aunque sea una arveja, una cucharada de papas, o una rodaja de pan. Quizás sería mejor separar una porción antes de comenzar a comer, y taparla para evitar verla. Por otra parte cuando haya comido lo suficiente, lo mejor es tirar inmediatamente lo que sobra. Eso es alejar la tentación. (Esta técnica le ayudará a eliminar comidas que no le convienen y de servirse porciones más pequeñas.)

Repitiendo platos

Para los que acostumbran comer porciones grandes, sobre todo en la cena, divida en dos su ración de manera que para repetir tenga que levantarse, e ir a buscar la segunda parte. Esto produce una demora y le da tiempo a pensar si en realidad necesita repetir. Por ejemplo, pregúntese si realmente necesita repetir. Tiene además la ventaja de que la segunda porción se mantiene caliente y lo disfrutará mejor después. Pero no olvide de dejar un poquito en el plato.

Tirar las sobras

Tire a la basura lo que le sobra en el plato inmediatamente, o déselo al gato. De esta manera no quedará nada para picotear después, o entre las comidas. Si quiere guardar algo, como un ala de pollo o algunas arvejas, téngalo programado para la siguiente comida. Póngalo en un contenedor opaco y con un rótulo que diga, por ejemplo: «para la merienda de Juan». No deje ningún alimento a la vista en cualquier parte y sin destino. Pues con seguridad tratará de comérselo.

Pida su comida

Nunca acepte comida de otra persona sin que usted lo haya pedido. Haga que cada encuentro con la comida sea voluntario. Cuando vaya a un restaurante, tome la iniciativa. Pídale al mozo que no le traiga papas o que saque el pan de la mesa y no tendrá la tentación de comérselo mientras le traen el pedido.

Reduzca su contacto con la comida

Trate de tener el menor contacto visual posible con los alimentos. Esto es para reprimir su compulsión de comer. Por ejemplo cuando se prepara un sandwich para el almuerzo, guarde lo que sobra del pan, la mayonesa dietética, el jamón liviano y otros. Antes de empezar a comer deje el lugar limpio y despejado para evitar el impulso de hacerse otro sandwich. «Comida que no se ve, comida que no se desea».

Gráfico 8

Alimentos que se deben evitar por el alto contenido de sodio

Carne salada o ahumada como el tocino, el salami, *corned beef,* perros calientes, jamón, carnes «kosher», conservadas con sal, carnes de cerdo, embutidos, lengua ahumada.*

Pescado salado, anchoas, caviar, bacalao , arenque, sardinas, etc.

Quesos procesados, o quesos untables a menos que sean dietéticos, sin sal.

Queso roquefort o gorgonzola

Mantequilla de maní

Chucrut, encurtidos y otras verduras preparadas en salmuera o muy saladas

Jugo V-8

Pan y panecillos con cubiertas saladas, relleno de pan

Bocaditos con sabor a tocino

Rositas de maíz

Papitas fritas (chips)

Chips de maíz

Pizza

Pretzel

Aceitunas

Nueces saladas

Cremas para untar, y otras cosas para picar, como papitas saladas, palitos o galletitas, etc.

Sopas envasadas, salsas y cualquier clase de caldo comercial

Mezclas de cacao instantánea

Vino para la cocina

Aderezo italiano

Encurtidos y aperitivos

Sal de apio, sal de ajo, sal de cebolla

Catsup

Salsa chili (picante)

Condimentos comerciales hechos con extractos de carne o vegetales

Salsas para asados o carnes

Productos para que la carne sea más tierna

Salsa inglesa *Worcestershire*

Frijoles asados

Comidas preparadas y envasadas

Waffles helados

* Se puede enjuagar el jamón u otras carnes muy saladas con agua, y secar con papel absorbente. Esto le quita casi la mitad del contenido de sodio.

Gráfico 9

El sabor de las hierbas

	Sabor	Pruebe con
Albahaca	Picante suave con vestigios de menta y clavo de olor	Salsas de tomate, aderezo para ensaladas, aves y pescado.
Perifollo	Suave, un poco sabor a anís y otro poco a perejil	*Omelet*, requesón (cottage) y frijoles.
Cebolleta	Suave sabor a cebolla dulce	Ensaladas, *omeletes*, papas y requesón (cottage).
Culantro	Fuerte gusto a salvia con una pizca de cítrico	Pollo, remolachas, cebollas, curries.
Eneldo	Ligeramente dulce con sabor definido	Pescado, huevos, zanahorias, coliflor, espinaca, manzanas y papas. También pepinos, yogur y salsas.
Hinojo	Suave gusto entre anís y apio	Pescado, repollo, sopas, ensaladas y panes.
Mejorana	Tenue sabor a orégano con vestigios de bálsamo	Rellenos, cordero, carne de res, berenjena y calabaza
Menta	Refrescante y dulce.	Té, yogur, frutas, zanahorias y arvejas
Orégano	Sabor a pimienta, y un poco amargo	Pizza, tomates, hongos pollo y lentejas.
Perejil	Suave, sabor a vegetal	Pollo, res, mariscos y pastas
Salvia	Sabor a limón, amargo	Panes, rellenos, papas y porcinos
Summer Savory	Liviano, dulce con algo de sabor a pimienta	Frijoles, lentejas, jugos de vegetales, pan de carne.
Acedera	Gusto alimonado o avinagrado vinagre, agrio	Espinaca, col, lechuga, pescado, ensalada mixta y de col.
Estragón	Semejante al anís	Pollo, pescado, ternera, verduras tiernas, vinagretas
Tomillo	Gusto fresco, agradable con un dejo de clavo de olor	Ternera, cordero, aves, aderezo para ensaladas, frijoles secos.

Gráfico 10

Valores por calorías por diez minutos de actividad

	Peso del cuerpo		
	57 kg	70 kg	110 kg
Actividad personal y de la casa			
Cortar el césped con máquina	34	47	67
Dormir	10	14	20
Estar parado	12	16	24
Jardinería liviana	30	42	59
Lavar pisos	38	53	75
Lavar ventanas	35	48	69
Locomoción			
Andar en bicicleta 1,6 km en 11 minutos	42	58	83
Bajar escaleras	56	78	111
Caminar 1,6 km en 15 minutos	52	72	102
Caminar 1,6 km en 30 minutos	29	40	58
Correr 1,6 km en 11 minutos	90	125	178
Correr a 11 km por hora	118	164	232
Nadar (estilo *crawl*)	40	56	80
Nadar (estilo espalda)	32	45	64
Subir escaleras	146	202	288
Palear nieve	65	89	130
Sacar yerbas del jardín	49	68	98
Ver televisión sentado	10	14	18
Tender camas	32	46	65
Vestirse o lavarse	26	37	53
Actividades sedentarias			
Actividad liviana, parado	20	28	40
Dactilografía (eléctrica)	19	27	39
Escribir sentado	15	21	30
Trabajo liviano de oficina	25	34	50

	Peso del cuerpo		
	57 kg	70 kg	110 kg
Trabajo liviano			
Colocación de ladrillos (albañilería)	28	40	57
En fila de ensamblaje	20	28	40
Pintar una casa	29	40	58
Reparación del automóvil	35	48	69
Trabajo de carpintería	32	44	64
Trabajo pesado			
Cortar leña	60	84	121
Trabajo de pico y pala	56	78	110
Recreación			
Bádminton (juego de volante)	43	65	94
Bailar moderadamente	35	48	69
Bailar vigorosamente	48	66	94
Béisbol	39	54	78
Basketball	58	82	117
Bowling (bolos o bochas, sin parar)	56	78	111
Cabalgar	56	78	112
Esquiar (en el agua)	60	88	130
Esquiar (alpino)	80	112	160
Esquiar (cross-country)	98	138	194
Fútbol	69	96	137
Jugar al golf	33	48	68
Pelota con raqueta	75	104	144
Ping-pong	32	45	64
Remar canoa a 6,4 km/h	90	128	182
Squash (pelota contra la pared)	75	104	144
Tenis	56	80	115
Voleibol	43	65	94

Gráfico 11

Beneficios de varios ejercicios

	Buenas condiciones cardiovasculares	Fuerza	Resistencia muscular	Control de peso
Andar en bicicleta	....	..	...	....
Basketball	....	.	...	....
Bowling	.	.	.	.
Caminar rápido	...	.	..	...
Danza, moderna	...	..	...	...
Danza, ejercicio	....	..	...	....
Danza, social	..	.	..	..
Danza, ballet	...	...	...	...
Esquí cuesta abajo	.	..	..	.
Excursión	...	..	....	...
Fútbol americano	..	...	..	..
Fútbol	....	..	...	....
Gimnasia	..	....	....	..
Golf (caminar)	..	.	.	..
Jogging	....	.	...	....
Levantamiento de pesas	.	....	...	..
Llevar mochila	...	...	....	...
Natación	....	..	...	....
Patinar sobre ruedas	..	.	..	..
Pelota raqueta	...	.	...	...
Tenis	..	.	..	..
Training de circuito	...	...	...	...

.... = excelente   ... = bueno   .. = regular   . = pobre

Gráfico 12

Lista de equivalencias de comidas

1- Equivalencias de pan y almidón

Arroz granulado	½ taza
Cereales	
Cereal cocido	½ taza
Cereal inflado (sin azúcar)	1½ taza
Cereal seco (sin azúcar)	¾ taza
Copos de salvado	½ taza
Germen de trigo	2 cucharadas
Granola 1½ taza	¼ taza
Maíz a medio moler (cocido)	½ taza
Frijoles cocinados (sin puerco)	⅓ taza
Galletitas	
de soda (bizcochitos de agua) 7 cm	3
de semillas	3
de harina (forma de animalitos)	8
integrales de 5 cm cuadrados	3
livianitas y pequeñas	20
obleas de vainilla	5
obleas de centeno	3
redondas y delgadas	6
saltines 4 cm	5
Habas limas	⅓ taza
Harinas	2½ cucharadas
Maíz (polenta)	⅓ taza
Pan (de 25 a 30 gramos)	
Bagel	½ rebanada (pequeño)
Blanco (incluso francés e italiano)	1 rebanada
con pasas de uva	1 rebanada
Centeno entero (pumpernickel)	1 rebanada
Integral	1 rebanada
liviano, 40 calorías por rebanada	2 rebanadas
Matzo de 15 cm	1 rebanada
Muffin inglés	½ rebanada (pequeño)
para hamburguesa	½
para perros calientes	½ rebanada (pequeño)
Tortilla de maíz	1 de 15 cm
Tortilla de harina blanca	¾ de 20 cm

Tostadas *Melba*	4
Papas dulces (batatas)	¼ taza
Papas blancas	½ mediana
Puré de papas	½ taza
Rositas de maíz	½ taza
Spaguetti, macaroni, fideos	½ taza

2- Equivalencia de carne magra

Aves
Carne de gallina, pollo o pavo, sin piel	28 g

Cordero
Pata, costilla, solomillo, lomo (sin grasa)	28 g
Frijoles y arvejas secas, cocidas	½ taza

Huevos y variedades vegetarianas
claras	4
batidos	½ taza
entero	1

Pescado
Cualquier pescado o salmón enlatado, atún, macarela	42 g
Almejas y ostras	42 g
Caballa	42 g
Cangrejo, langosta americana	¼ taza
Venera, camarón, sardinas (sin jugo)	3

Porcino
Pata (entera, centro), jamón ahumado, cortes centrales	28 g

Quesos
bajo en grasas	28 g
Requesón (cottage cheese) bajo en grasas	½ taza

Vacuno
Ternera, lomo, bola de lomo (partes de abajo y de arriba), todos los cortes de cadera, lomo, solomillo, pica lillo extra magro.	28 g

3- Leche y productos lácteos (equivalencias)

Leche
Descremada de ½ a 1% contenido graso	1 taza
Leche evaporada y descremada	½ taza
Leche en polvo descremada	⅓ taza
Suero de mantequilla, bajo en grasas	1 taza

Queso
   Quesillo casero bajo en grasas   ½ taza
   Quesos de leche parcialmente descremada   28 g
Yogur natural descremado   1 taza

4. Fruta y jugos

Bananas	15 cm
Ciruelas secas	3 medianas
Ciruelas	2 medianas
Cóctel de frutas, duraznos	½ chica
Dátiles, medianos	2 medianos
Durazno	1 mediano
Frambuesas sin azúcar	sin límite
Fresas frescas	1¼ taza
Guindas	10 grandes
Higos	2 chicos
Jugo de uvas	¼ taza
Jugo de naranja	½ taza
Jugo de piña	⅓ taza
Jugo de manzana o sidra	⅓ taza
Jugo de toronja	½ taza
Jugo de ciruelas	¼ taza
Mango	½ chico
Manzana	½ mediana
Melocotones	3 medianas
Melón (15 cm de diámetro)	¼ mediano
Meloncito «rocío de miel»	¼ mediano
Naranja	1 chica
Naranjas tangerinas	1 mediana
Nectarina	1 chica
Papaya	⅓ mediana
Pasas de uva	2 cucharadas
Pera	1 chico
Piña	½ taza
Puré de manzana sin azúcar	½ taza
Ruibarbo	sin límite
Sandía	1 taza
Toronja	½ chico
Uvas	15 medianas
Zarzamora, frambuesa, etc	¾ taza

5- Vegetales de bajas calorías y libres de almidón*

Los siguientes vegetales se pueden comer tanto como uno desea. Por lo menos 2 tazas por día (o porciones de ½ taza 4 veces por día).

Apio	Berenjena	Brécol
Brotes de frijoles	Brotes de Bruselas	Col
Coliflor	Espárragos	Pepino
Pimiento verde	Remolachas	Zanahoria
Vegetales verdes	Nabos	Calabazas
Acelga	Cebolla	Calabacín
Col rizada	Chucrut	Jugo de tomate
Collards	Habichuela	Jugo de vegetales
Diente de león	Hongos	Nabos
Espinaca	Okra	Tomate
Mostaza	Rutabaga	
Remolacha		

Los siguientes vegetales crudos son especialmente bajos en calorías:

Achicoria	Berro	Escarola
Lechuga	Perejil	Rabanitos
Repollo chino		

*Nota: Vegetales con almidón se encuentran en la lista de equivalencias de pan y almidón.

6- Condimentos, especias y bebidas

Para sazonar
   Ajo o polvo de ajo
   Cebolla en polvo
Especias
   Extractos sabor a vainilla, almendra, mantequilla, etc.
   Hierbas, frescas o secas
   Lima o jugo de lima
   Limón o jugo de limón
   Pimienta
   Pimiento
   Salsa de soja
   Salsa inglesa
   Sustitutos de la mantequilla

Bebidas
  Bebidas sin alcohol, sin calorías, incluso los carbonatados
  Bouillon o caldo sin grasa
  Cacao en polvo sin azúcar (para repostería), 1 cucharada
  Café o té
  Cremas artificiales (sin azúcar)
Sustitutos de dulces:
  Crema batida, sin azúcar
  Gelatina sin azúcar
  Mermeladas o jaleas, sin azúcar (2 cucharadas)
Condimentos:
  Ají
  Catsup (1 cucharada)
  Encurtidos, sin azúcar
  Mostaza
  Rábano picante
  Salsa de Taco
  Vinagre

7- Equivalencia de grasas

Lípidos concentrados

Aceite, mantequilla, margarina, mayonesa, aderezo para ensalada	1 cucharada

Alternativas de bajo contenido graso

Margarina de bajas calorías (dietética)	2 cucharadas
Mayonesa de calorías reducidas	2 cucharadas
Aderezo de ensalada con calorías reducidas	1-2 cucharadas (más de 20 cal./cucharada)

Nueces

Todas las nueces	1 cucharada

Otras

Aceitunas	10 chicas
Aguacate	⅛ de aguacate mediano
Coco rallado	2 cucharadas
Crema espesa	1 cucharada
Crema agria	2 cucharadas
Crema no láctea	1 cucharada
Crema liviana	2 cucharadas
Queso cremoso liviano	1 cucharada
Tocino	1 tira

8- Lista de equivalentes para golosinas

Se puede usar hasta 4 veces por semana en lugar de una equivalencia de pan.

Barra de helado de baja calorías	1 barra (menos de 100 calorías)
Barras de Granola	1 barra chica, (menos de 100 calorías)
Barras de fruta helada	1 barra
Bizcochitos de gengibre	3
Bizcochos	2 pequeños de 5 cm
Budín hecho con leche descremada	½ taza
Chips al horno o variedad liviana	14 g
Helado	½ taza
Leche helada	½ taza
Obleas de vainilla	5 pequeñas
Torta de Ángel (con claras de huevo)	1 rebanada de 3 cm
Torta sin escarchado o baño	5 cm cuadrados
Yogur helado	⅓ taza

9- Equivalencias de comidas rápidas y combinadas*

Sandwich de filete de pollo	Tamaño mediano	3 panes, 1½ carne, 4 lípidos
Sandwich de pollo asado	Tamaño mediano	2 panes, 3 carne, 1 lípido
Hamburguesa	Tamaño grande	4 panes, 3½ carne, 2 lípidos
Hamburguesa de queso	Tamaño grande	4 panes, 4 carne, 3 lípidos
Hamburguesa de queso	Tamaño mediano	2 panes, 2½ carne, 1 lípido
Sandwich de pescado (frito)	Tamaño mediano	3 panes, 1 carne, 4 lípidos
Papas fritas a la francesa	Tamaño chico	2 panes, 3 lípidos
Danés	Tamaño mediano	2 panes, 3 lípidos
Taco de res	Tamaño chico o mediano	1 pan, 1¼ carne, 1½ lípidos

* Publicado con permiso de Sneed and Sneed, Prime Time

Gráfico 13

Planes para el menú diario

El número de las equivalencias	Menú para el día	Menú para el día
Desayuno almidón _____ carne _____ leche _____ fruta _____ verduras _____ grasa _____		
Bocadillo _____ _____		
Almuerzo almidón _____ carne _____ leche _____ fruta _____ verdura _____ grasa _____		
Bocadillo _____ _____		
Cena almidón _____ carne _____ leche _____ fruta _____ verdura _____ grasa _____		
Bocadillo _____ _____		

Gráfico 14

Tabla de altura y peso para adultos

Pesos deseables para personas de 25 años o más*
Peso en libras de acuerdo a la contextura física (con ropa de casa)

Mujeres**

Altura (con 5 cm de tacón) pies/metros		Cont. pequeña libras	Contex. pequeña kilos	Contex. mediana libras	Contex. mediana kilos	Contex. grande libras	Contex. grande kilos
4,10	1,45	92-98	35-37	96-107	38	104-119	41
4,11	1,47	94-101	37-39	98-110	40	106-122	43
5,0	1,50	96-104	39-42	101-113	42	109-125	45
5,1	1,52	99-107	41-43	104-116	44	112-128	47
5,2	1,55	102-110	43-45	107-119	46	115-131	49
5,3	1,58	105-113	45-48	110-122	48	118-134	51
5,4	1,60	108-116	48-50	113-126	50	121-138	53
5,5	1,62	111-119	51-55	116-130	53	125-142	55
5,6	1,65	114-123	53-57	120-135	55	129-146	57
5,7	1,67	118-127	56-59	124-139	58	133-150	59
5,8	1,70	122-131	58-61	128-143	60	137-154	62
5,9	1,73	126-135	60-63	132-147	62	141-158	64
5,10	1,75	130-140	62-65	136-151	65	145-163	67
5,11	1,77	134-144	63-67	140-155	68	149-168	70
6,0	1,80	138-148	65-69	144-159	70	153-173	72

Hombres

Altura (con 5 cm de tacón) pies/metros		Cont. pequeña libras	Contex. pequeña kilos	Contex. mediana libras	Contex. mediana kilos	Contex. grande libras	Contex. grande kilos
5,2	1,55	112-120	35-40	118-129	42	126-141	45
5,3	1,58	115-123	34-43	121-133	45	129-144	48
5,4	1,60	118-126	39-46	124-136	47	132-148	51
5,5	1,62	121-129	50-57	127-139	50	135-152	54
5,6	1,65	124-133	53-59	130-143	53	138-156	57
5,7	1,67	128-137	57-61	134-147	57	142-161	60
5,8	1,70	132-141	61-63	138-152	61	147-166	63
5,9	1,73	136-145	64-65	142-156	65	151-170	66
5,10	1,75	140-150	67-68	146-160	68	155-174	69
5,11	1,77	144-154	70-70	150-165	71	159-179	72
6,0	1,80	148-158	72-73	154-170	74	164-184	75
6,1	1,82	152-162	74-76	158-175	77	168-189	78
6,2	1,85	156-167	75-79	162-180	79	173-194	81
6,3	1,87	160-171	77-81	167-185	83	178-199	85
6,4	1,90	164-175	79-84	172-190	86	182-204	88

* De la Compañía de Seguros de Vida Metropolitana de la ciudad de Nueva York.
** Para mujeres jóvenes de 18 a 25 años sustraer una libra (454 g) cada año por debajo de los 25.

Gráfico 15

Dieta recomendada por la Dirección de Alimentación y Nutrición, de la Academia Nacional de Ciencias, Consejo Nacional de Investigación (Revisión 1989)[a]

Designado para el mantenimiento de una buena nutrición prácticamente para la mayoría de las personas en los Estados Unidos

Categoría	Edad	Peso[b] kilos	Peso[b] libras	Estatura[b] cms	Estatura[b] pulgs.	Pro-teína (g)	Vitaminas solubles en grasa Vitam A (μ RE)[c]	Vitam D (μg)[d]	Vitam E (mg α-TE)[e]	Vitam K (μg)
Infantes	0.0-0.5	6	13	60	24	13	375	7.5	3	5
	0,5-1,0	9	20	71	28	14	375	10	4	10
Niños	1-3	13	29	90	35	16	400	10	6	15
	4-6	20	44	112	44	24	500	10	7	20
	7-10	28	62	132	52	28	700	10	7	30
Hombres	11-14	45	99	157	62	45	1.000	10	10	45
	15-18	66	145	176	69	59	1.000	10	10	65
	19-24	72	160	177	70	58	1.000	10	10	70
	25-50	79	174	176	70	63	1.000	5	10	80
	51+	77	170	173	68	63	1.000	5	10	80
Mujeres	11-14	46	101	157	62	46	800	10	8	45
	15-18	55	120	163	64	44	800	10	8	55
	19-24	58	128	164	65	46	800	10	8	60
	25-50	63	138	163	64	50	800	5	8	65
	51+	65	143	160	63	50	800	5	8	65
Embarazadas						60	800	10	10	65
Lactantes	los primeros 6 meses					65	1.300	10	12	65
	los segundos 6 meses					62	1.200	10	11	65

[a] Las recomendaciones expresadas como el promedio de consumo diario a lo largo del tiempo tienen el objeto de cubrir las peculiaridades individuales entre la mayoría de las personas normales que viven en los Estados Unidos bajo estrés ambiental normal. Las dietas deberían estar basadas en una variedad de alimentos comunes con el objeto de *proporcionar otros nutrientes para aquellos requerimientos humanos que han sido definidos con menor precisión*.

[b] Los pesos y las alturas de la referencia a adultos son los promedios actuales para la población de los Estados Unidos, en la edad designada, según el informe NHANES II. Los pesos y alturas medios por debajo los 19 años fueron tomados de Hamill *et al.* (1979). El uso de estas cifras no implica que la relación altura/peso, sea la ideal.

[c] Equivalentes de Retinol. 1 retinol equivale = 1 μg de retinol ó 6 μg de ß-carotene. Ver texto para el cálculo de la actividad de la vitamina A como equivalente del retinol en las dietas.

Vitaminas solubles en agua   Minerales

Vit. C (mg)	Tiamina (mg)	Riboflavina (mg)	Niacina (mg NE)f	Vit. B6 (mg)	Folatio (µg)	Vit. B12 (µg)	Calcio (mg)	Fósforo (mg)	Magnesio (mg)	Hierro (mg)	Zinc (mg)	Iodo (µg)	Selenio (µg)
30	0,3	0,4	5	0,3	25	0,3	400	300	40	6	5	40	10
35	0,4	0,5	6	0,6	35	0,5	600	500	60	10	5	50	15
40	0,7	0,8	9	1,0	50	0,7	800	800	80	10	10	70	20
45	0,9	1,1	12	1,1	75	1,0	800	800	120	10	10	90	20
45	1,0	1,2	13	1,4	100	1,4	800	800	170	10	10	120	30
50	1,3	1,5	17	1,7	150	2,0	1.200	1.200	270	12	15	150	40
60	1,5	1,8	20	2,0	200	2,0	1.200	1.200	400	12	15	150	50
60	1,5	1,7	19	2,0	200	2,0	1.200	1.200	350	10	15	150	70
60	1,5	1,7	19	2,0	200	2,0	800	800	350	10	15	150	70
60	1,2	1,4	15	2,0	200	2,0	800	800	350	10	15	150	70
50	1,1	1,3	15	1,4	150	2,0	1.200	1.200	280	15	12	150	45
60	1,1	1,3	15	1,5	180	2,0	1.200	1.200	300	15	12	150	50
60	1,1	1,3	15	1,6	180	2,0	1.200	1.200	280	15	12	150	55
60	1,1	1,3	15	1,6	180	2,0	800	800	280	15	12	150	55
60	1,0	1,2	13	1,6	180	2,0	800	800	280	10	12	150	55
70	1,5	1,6	17	2,2	400	2,2	1.200	1.200	320	30	15	175	65
95	1,6	1,8	20	2,1	280	2,6	1.200	1.200	355	15	19	200	75
90	1,6	1,7	20	2,1	260	2,6	1.200	1.200	340	15	16	200	75

d Como Colcalciferol: 10 µg de colcalciferol = a 400 IU de vitamina D.

e Equivalentes de α-tocoferol: 1 mg d-α tocoferol equivale a 1 α-TE. Ver el texto para las variantes en el cálculo de la actividad de la vitamina E, como equivalente de α-tocoferol en las dietas.

f 1 NE (equivalente de niacina) es igual a 1 mg de niacina ó 60 mg de tritofán para dietas.

Apéndice B
La compulsión de comer y el cuidado integral

Ningún libro sobre alimentación sana sería completo sin considerar al ser humano desde un enfoque amplio: físico, psicológico y espiritual. Aunque hasta cierto punto lo hemos considerado en este libro, a continuación daremos un bosquejo de lo que generalmente se considera bueno para la salud y una vida más larga.

En la preparación de este libro se ha leído literatura médica y secular. Aunque se encontraron en ocasiones argumentos para dar pie a cualquier opinión imaginable, era sorprendente ver tanto acuerdo en esta materia. Este bosquejo para buena salud está basado en tres fuentes principales, que son:

1. La Biblia: Es la que coloca todo en perspectiva, y siempre debe tener supremacía. Por cierto no es un libro sobre comida o el ansia de comer, nos da importantes principios que se pueden aplicar a la salud y a «los largos días».
2. Literatura científica. Uno está más seguro si se apoya en la principal evidencia de la ciencia. Algunos libros se desvían pero lo hacen sobre terreno dudoso, y la mayoría de los médicos en realidad quieren lo mejor para sus pacientes y aceptan los valores científicamente comprobados de los diversos regímenes. Cuando la mayoría opina contra lo que parece ser una opinión extrema aun sin comprobación, tenga cuidado.
3. Sentido común. El sentido común tiene que ver con la sabiduría otorgada por Dios. Se relaciona con la aplicación práctica del vivir cotidiano. Su esencia es la moderación, el cuidado de no irse a los extremos.

La buena salud no sólo depende de una dieta sana y la comprensión de ciertos factores en el apetito, sino también de comprender los peligros de algunos malos hábitos, los beneficios de los buenos hábitos; y lo más importante de todo, la importancia de lo espiritual.

Lo espiritual

Uno se puede preguntar, ¿qué tiene que ver un libro sobre alimentación saludable con lo espiritual?

Primero, el cuerpo es el templo del Espíritu Santo, y debemos cuidarlo bien. Dios quiere que nuestro ministerio para Él sea efectivo. Lo podemos hacer mejor si nos sentimos bien y estamos sanos. Muchos científicos ahora creen que podríamos vivir entre veinte a cuarenta años más si tuviéramos buenos hábitos para la salud y si sacáramos ventaja de la ciencia médica. Esto merece nuestra consideración cuando examinamos las principales causas de muerte (ataque al corazón, cáncer, suicidio, etc) y cómo a menudo se vinculan a problemas que podríamos controlar (el fumar, la obesidad, la alta tensión, etc.) si sólo quisiéramos hacerlo.

Otros argumentan que Dios ya tiene contados nuestros días (véase Salmo 139.16). Nosotros replicamos que Dios hará las cosas por las cuales Él es responsable, pero su enfoque no es responsabilidad nuestra; más bien nuestro enfoque debe ser cuidar el templo del Espíritu Santo. Casi en el principio de la creación, Matusalén vivió 969 años; Noé 950. Nosotros debiéramos hacer todo lo posible a fin de tener una vida más prolongada, útil y efectiva para Cristo.

De cualquier manera debemos tener siempre en mente que lo espiritual es más importante que todo lo demás. Aún cien años son como un «vapor» (Santiago 4.14) comparado a la eternidad. Cada individuo determinará su futuro según lo que haga con Cristo. Saber que Jesús era el Hijo de Dios, que vivió en la tierra unos 33 años, que murió en la cruz para salvar a los pecadores como nosotros, que resucitó y se levantó de la tumba... no es suficiente.

Debemos confiar en Cristo que murió por nosotros. Esa simple decisión es la llave que nos abre el cielo para la eternidad. En realidad, el hecho de ser sano, de prolongar nuestra vida es importante, pero la eternidad es más importante aún (Juan 1.12; 5.36).

Lo físico, una vida más productiva

La información científica nos indica que muchos podrían vivir de una manera más productiva para Cristo si se cuidaran físicamente. Por ejemplo el 50% de los norteamericanos mueren por enfermedades del corazón y de hecho ésta es la causa principal de todos los fallecimientos en Estados Unidos. Las enfermedades coronarias son causadas en gran parte por la arterioesclerosis. Una dieta baja en grasas, con bajo colesterol, y abundante en fibras harían una diferencia.

El cáncer es otra de las principales causas de defunción. Las dietas con mucha fibra van en aumento y parecen ayudar en la prevención del cáncer de colon.

Colesterol

El colesterol es una sustancia cerosa y parece ser el principal culpable de las enfermedades del corazón. Se puede dividir en tres tipos principales:

1. LDL - proteínas lípidas de baja densidad
2. VLDL - proteínas lípidas de muy baja densidad
3. HDL - proteínas lípidas de alta densidad

En realidad la HDL es considerada «buena» y hasta ayuda a evitar enfermedades del corazón. El ejercicio, el no fumar y bajar de peso, probablemente ayudan a esta HDL a funcionar. Por regla general la cantidad total de colesterol debiera ser menos que 200 mg/dl. Muchas veces se puede bajar de este nivel al eliminar la grasa en las dietas. Las personas que viven en países donde la dieta es baja en equivalente graso tienen niveles más bajos de colesterol y menos frecuencia de enfermedades cardíacas. La fibra también baja el colesterol.

La obesidad

Más del 50% de los norteamericanos tienen sobrepeso, el cual es un factor de las enfermedades cardíacas, los ataques de corazón, diabetes (comenzando en adultos), trastornos de huesos y coyunturas, hipertensión y vida más corta.

La obesidad también puede obstaculizar el testimonio personal de uno para Cristo. Se cuenta de un gran orador cristiano de años atrás que se enfrentó a un colaborador suyo para reprocharle el vicio de fumar. El hermano colaborador le propuso que él dejaría el pecado de fumar si el orador dejaba el pecado de comer demasiado.

Es verdad que nuestro peso puede afectar nuestro testimonio, y debemos tener sensibilidad en cuanto a esto. Asimismo debemos saber que hay muchos factores que afectan el peso: genéticos, sociales, culturales. También están los factores de enfermedades: (hipotiroidismo, el síndrome de Cushig, etc), la disciplina, el estilo de vida sedentario, puntuales, y del hipotálamo. Las teorías sobre obesidad incluyen la de la célula gruesa, la puntual, la de las enzimas, la del grupo sodio-potasio, la de las hormonas y la del nivel de actividad.

Mantenerse en el peso no es fácil por los fuertes factores sicológicos que examinamos en este libro. Esta es probablemente la razón por la que es muy raro ver a un individuo que adelgace y que se mantenga en su nuevo peso. Hacer un tratamiento superficial mientras se ignora la causa de fondo, no tiene sentido.

Dieta

Si se miran superficialmente los principios básicos parecen sencillos. Si lo que entra en calorías se reduce a menos de lo que sale, se consumirán calorías, o sea que se perderá peso de grasa acumulada.

Por regla general unas 800 calorías por día producirán una pérdida de peso acelerada. Con 1000 calorías por día se adelgazará bastante rápido. Con 1200 calorías se logrará con moderación. Sin embargo las dietas y los individuos están cargados de variaciones, resistencias y peligros que complican el asunto.

Hay muchas clases de dietas (Dr. Atkins, Dr. Stilman's, al Scardale, la Last Chance, la Cambridge, la Severly Hills, la Pritikin, etc). Cada una modifica las tres fuentes básicas de energía que hay (proteínas, carbohidratos y contenido grasos), pues éstas tres son las únicas que se pueden variar. Si uno comprende esto en realidad se simplifica el gran despliegue de datos en las dietas. Se puede aumentar o disminuir cualquiera de las tres fuentes en distintos grupos. No hay más que tres variables con las que podemos trabajar. Algunas dietas son más peligrosas que otras y ninguna es milagrosa. Más del 90% de las personas que se ponen a dieta sin afrontar los problemas de fondo fracasarán con seguridad.

A fin de entender mejor lo que es una dieta sería bueno repasar algunos de los puntos básicos. a continuación damos algunas sugerencias para su dieta:

1. Verifique si de verdad la necesita . Una regla general es que una mujer debe pesar 46 kg si mide 1,50 m de alto; y a esto se le agregan o disminuyen unos 2½ kilos por cada 2 a 3 cm por arriba o debajo de esa medida.

2. Sea razonable. Si baja uno o dos kilos por semana es suficiente en la mayoría de los casos.

3. Use su sentido común en su plan: menos proteínas, más fibra y más líquido. Bocados chicos. Relájese a la hora de comer. Empiece su almuerzo con una ensalada verde. Prepare más comida sofrita, hervida o asada, y siempre trate de evitar los fritos.

4. Dirija su vida a otros intereses que no sean sólo comer: ejercicio, conversación, *hobbies*, etc.

5. El sodio se debe limitar del mismo modo que el colesterol y los lípidos. El sodio puede ser un factor para la presión alta de algunas personas.

6. Se debe evitar las drogas para tratar de controlar el peso. Las dos clases que se usan son por lo general anoréxicos (como la anfetamina, dietilprosion hidroclorido y fenfluramina hidroclorida) y hormonas de tiroides como suplementos. Estas drogas son en potencia peligrosas, no dando resultado a la larga y no resuelven el problema básico.

7. Haga ejercicio. Si se trata de alguno aeróbico, y lo hace con regularidad, puede ser de beneficio si va acompañado de un régimen dietético. Véase al respecto la sección sobre ejercicios.

Sicológico

Este párrafo sobre el área sicológica se menciona para completar el tema. Casi todo este libro tiene que ver con el aspecto sicológico de la buena salud. Su importancia no puede ser ignorada. Insistimos en que si la mayoría de los planes para adelgazar fallan es porque los problemas básicos se mantienen. Esperamos que este libro contribuya para avanzar un paso más en la resolución de estos problemas.

Índice de recetas

Biografías

DOCTOR FRANK MINIRTH pertenece a la Junta Americana de Psiquiatría y Neurología y a la Junta Americana de Medicina Forense. El doctor Minirth mantiene su práctica privada en el área de Dallas desde 1975. Él tiene títulos de la Universidad del Estado de Arkansas, la Escuela de Arkansas de Medicina, y el Seminario Teológico de Dallas. Él es el presidente de la Clínica de Minirth, P.A., en Richardson, Texas, y asesor del programa cristiano Minirth en los Servicios de Salud sobre el comportamiento en Green Oaks. También es profesor adjunto en el Departamento de Ministerios y Orientación Pastoral del Seminario Teológico de Dallas.

DOCTOR PAUL MEIER recibió un título en fisiología cardiovascular en la Universidad del Estado de Michigan y un título en la Universidad de Medicina de Arkansas. Él realizó sus prácticas residenciales en Duke. También es fundador y director médico de las Clínicas Meier. El doctor Paul Meier es co anfitrión del programa radial sindicado a nivel nacional, New Life Live.

Para más información, llame al 1-888-7-CLINIC o
visite www.meierclinics.com

El doctor Minirth y el doctor Meier se han graduado del Seminario Teológico de Dallas. Ellos también han escrito y co escrito más de cuarenta libros, entre ellos: *¡Elige ser feliz!*, *Worry-Free Living (Una vida sin preocupaciones)*, *How to beat Burnout (Cómo vencer el agotamiento)*, *Safe place (Sitios Seguros)*, *Sex in the Christian Marriage (Sexo en el matrimonio cristiano)*, y *Beyond Burnout (Más allá del agotamiento)*.

DOCTOR ROBERT HEMFELT, EDITOR. D., es un psicólogo y terapeuta familiar para matrimonios en Dallas, Texas, que trabaja principalmente con el tratamiento de desórdenes alimenticios compulsivos. Antes de dedicarse a la práctica privada, él era un especialista de adicciones de una de las corporaciones de Fortune 500 y supervisor de servicios terapéuticos para la Clínica de Investigaciones sobre el abuso de sustancias del Instituto de Ciencias Mentales de Texas.

DOCTOR SHARON SNEED es una dietista certificada y asesora de nutrición. Ella ha sido profesora asistente de la Universidad Médica de Carolina del Sur y miembro de la docencia de post doctorado de la Universidad de California y de la Universidad de Berkeley. Ha escrito más de una docena de artículos de investigación y libros, entre los que se encuentran *Prime Time: A Complete Health Guide for Women 35-65*. (La mejor edad: una guía de salud completa para mujeres de 35 a 65 años).